# 社会治理法学

## （第1辑）

郭人菡　主编

浙江大学出版社

·杭州·

**图书在版编目(CIP)数据**

社会治理法学.第1辑 / 郭人菡主编. —杭州:浙江大学出版社,2023.4
ISBN 978-7-308-23644-7

Ⅰ.①社… Ⅱ.①郭… Ⅲ.①社会主义法治－建设－中国 Ⅳ.①D920.0

中国国家版本馆CIP数据核字(2023)第063431号

## 社会治理法学(第1辑)

郭人菡　主编

| | |
|---|---|
| 策划编辑 | 吴伟伟 |
| 责任编辑 | 陈逸行 |
| 文字编辑 | 梅　雪 |
| 责任校对 | 郭琳琳 |
| 封面设计 | 雷建军 |
| 出版发行 | 浙江大学出版社 |
| | (杭州市天目山路148号　邮政编码310007) |
| | (网址:http://www.zjupress.com) |
| 排　版 | 浙江时代出版服务有限公司 |
| 印　刷 | 浙江临安曙光印务有限公司 |
| 开　本 | 787mm×1092mm　1/16 |
| 印　张 | 17.25 |
| 字　数 | 319千 |
| 版印次 | 2023年4月第1版　2023年4月第1次印刷 |
| 书　号 | ISBN 978-7-308-23644-7 |
| 定　价 | 78.00元 |

# 目　录

法治与社会

# 法治社会研究的知识图谱：
# 现状、热点与趋势

### ——基于 CNKI(1984—2021 年)CiteSpace V 的文献计量分析

李　丹　陈鹏龙[*]

**摘　要：** 党的十九大把法治社会基本建成确立为我国到 2035 年基本实现社会主义现代化的重要目标之一。自 20 世纪 80 年代以来，围绕"法治社会"展开的学术探讨经过了萌芽、拓展和快速发展三个阶段。近 40 年法治社会研究的热点主题，聚焦于法治社会的内涵与特质、目标与意义、建设路径与策略。从法治社会研究热点的变化可以发现，其研究重心依次经历了"规范、制度—理念、精神—一体建设"的变迁。在研究力量方面，形成了中南财经政法大学、南京师范大学两大重镇。在学科分布方面，高被引 20 篇文献主要涉及法理学及少数部门法学。为深化法治社会研究，我们需要进一步创新研究方法，应充分吸收和运用其他学科的知识和方法。今后一段时期内，我国的"法治社会"研究将面向全面依法治国的生动实践，步入一个蓬勃发展的崭新阶段。

**关键词：** 法治社会；前沿热点；知识图谱；CiteSpace V

## 一、问题缘起

作为法治国家建设的重要组成部分，法治社会的作用日益受到党和政府的重视和关注。2012 年 12 月，习近平总书记在纪念现行宪法公布施行 30 周年大会上首次

---

　　*　作者简介：李丹，河南南阳人，法学博士，南阳师范学院法学院讲师，武汉大学社会学院访问学者，兼任中国法治现代化研究院特邀研究员，主要研究方向：法哲学；陈鹏龙，福建泉州人，南阳师范学院法学院 2019 级本科生。

　　基金项目：河南省社科基金青年项目"清单制对社区泛行政化倾向的法治破解及其效果评估"，项目编号：2022CFX031；河南省法学会研究课题"全科网格化治理精细化运行机制探索"，项目编号：HNLS(2022)A36；南阳师范学院校级博士专项项目、实验(训)室开放项目。

明确提出"法治国家、法治政府、法治社会一体建设"。① 自此以后,从党的十八届三中全会到五中全会,中央对法治社会建设工作进行了一系列部署。特别是,党的十九大把法治社会基本建成确立为我国到 2035 年基本实现社会主义现代化的重要目标之一。为落实这一宏伟目标,2020 年 12 月中共中央印发《法治社会建设实施纲要(2020—2025 年)》。从党的十八大以来党中央的一系列重大决策部署来看,既有推进法治社会建设的中长期战略规划,也有贯彻落实该战略的纲领性文件。法治社会建设的路线图、时间表已经绘制完毕,愿景目标、重点内容和实施措施等重大事项业已妥当筹措。在中央的顶层设计和强力推动之下,兴起了一股"法治社会热"。

早在 20 世纪 80 年代,学术界已经开始探讨"法治社会"问题,至今已积累了丰厚的研究成果。对于过去 40 年法治社会研究状况,进行一个总体性回顾和梳理,既是进一步深化相关研究的必要条件,也是助推法治社会建设的理论准备。当然,学者们在研究法治社会领域的相关问题时,都免不了会对既有研究成果进行评述,以探寻和厘清自己相关研究的论述起点和知识基础。既有的法治社会研究评述主要采取了定性分析的方法,为后续的研究奠定了有益基础。然而,需要注意的是,法治社会研究领域成果丰硕,累计已有数千篇研究论文。在面对数以千计的研究文献时,应当综合采用定量和定性两种研究方法。以往研究多采用定量分析法,而本文主张应辅之以定量分析,理由主要有两个。其一,采用定性分析方法进行文献综述,往往倚重于少数代表性作者和重要文献。对于代表性作者和重要文献的筛选,则主要取决于文献综述者个人的学术判断。但是,对于哪些文献构成了相关主题的知识基础、节点性文献出自哪个学者、哪些术语是高被引关键词、不同研究机构之间的合作情况如何等问题,定性分析难以给出清晰的回答。其二,定性研究只能大致勾勒相关研究主题的概况。对于研究热点的变化、高频词的活跃度、未来研究增长点等,定性分析无法以可视化的方式进行直观呈现。这在一定程度上会影响相关分析的准确度和可信度,也难以对后续相关研究增长点和发展前景进行科学测度。

本文采用 CiteSpace V 知识图谱分析软件,对 1984—2021 年间发表在中国知网的 4342 篇研究论文进行知识谱图绘制和定性分析。其一,在 1984 年中国知网首次出现以"法治社会"为主题的文章②,故而以此作为检索、分析的起点。据考证,国内

---

① 习近平在纪念现行宪法公布施行 30 周年大会上的讲话[EB/OL]. (2012-12-04)[2022-08-23]. http://www.gov.cn/ldhd/2012-12/04/content_2282522. htm.

② 吴晋. 美国"法治社会"见闻[J]. 瞭望周刊,1984(26):35.

在 1959 年之前就开始使用"法治社会"一词。① 然而,从文献计量分析的角度出发,借助于期刊数据库才能进行有效分析。其二,本文遵循了 CiteSpace 知识图谱分析法的惯常做法,将全部的中文期刊研究成果作为分析样本。通过运行 CiteSpace 软件,对检索得到的全部论文进行发文数量、作者合作网络和文献高被引分析,拣选出节点性文献。当然,在解读知识图谱的过程中,也离不开对定性分析方法的运用。这种建立在定量分析基础上的定性分析,能够克服纯粹定性分析方法的局限。其三,本文的研究旨趣在于从宏观上梳理法治社会研究的状况,因而并不对法治社会概念进行严格限定。毋庸讳言,20 世纪 80 年代学者们所探讨的"法治社会"与"法治"和"法治国家"的内涵并无二致。这种宽泛的法治社会概念,与党的十八大以来所形成的"一体建设"格局中的"法治社会"相去甚远。然而,强调"法治社会"内涵的前后差异,无意凸显不同历史阶段相关论说的不可通约性。恰恰相反,借由分析围绕"法治社会"术语所展开的不同讨论,能够勾画出这种"名同实异"现象背后的运思轨迹,厘清"法治社会"研究的演进脉络。

## 二、研究设计说明

### (一)数据来源

选取以"法治社会"作为主题检索词,检索的数据源为"中国学术期刊网络出版总库"(CNKI),设置检索条件为:主题(TS)="法治社会",时间跨度=1984—2021年,期刊来源="全部期刊",检索时间为 2021 年 12 月 31 日。在高级检索中进行主题检索后,经过手动剔除无效的文献,共得到相关文献 4342 篇。选择导出文献,以refworks 格式导出为文本文件,便于后续 CiteSpace 绘制知识图谱。

### (二)研究工具与方法

在研究工具上,本文主要使用的是广泛应用于科学文献计量和识别科学发展热点动态的可视化应用软件 CiteSpace,同时以 Excel 软件为辅助。

---

① 炽亚.国际法律学家会议发表德里宣言[J].现代外国哲学社会科学文摘,1959;5.转引自江必新,王红霞.法治社会建设论纲[J].中国社会科学,2014(1):141.

通过 CiteSpace 软件呈现的科学知识的结构、规律和分布情况等可视化图形即"知识图谱"。其数据处理设定如下：时间跨度为 1984—2021 年；时间切片（year per slice）为 1，节点类型（node types）分别为关键词（keyword）、作者（author）及机构（institution），设定 g-index 的 k=25，其他阈值为默认设置；最后得到关键词聚类图谱与作者、机构共现知识图谱。Excel 软件主要用于对年度文献分布、高频作者分布、高频研究机构分布、高频期刊分布等外部特征进行整体描述。

在研究方法上，本文采用定量分析和定性分析相结合的方法。一方面，通过绘制科学知识图谱，将法治社会研究的时空分布、作者和机构合作网络、关键词共现等进行可视化呈现；另一方面，运用定性分析法，对定量数据结果进行综合推理与比较，对文献的显性特征与潜在信息内容进行分析。

# 三、研究结果与分析

## （一）研究文献的年度分布情况

文献发表数量的变化是衡量特定研究领域发展态势的重要指标。对研究文献年度分布情况进行分析，可以探知某一领域研究力量投入的动态过程分布情况。通过对 4342 篇中文文献的年度分布情况进行统计，我们利用 Excel 绘制出法治社会理论研究年度发文情况柱状图（见图 1）。

由图 1 可知，法治社会主题相关的论文数量在整体上呈上升态势。在 21 世纪以前，法治社会研究的成果数量较少，尤其是在 20 世纪 90 年代之前，相关研究成果极少。进入 21 世纪后，法治社会的成果产出量明显增多。自 2004 年发文量突破 100 篇后，法治社会研究年度发文量长期保持在 150 篇以上，其中 2013—2019 年的年度发文量保持在 240 篇以上。这种发文量激增的现象与中央加大法治社会建设推进力度密切相关。2014 年 10 月，党的十八届四中全会审议通过的《中共中央关于全面推进依法治国若干重大问题的决定》（以下简称《决定》），是我们党历史上第一个关于加强法治建设的专门决定。正是在《决定》通过后的 2015 年，学术界关于"法治社会"的研究成果数量达到了最高峰。2020 年 12 月，中共中央印发了《法治社会建设实施纲要（2020—2025 年）》（以下简称《纲要》）。需要说明的是，论文数量统计截至 2021 年 12 月 31 日。可以预见，《纲要》的出台将进一步激发法治社会理论研究的热度。

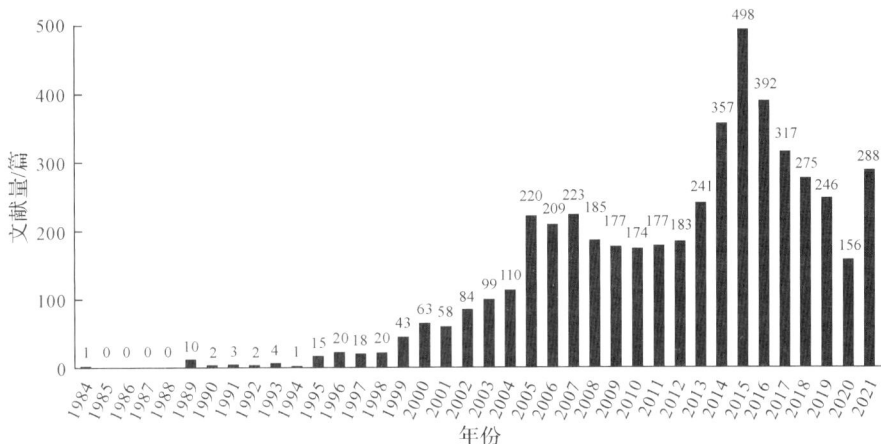

图 1　法治社会研究论文的年度发文数量

## (二)研究机构和核心作者分布分析

### 1.研究机构的分布统计

如表 1 所示,目前在法治社会研究领域中,期刊发文量处于前五位的研究机构分别是中南财经政法大学、南京师范大学、中国社会科学院、吉林大学、上海政法学院(见表 1)。在署名为中南财经政法大学的 17 篇 CSSCI 论文中,有 4 篇出自徐汉明教授,2 篇出自陈柏峰教授,2 篇出自方世荣教授。在这 17 篇论文中,有 10 篇论文发表于 2014 年党的十八届四中全会之后。在署名为南京师范大学的 25 篇 CSSCI 论文中,有 5 篇出自公丕祥教授,3 篇出自庞正教授,3 篇出自秦国荣教授,2 篇出自龚廷泰教授。在这 25 篇论文中,有 21 篇 CSSCI 论文发表于 2014 年党的十八届四中全会之后。在署名为中国社会科学院的 18 篇 CSSCI 论文中,有 8 篇出自李林教授,7 篇出自莫纪宏教授。在这 18 篇论文中,有 7 篇论文发表于 2014 年党的十八届四中全会之后。在署名为吉林大学的 12 篇 CSSCI 论文中,张文显教授、姚建宗教授、黄文艺教授等均有发文。需要注意的是,吉林大学法治社会研究团队中的多数成员目前已经变动了工作单位。在署名为上海政法学院的 10 篇 CSSCI 论文中,有 6 篇出自关保英教授。经过数据分析可知,在党的十八届四中全会以后,南京师范大学和中南财经政法大学成为法治社会研究的两大重镇。

表 1　期刊发文量前五名研究机构及其发文量

| 序　号 | 机　构 | 发文总量/篇 | CSSCI 论文数/篇 |
|---|---|---|---|
| 1 | 中南财经政法大学 | 54 | 17 |
| 2 | 南京师范大学 | 51 | 25 |
| 3 | 中国社会科学院 | 32 | 18 |
| 4 | 吉林大学 | 27 | 12 |
| 5 | 上海政法学院 | 17 | 10 |

2. 核心作者的分布统计和社会网络分析

在作者合作网络中,节点(及标签)的大小代表着发文量的多少,节点(及标签)越大则发文量越多。如图 2 所示,徐汉明、公丕祥、郑成良、莫纪宏的作者标签比较大,可以看出来这 4 位作者的发文量较多。节点之间的连线代表作者之间存在合作关系。由图 2 可知,目前法治社会研究的整体合作程度不高。

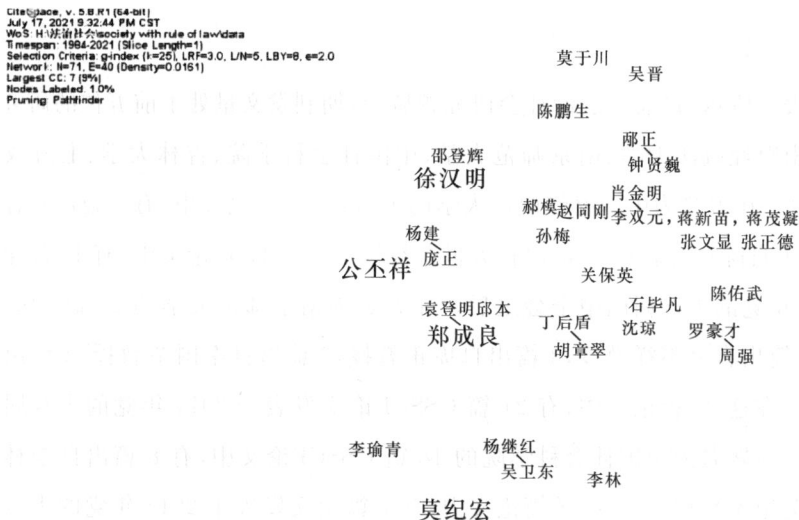

图 2　法治社会研究作者合作网络共现图谱

造成作者之间合作程度不高的原因,至少有以下两个方面:其一,法治社会正式出现在官方文件中的时间较晚。目前,法治社会研究侧重于理论建构和规范分析,形成了规范性研究方法占据主导地位的格局。在这种情况下,研究者本人的理论建构和阐释能力是基础性理论框架搭建工作的关键性要素。受制于研究者本人的知识储备和理论偏好,关于法治社会一般理论的研究呈现出高度个体化的特点。其二,目前的人文社会科学评价体制在总体上并不鼓励合作作品。部分学术刊物为遏制虚假性联合署名现象,明确拒绝接受多人联合署名的作品,有的刊物甚至只接受独著作品投稿。在高校、科研院所的业绩考核和职称评定中,除第一署名作者及其所在单位外,其他参与者仅能获得很少一部分的收益。不可否认的是,对联合署名作品采取适当限制措施在一定程度上有助于打击"互相挂名"等虚假合作现象,净化学术环境,但这些措施对于具有实质性合作的联合署名作品,不可避免地会造成误伤。

### 3.高被引文献分析

某领域中的高被引文献,构成了该领域研究的知识基础。运用 Excel 表格,整理出中国知网的高被引文献前 20 篇,制成表 2。

表 2    CNKI 来源法治社会研究的高被引文献(前 20 篇)

| 序号 | 作者 | 题名 | 被引频次 | 刊名 | 刊期 |
|---|---|---|---|---|---|
| 1 | 李 林 | 法治社会与弱势群体的人权保障 | 460 | 前线 | 2001-05 |
| 2 | 徐显明 | 论"法治"构成要件——兼及法治的某些原则及观念 | 433 | 法学研究 | 1996-03 |
| 3 | 马长山 | 法治社会中法与道德关系及其实践把握 | 272 | 法学研究 | 1999-01 |
| 4 | 应松年 | 加快法治建设促进国家治理体系和治理能力现代化 | 257 | 中国法学 | 2014-06 |
| 5 | 江必新,王红霞 | 法治社会建设论纲 | 250 | 中国社会科学 | 2014-01 |
| 6 | 莫纪宏 | 论人权的司法救济 | 249 | 法商研究 | 2000-05 |
| 7 | 陈寒非,高其才 | 乡规民约在乡村治理中的积极作用实证研究 | 249 | 清华法学 | 2018-01 |
| 8 | 姜明安 | 论法治国家、法治政府、法治社会建设的相互关系 | 241 | 法学杂志 | 2013-06 |
| 9 | 罗豪才,周强 | 软法研究的多维思考 | 240 | 中国法学 | 2013-05 |
| 10 | 张文显,卢学英 | 法律职业共同体引论 | 227 | 法制与社会发展 | 2002-06 |
| 11 | 张卫平 | 起诉难:一个中国问题的思索 | 210 | 法学研究 | 2009-06 |
| 12 | 张文显 | 全面推进法制改革,加快法治中国建设——十八届三中全会精神的法学解读 | 205 | 法制与社会发展 | 2014-01 |
| 13 | 张文显 | 习近平法治思想研究(中)——习近平法治思想的一般理论 | 189 | 法制与社会发展 | 2016-03 |

续表

| 序号 | 作者 | 题名 | 被引频次 | 刊名 | 刊期 |
|---|---|---|---|---|---|
| 14 | 张文显 | 习近平法治思想研究(下)——习近平全面依法治国的核心观点 | 188 | 法制与社会发展 | 2016-04 |
| 15 | 刘作翔 | 法治社会中的权力和权利定位 | 178 | 法学研究 | 1996-04 |
| 16 | 黄金荣 | 法的形式理性论——以法之确定性问题为中心 | 175 | 比较法研究 | 2000-03 |
| 17 | 张文显 | 论中国特色社会主义法治道路 | 158 | 中国法学 | 2009-06 |
| 18 | 周永坤 | 论强制性调解对法治和公平的冲击 | 153 | 法律科学 | 2007-03 |
| 19 | 蔡定剑、刘丹 | 从政策社会到法治社会——兼论政策对法制建设的消极影响 | 146 | 中外法学 | 1999-02 |
| 20 | 张文显 | 建设中国特色社会主义法治体系 | 144 | 法学研究 | 2014-06 |

由表 2 可知,1996 年共有 2 篇高被引论文,占全部高被引文献的 10%。这 2 篇高被引论文讨论了"法治"的基本内涵,厘清了社会中权利和权力的结构配置问题。1997 年到 2011 年期间,共有 9 篇高被引论文,占全部高被引文献的 45%。在 1997 年党的十五大召开后,高被引的论文聚焦"人权保障",它们具体关注了"弱势群体的人权保障""起诉难""强制性调解"和"人权的司法救济"等主题。2012 年以后,共有 9 篇高被引论文,占全部高被引文献的 45%。高被引文献最集中的年份是 2014 年,共有 4 篇高被引文献。党的十八届三中全会关于法治社会建设的有关论述,构成了这 4 篇高被引论文的研究背景。

在这 20 篇高被引论文中,有 1 篇出自诉讼法学者,2 篇出自行政法学者,2 篇出自宪法学者,15 篇出自理论法学者。在 20 篇高被引论文中,共有 6 篇出自张文显教授,其中有 4 篇发表于 2012 年以后。在党的十八大以后,张文显教授围绕"法治中国"和"习近平法治思想"两大主题,进行了一系列学理阐释。从文献被引情况来看,张文显教授的系列阐释在学术界产生了较大影响。

(三)研究热点和演化趋势分析

关键词可以反映研究主题,因而高频关键词能够折射出研究热点。对关键词进行共词分析,就是在文献信息中提取表达文献核心内容的关键词,并根据关键词的高低分布来研究该领域的发展动向和研究热点。通过对关键词共现图谱的绘制和解读,可以探讨法治社会理论研究领域的热点问题。

### 1. 关键词共现分析

首先,运用 CiteSpace 软件对样本进行共词分析,设置相关阈值(node types＝keyword;time slices＝1)。其次,将数据导入 CiteSpace V,运行后得到 185 个节点、411 条连线,网络密度为 0.0241。最后,以 LLR 方法对聚类类别进行命名。对样本文献按照关键词进行聚类,共得到 6 个聚类类别。这反映出"法治社会"主题下热点关键词聚类中,同一聚类中词频值最大的关键词共计 6 个。它们依次是:♯0 聚类,法治社会;♯1 聚类,依法治国;♯2 聚类,生命健康权;♯3 聚类,传统型;♯4 聚类,法制思想;♯5 聚类,中国法治(见图 3)。在显著性方面,聚类的模块度值($Q$)为 0.9146,大于临界值 0.3,说明聚类结构显著。与此同时,在效果方面,平均轮廓值($S$)为 0.9755,大于 0.5,说明聚类合理。[1]

在图 3 关键词共现图谱的基础上,将分析获得的关键词进行整理,将高被引的关键词做成高频关键词和词频统计表(见表 3)。其中,词频表示关键词出现的次数,中心性反映该关键词结点的重要性。在 CiteSpace 中,中心性大于 0.1 的节点,为关键性节点。

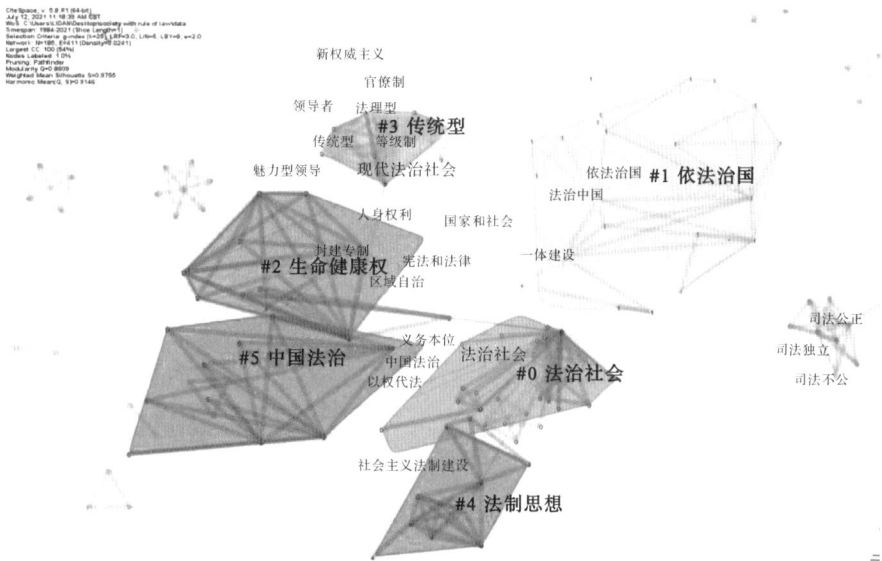

图 3　法治社会研究关键词共现图谱

---

[1] 轮廓值($S$)和模块值($Q$)是衡量谱图效果的依据。$Q>0.3$ 说明结构显著,$S>0.5$ 说明聚类合理。陈悦,陈超美,刘则渊,等.CiteSpace 知识图谱的方法论功能[J].科学学研究,2015(2):242-253.

2．热点主题

由表3可知，"法治社会""一体建设""宪法和法律""现代法治社会"的中心性大于0.1,是关键性结点。具体而言,"现代法治社会"一词表明了法治社会的规范内涵和建设目标。"宪法和法律"一词表明了建设法治社会的制度依据。"一体建设"一词表明了建设法治社会的路径。此外,"依法治国""社会主义法制建设""法治中国"也表现出较大的中心性。借助高频关键词整合、文献质性分析与二次梳理发现,法治社会研究主题可归纳为概念内涵及主要特征、意义与作用和建设路径与策略三个方面。

表3　高频关键词和词频统计

| 序 号 | 关键词 | 词 频 | 中心性 |
|---|---|---|---|
| 1 | 法治社会 | 15 | 0.47 |
| 2 | 依法治国 | 5 | 0.08 |
| 3 | 现代法治社会 | 3 | 0.12 |
| 4 | 法治中国 | 3 | 0.05 |
| 5 | 一体建设 | 2 | 0.17 |
| 6 | 市场经济 | 2 | 0.02 |
| 7 | 商品经济 | 2 | 0 |
| 8 | 宪法和法律 | 2 | 0.17 |
| 9 | 封建专制 | 2 | 0.02 |
| 10 | 依宪治国 | 2 | 0.02 |
| 11 | 法治理论 | 2 | 0.02 |
| 12 | 法治观念 | 2 | 0.01 |
| 13 | 习近平法治思想 | 2 | 0 |
| 14 | 司法公正 | 2 | 0 |
| 15 | 社会主义法制建设 | 2 | 0.08 |
| 16 | 法律化 | 2 | 0.01 |

(1)深刻阐释法治社会的概念内涵及主要特征

法治社会的概念可以分为广义和狭义两种。在法治社会研究的早期阶段,学术界不加区别地使用"法治社会""法治""法制社会""法治国家"等术语。党的十八大以后,学术界开始重视在法治中国建设的整体布局中,细致辨析法治社会与法治国家、法治政府,着力揭示法治社会的主要特征。

20世纪八九十年代,"法治社会"一词被广泛地使用于各种有关法治问题的讨论之中。例如,张文显对法治社会的标志进行了概括,主要包括:国家生活基本方面纳入法律的轨道;法律具有至上地位;公民在法律面前一律平等;法不禁止即自由;正当程序;权利救济。① 这种概括性列举,反映了党的十一届三中全会以来,学界围绕着中国社会应如何实现法治所达成的基本共识。例如,徐显明主张将法治理解为一种社会状态,"其反义为'专制社会',其近义为'法治国家''法治政府'。其内涵为:在法律规束住了国家权力和政府后,而使权利在人和人之间得到合理配置的社会状态。这种社会状态即我们所追求之'法治社会'"②。这一概括更为抽象,它指出了法治的核心要义在于控制权力和保障权利。此外,在关于法治的一般性讨论下,学者们还重点讨论了"市场经济与法治"③"法与道德的关系"④"权力和权利定位"⑤"政策对法制建设的消极影响"⑥等具体问题。

党的十八大以来,在建设法治中国的总体格局中,法治社会首次获得了独立的地位。为响应顶层设计层面的最新战略部署,学术界自觉地将法治社会与法治国家、法治政府等概念进行辨析,厘定"法治社会"概念的内涵。张文显在阐释习近平法治思想时,对法治社会的标志进行了概括,"什么样的社会算是法治社会呢?习近平总书记的一系列论述给出的答案是:党政依法治理、社会依法自治、全民自觉守法、矛盾依法化解、建成平安中国"⑦。这是一种描述性的法治社会定义方式,通过归纳梳理习近平总书记关于法治社会的重要论述,勾勒出党的十八大以来法治社会建设所涉及的重要领域。郭道晖从社会权力的角度界定法治社会,"所谓法治社会,是指社会的民主化、法治化、自治化。是基于实行市场经济以后,'国家—社会'由一体化转型为二元化,社会主体开始拥有属于自己的物质与精神等社会资源,成为相对独立的实体,并能运用这种资源的影响力支配力即'社会权力',去支持或监督国家权力,从而出现的权力多元化、社会化"⑧。这是一种社会结构关系视角下的法治社

① 张文显.中国步入法治社会的必由之路[J].中国社会科学,1989(2):181.
② 徐显明.论"法治"构成要件——兼及法治的某些原则及观念[J].法学研究,1996(3):37.
③ 张文显.中国步入法治社会的必由之路[J].中国社会科学,1989(2):181-194.
④ 马长山.法治社会中法与道德关系及其实践把握[J].法学研究,1999(1):2-16.
⑤ 刘作翔.法治社会中的权力与权利定位[J].法学研究,1996(4):69-79.
⑥ 蔡定剑,刘丹.从政策社会到法治社会——兼论政策对法制建设的消极影响[J].中外法学,1999(2):7-12.
⑦ 张文显.习近平法治思想研究(下)——习近平全面依法治国的核心观点[J].法制与社会发展,2016(4):18.
⑧ 郭道晖.法治新思维:法治中国与法治社会[J].社会科学战线,2014(6):233.

会概念,它突出强调发挥社会权力与国家权力正向互动的结构作用。江必新等从制度面、心理面和秩序面对法治社会的基本内容做了框架性描述:良善规则所构成的多元规则系统、社会成员和群体的法之认同和跨越统治与自治之共治秩序。① 这是一种文化视角下的法治社会概念,它从制度、实践和精神层面分别剖析了法治社会的不同面向。

在过去40年中,最引人注目的变化是"法治社会"概念内涵从广义向狭义的转变。促成这种转变的关键在于"国家"与"社会"的相对分化。在法治社会研究兴起的阶段,"法治社会"是被附带于"法治"话语之下的一个宽泛概念。在这个未被精确厘定的笼统概念中,"社会"与"自然"相对应,它是"涵盖'国家—社会'一体化的大概念,社会包融于国家之中,是'国家的社会'"②。在国家与社会浑然一体的情况下,"法治社会"研究之重心只能落在"法治"之上。与之形成鲜明对比的是,党的十八大以来相关研究成果均采用了狭义的"法治社会"概念。"法治社会"概念实现了从广义向狭义的限缩,这在根本上得益于社会从国家中分化出来,成为一个与政治国家相对应的独立场域。如果说,早期的"法治社会"研究的重心在"法治"的话,那么党的十八大以来的"法治社会"研究的重心则在"社会"。纵观法治社会概念内涵的变迁,限缩后的法治社会概念更能释放其应有的学术价值。

总结归纳学术界的最新研究成果,可以将法治社会的本质特征概括为以下两个方面:第一,法治社会具有自治性。对于中国学术界来说,承认社会相对于国家的本源性,具有理论上的便利性。根据马克思的历史唯物主义,社会物质生活条件决定国家和法律。即便是按照马克思的设想,国家最终是要消亡的,但人类社会长存③,在法治社会所依凭的规则系统中,消亡的只是国家制定法的那部分,而基于生存实践互动所衍生的规则将伴随人类始终。按照马克思的理论描绘,共产主义社会将实现人自由而全面的发展。可以推想,在人获得自由而全面的发展之后,人类社会将完全采用自治的方式实现社会的秩序化。第二,法治社会具有多元性。最直观地看,除法治政府以外的广阔领地,均落入法治社会的射程范围内。法治社会所包含的主体种类、规则类型和治理方式均具有多元性,这种丰富性是法治政府领域所不可比拟的。更深层地看,社会主体的自治性决定了法治社会的多元性。就法治社会的主体类型而言,政党、社会组织等,皆是为了满足社会成员的政治、经济等需求而

① 江必新,王红霞.法治社会建设论纲[J].中国社会科学,2014(1):141-142.
② 郭道晖.法治新思维:法治中国与法治社会[J].社会科学战线,2014(6):233.
③ 郭道晖.法治新思维:法治中国与法治社会[J].社会科学战线,2014(6):233.

被建构出来的;就规则类型而言,正式规则和非正式规范所组成的规则系统,是个体间基于理性或出于习惯进行互动协调的产物。因此,植根于社会主体自治的前提下,法治社会呈现出多元性。

(2)准确把握推进法治社会建设的意义与作用

关于建设法治社会的意义与作用,分别体现在法治自身运行和现代社会发展两个方面。着眼于法治自身的运行,建设法治社会是强基固本之举。立足于现代社会的发展,建设法治社会是关键突破口。

第一,建设法治社会是建设法治国家的基础。从逻辑关系的角度来看,法治社会是法治国家的基础,这已成为学界基本共识。[①] 按此逻辑,法治国家应在法治社会充分成熟的基础上产生。在历史经验层面,以英美为代表的普通法系法治发展模式呈现出由成熟的法治社会导引出法治国家的演进路线。从法治国家和法治社会所指涉的场域来看,法治国家表征"公域"之治,法治社会表征"私域"之治。[②] 就发生学的角度来看,私域是公域的母体。"一个以民主和法治为基础的平等、自由和协商的社会领域的存在,始终是法治国家的根基所在,因为法治秩序在结构上是社会同国家协调的产物——社会赢得的是自主的空间,得以自由地缔约和结社建构自身。"[③]这种发生学上的原生与派生关系,使社会能够对国家进行监督和批评。既然公域是社会主体建构的产物,那么它就必须被置于审慎且严密的监控之下,以确保它能按照预定计划正确地发挥其工具价值。

第二,建设法治社会是破解法治瓶颈的有效路径。在努力实现由传统型向现代型转变的国家中,它们面临着在传统社会基础上建设现代法治的艰巨任务。作为一种受制于历史情境制约的策略化抉择,后发型现代化国家采取政府推进型法治模式有其历史和现实的合理性。"但转型国家法治建设道路和序列的特殊性并不能否定法治的一般基础与源泉是社会而不是国家这一逻辑关系。"[④]就中国的法治建设进程而言,依次启动的建设工程是法治国家—法治政府—法治社会,呈现出一幅"政治领域先行、社会领域跟进"的时序图。中国采取的政府推进型法治模式,取得了有目共

---

① 表面上,姜明安似乎是持一种相反立场。姜明安的完整主张是:"建设法治国家是建设法治社会的基础,建设法治社会是建设法治国家的条件"。不难发现,姜明安区别"基础"和"条件"两个词语。他在阐述"建设法治社会是建设法治国家的条件"时,从现实环境、制度机制和动力源泉三个方面进行了论证。由此可见,他所使用的"条件"一词,就是我们所说的"基础"。姜明安.论法治国家、法治政府、法治社会建设的相互关系[J].法学杂志,2013(6):5-6.
② 张文显.论中国特色社会主义道路[J].中国法学,2009(6):13.
③ 张文显.论中国特色社会主义道路[J].中国法学,2009(6):17.
④ 江必新,王红霞.法治社会建设论纲[J].中国社会科学,2014(1):145.

睹的法治建设成就。率先启动法治国家和法治政府建设,能够为法治社会建设提供政治引领和制度环境。毋庸讳言,政府推进型法治模式也有其内在局限性。在批判反思的视野中,政府推进型法治模式具有"立法中心主义""法治悖论""法律工具主义"等缺陷。① 作为一种主动的战略安排,在法治国家、法治政府两大战略实施一段时间后,适时出台法治社会战略能够破解前一阶段法治发展的瓶颈。

第三,建设法治社会是建设现代社会的基本诉求。在韦伯的法社会学理论框架中,现代法治社会与封建家长制社会是截然两立的理性类型,分别以形式理性与实体理性为根本特征。韦伯关于现代法治社会具有形式理性特征的经典概括,构成了中国学者反思和批判传统社会的重要理论资源。有学者检讨了制约法律形式主义发展的历史因素,揭示了无论是古代家长制还是新中国成立后一段时间内的革命浪漫主义,均不利于法律形式主义的发展。因此,"在我国,'形式主义'在政治上的坏名声导致法律形式主义也只作为法律的一种缺点而受到批判,只是具有讽刺意味的是,真正意义上的法律形式主义却从未确立过"②。中文语境下"形式主义"所具有的负面形象遮蔽了形式理性法所具有的独立性和确定性。有学者着眼于传统社会迈向现代社会的进程,主张对人情社会进行反思重构,"法治社会就是要改变以人情为核心的人治社会,改变主要用权力命令、长官意志治理社会、管理国家和控制人;改变'人情'、'关系'、权力、门第、情感和意志等非制度因素对社会生活的全面支配;改变认'人'不认制度、重感情不顾规则的法治权威虚无状态"③。与此同时,还需要注重对公共理性进行培育提升,引导社会个体对自身利益理性判断和正当表达。④ 综合这些主张可以看出,借助韦伯关于现代法治和现代社会所具有理性化特征的论述,法学界将人治社会传统作为建设法治社会的主要障碍,把实现社会秩序的形式化、理性化作为重要目标。

(3)积极探索推进法治社会建设的路径与策略

关于如何建设法治社会,存在内部性和外部性两种观察视角。从法治社会的自身逻辑来看,实现社会法治化的最深层动力蕴含于社会机体之中,建设法治社会必须注重社会自身的建设。从外在于法治社会的视角来看,法治社会不是孤立存在

---

① 刘旭东,庞正."法治社会"命题的理论澄清[J].甘肃政法学院学报,2017(4):56-57.
② 黄金荣.法的形式理性论——以法之确定性问题为中心[J].比较法研究,2000(3):308.
③ 江必新,王红霞.法治社会建设论纲[J].中国社会科学,2014(1):147.
④ 江必新,王红霞.法治社会建设论纲[J].中国社会科学,2014(1):147-148.

的，必须推进"法治国家、法治政府、法治社会一体建设"①。建设法治社会的核心任务在于实现社会生活的法治化，其涉及的主体多样、领域广泛、任务艰巨。

从内部性视角来看，建设法治社会必须全面推进重要社会生活关系领域的法治化。近年来，治国理政的理念和方式发生了重大变革，确立了推进国家治理体系和治理能力现代化的总体目标。社会治理理念的确立意义重大，"从管理到治理，虽一字之差，却内涵深刻，它标志着党和政府从社会管理走向善治的历史性跨越"②。在宏观方面，法治社会的本体性建设涉及社会治理方式、社会治理内容、社会治理体制三个核心问题。③ 这些宏观层面的战略部署，需要在建设法治社会的实践中予以贯彻落实。其一，实现法治建设的重心下移。在建设法治社会的过程中，需要更多地关注法治的社会之维。从社会的角度出发看待法治，社会对国家法的需求和反馈，应该成为法治建设的重心。在立法层面，国家立法要直面社会需要进行立法，增强法律对社会的回应性。与此同时，"国家法应当合理收缩，为社会自治性规则的建构预留空间并创造条件"④。在司法方面，在追求专业化的同时，有意识地承担教育功能，弥合专业与社会、法律人与民众之间的理解鸿沟。⑤ 确立起社会本位的法治观，破除"以法管治社会"的迷思，避免社会沦为法治的客体。其二，营造良好的法治氛围。在法治社会的范畴内，法治首先意味着法治精神、法律规则和法治方式融入社会生活领域，全体公民和法人学法懂法尊法用法守法护法，树立社会主义民主法治、自由平等、公平正义、诚实守信等理念。⑥ 在衡量法治观念时，个体对于法律的认知、态度和感情固然重要，但更重要的是大多数社会成员的法治观念状况。此外，一个社会的法治氛围，是社会成员法律意识、法律观点及其外化——行为——的效果弥漫在法治的时间与空间所形成的状态和气氛。⑦ 脱胎于法治社会母体的法治氛围，全方位体现了法治观念的"内化于心、固化于制、外化于形、实化于行"，构成了国家的"法治软实力"。其三，将基层作为法治社会建设的主要场域。基层事务具有不规

① 方世荣.论我国法治社会建设的整体布局及战略举措[J].法商研究，2017(2)：3.郭道晖认为，法治国家和法治社会一体建设，至少在文字上易使人误以为又回到计划经济时代"国家和社会一体化"，建议应变为二者的"同步建设"。郭道晖.法治新思维：法治中国与法治社会[J].社会科学战线，2014(6)：236.
② 龚廷泰，常文华.政社互动：社会治理的新模式[J].江海学刊，2015(6)：155.
③ 方世荣.论我国法治社会建设的整体布局及战略举措[J].法商研究，2017(2)：3.
④ 江必新，王红霞.法治社会建设论纲[J].中国社会科学，2014(1)：153.
⑤ 江必新，王红霞.法治社会建设论纲[J].中国社会科学，2014(1)：154.
⑥ 张文显.全面推进法制改革，加快法治中国建设——十八届三中全会精神的法学解读[J].法制与社会发展，2014(1)：17.
⑦ 邓琼，龚廷泰.法治氛围的概念分析[J].江海学刊，2016(2)：207-212，239.

则性、偶发性,不宜简单套用科层制的方式进行应对。法治社会建设应直面基层特质的制约,着眼基层社会的主要事务,发挥基层社会组织的功能。① 与此同时,基层是社会成员感知法治的最主要场域,因而成为检验法治社会建设成效的试金石。

从外部性视角来看,必须将法治社会作为一项系统性工程予以推进。作为一项系统性工程,法治社会建设不仅有本体性的建设任务,还必须做好关联性建设。在宏观层面上,法治社会的关联性建设涉及法治社会与全面从严治党、法治社会与法治政府以及法治与德治三个紧密关联的问题,须确立全面从严治党引领法治社会建设、法治政府与法治社会一体建设、法治社会与道德社会融通建设三项战略举措整体推进。② 其一,理顺全面从严治党与法治社会的关系。正确处理两者之间的关系,是中国法治建设必须予以回答的重大命题。软法理论研究者试图把政协组织、民主党派、共产党党内法规这些中国特有的政治制度和政治现象纳入法治的轨道,以便弥合法治理念与现实制度之间的鸿沟,提供法治的标准来整肃、规制现有规范。③ 以软硬法混合治理为中心的法治社会主张,能够为政治共同体全面法治化提供工具和路径。其二,优化法治社会与法治政府的结构关系。在"法治国家、法治政府、法治社会一体建设"的语境下,对于三者之间的关系存在多种不同的理解。④ 认识分歧主要集中在"法治国家"与"法治政府"是种属关系,还是平行关系的问题上。事实上,围绕"国家"和"政府"各自指涉范围的差异,并不妨碍对于法治社会的理解。相比较于法治国家和法治政府而言,法治社会并没有一个清楚的范围。因此,法治社会与法治政府的关系,应侧重对法治政府进行明确性限定。社会权力与国家权力之间存在多种关系样态,两者之间既有相互冲突竞争的一面,也有互补促进的一面。在社会权力尚还孱弱的情况下,"逐步削减国家权力和国家法律对社会的过度干预,给社会自主自治权力与社会规范让出适度空间"⑤。在国家回归本位的过程中,原本被侵占和挤压的社会空间得以舒展。各类社会主体在法治框架内,充分运用其对社会资源的影响力去支持或监督国家。因此,在配置法治政府和法治社会结构关系时,应重点确保法治政府不缺位、不越位。其三,构建"自治、法治、德治"的三治融合治理体系。"三治融合"而形成的善治是新时代中国社会治理的基本方式。"自治属于民主政治的范畴,位居法治和德治之前,并统筹法治和德治,法治和德治之实现自治的

① 陈柏峰.中国法治社会的结构及其运行机制[J].中国社会科学,2019(1):79.
② 方世荣.论我国法治社会建设的整体布局及战略举措[J].法商研究,2017(2):3.
③ 罗豪才,周强.软法研究的多维思考[J].中国法学,2013(5):105-106.
④ 张鸣起.论一体建设法治社会[J].中国法学,2016(4):6-7.
⑤ 郭道晖.论法治社会及其与法治国家的关系[J].中共中央党校学报,2015(1):9.

方式。"①特别是在建设法治社会的过程中，多样化的地域社会文化条件，既为探索"三治融合"治理提供了广阔的空间，也为新时代中国社会治理模式注入源头活水。

3.关键词突现分析

突现词指在特定的统计区间内，词频出现率较高的几个或几组关键词。通过统计突现词出现和消失的时间，能够帮助使用者捕捉到突现词兴衰的历史规律。突现词不仅能反映出某个领域内研究的热点，更能反映出该领域的热点趋势。突变算法中最小持续时长(minimum duration)设置为 1，$\gamma = 0.1$，选择展示强度最高的 20 个突现词，见图 4。

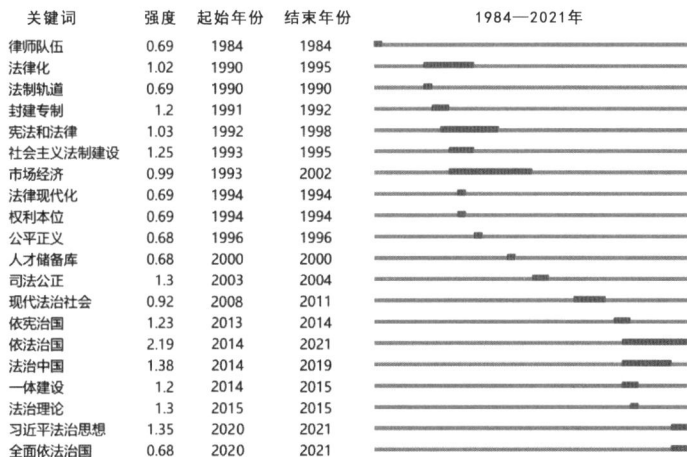

| 关键词 | 强度 | 起始年份 | 结束年份 | 1984—2021年 |
|---|---|---|---|---|
| 律师队伍 | 0.69 | 1984 | 1984 | |
| 法律化 | 1.02 | 1990 | 1995 | |
| 法制轨道 | 0.69 | 1990 | 1990 | |
| 封建专制 | 1.2 | 1991 | 1992 | |
| 宪法和法律 | 1.03 | 1992 | 1998 | |
| 社会主义法制建设 | 1.25 | 1993 | 1995 | |
| 市场经济 | 0.99 | 1993 | 2002 | |
| 法律现代化 | 0.69 | 1994 | 1994 | |
| 权利本位 | 0.69 | 1994 | 1994 | |
| 公平正义 | 0.68 | 1996 | 1996 | |
| 人才储备库 | 0.68 | 2000 | 2000 | |
| 司法公正 | 1.3 | 2003 | 2004 | |
| 现代法治社会 | 0.92 | 2008 | 2011 | |
| 依宪治国 | 1.23 | 2013 | 2014 | |
| 依法治国 | 2.19 | 2014 | 2021 | |
| 法治中国 | 1.38 | 2014 | 2019 | |
| 一体建设 | 1.2 | 2014 | 2015 | |
| 法治理论 | 1.3 | 2015 | 2015 | |
| 习近平法治思想 | 1.35 | 2020 | 2021 | |
| 全面依法治国 | 0.68 | 2020 | 2021 | |

图 4　强度最高的 20 个突现词

从图 4 可知，关键词"市场经济"的持续时间最长，从 1993 年开始到 2002 年结束，总计 10 年。尽管"市场经济"是持续时间最长的突现词，但是它已于 2002 年停止突现。这说明经过 10 年的努力，学术界已经就市场经济与法治社会的关系问题达成了共识，相关理论准备已经完成。突现度排在第二位的关键词是"依法治国"，它从 2014 年开始一直持续到 2021 年，总计 8 年。这表明，自党的十八大以来，"依法治国"一直是学界研究的焦点。从未来发展趋势的角度看，"习近平法治思想"和"全面依法治国"是 2020 年新兴的两大研究热点。尤其是"习近平法治思想"的突现值在短时间内达到了 1.35，表现出强劲的增长势头。

根据不同时期的关键词突变情况，可以进一步将法治社会研究划分为三个阶段。

第一阶段(1984—1996 年)是"法治社会"主题研究的萌芽阶段。在第一阶段中，

---

① 张文显.“三治”融合之理[J].治理研究,2020(6):6.

出现的关键词是"社会主义法制""法律化""体制改革""商品经济"等,它们共同指向了"建设社会主义法制"的目标。该阶段在政治制度层面上,突出强调将社会生活纳入"法制轨道",体现了"民主的法律化制度化"命题在市场经济条件下的延伸。① 该阶段在经济层面上,突出强调要推进经济体制改革,建设"市场经济"和"契约社会"。这一阶段的历史背景是,党的十一届三中全会召开以来,特别是邓小平发表南方谈话之后,长期束缚着人们思想认识的姓"资"还是姓"社"的问题得以破解,社会主义与"计划"和"市场"的关系得以理顺。1992 年,党的十四大明确我国经济体制改革的目标是建立社会主义市场经济体制。在建设社会主义市场经济的时代背景下,"市场经济必须是法治经济"成为一个核心命题。② 在阐释和论证该命题的过程中,有学者敏锐地指出:"搞市场经济不只要反对人治,还要反对'人治底下的法制',这是当今人治的新的表现形态。"③在对"有法可依"是"依什么样的法"的追问下,旗帜鲜明地反对"人治底下的法制",表明了学界开始注重区别"形式法治"与"实质法治"。

第二阶段(1997—2011 年)是"法治社会"主题研究的拓展深化阶段。1997 年,党的十五大报告明确提出了"依法治国,建设社会主义法治国家"的目标。自此以后,终结了学界在"法治"与"法制"之间的徘徊,"法治"话语开始正式流传开来。在第二阶段中,出现的关键词是"公平正义""司法公正""现代法治社会"等,它们共同指向了建设现代法治社会的目标。这些关键词表明,从制度层面实现社会法制化只是建设法治社会的第一步,还需要关注精神层面上的法治文化问题,还需要从行动层面提升党的执政能力。综合该阶段的关键词可以看出,法治社会的研究触及了"法治"的核心意涵。作为一种具有规范内涵的秩序化形态,法治要求制度必须获得绝大多数社会成员的自觉遵守。

第三阶段(2012 年至今)是"法治社会"主题研究的快速发展阶段。在第三阶段中,出现的关键词是"习近平法治思想""一体建设""全面依法治国"等,这些关键词分别指明了法治社会的时代背景、指导思想和总体格局。与此同时,还出现了"政府推进型法治""国家中心主义""工具主义法律观""治理主义法治观"等,这表明学术界对"政府推进型法治"模式进行了反思,意识到该模式的国家中心主义立场和工具主义法律观具有自身限度,进而倡导一种"治理主义的法治观"。还需要注意的是,该阶段出现了关键词"县域治理",这表明法治社会研究开始面向微观治理单元。从

---

① 郭道晖.市场经济与法学理论、法制观念的变革——近年法学新论述评[J].法学,1994(2):2.
② 郭道晖.市场经济与法学理论、法制观念的变革——近年法学新论述评[J].法学,1994(2):2.
③ 郭道晖.市场经济与法学理论、法制观念的变革——近年法学新论述评[J].法学,1994(2):2.

该阶段的关键词来看，法治社会的研究重心由"法治"转换到"社会"。

# 四、结论和建议

本文以 CNKI 收录的全部中文期刊中的"法治社会"研究相关文献为分析对象，按照本文限定的主题和时间范围，共检索获得 4342 篇文献。通过文献计量法和科学知识图谱分析并揭示了该领域的研究现状、研究热点以及未来研究趋势，进而概括总结了我国近 40 年来"法治社会"研究的主要特点及其启示。

第一，从研究领域来看，高频发文作者主要来自高等院校、社科院等学术机构。党的十八大以后，中南财经政法大学和南京师范大学成为法治社会研究领域的两大重镇。目前，法治社会研究领域中，不同作者和机构之间的合作亟待加强。2021 年 6 月，作为法治社会研究的两大重镇，中南财经政法大学和南京师范大学开启了携手共建高端智库的合作尝试。[①] 从学科分布来看，法治社会研究领域的排名前 20 篇高被引文献主要出自法理学，仅有少部分出自宪法学、行政法、诉讼法等部门法学。在这 20 篇高被引论文中，仅有 1 篇论文采取实证分析的方法。[②] 党的十八大以来，法治社会获得了相对独立于法治国家、法治政府的地位，这使得法治社会话语系统的生成和发展成为可能。未来，拓展研究深度和整合研究力量，根本在于进一步创新研究方法，充分吸收和运用田野调查法等实证研究方法。

第二，从研究热点来看，通过观察关键词热点的演变趋势，可以发现"市场经济"和"社会主义法制建设"是早期阶段最为活跃的关键词。后来，"公平正义""司法公正"和"现代法治社会"是第二阶段最为活跃的关键词。党的十八大以来，"习近平法治思想""依法治国""全面依法治国"等主题也受到广泛关注。从法治社会研究热点的变化可以发现，研究重心依次经历了"规范、制度—理念、精神——体建设"的变迁。这条变迁路线与中国的法治建设进程保持了一致。[③] 此外，法治社会研究热点

---

① 2021 年 6 月 6 日，中南财经政法大学和南京师范大学在南京签署共建中国社会治理与法治现代化研究院战略合作协议。中南财经政法大学和南京师范大学共启智库战略合作[EB/OL]. (2021-06-07)[2022-08-23]. http://www.fxcxw.org.cn/dyna/content.php? id=21702.

② 陈寒非，高其才.乡规民约在乡村治理中的积极作用实证研究[J].清华法学，2018(1):62-88.

③ 江必新和王红霞将中国法治建设的两条脉络进行了归纳："其一是从规范、制度体系的文本创制到法治理念、精神的纵向提升；其二是从依法行政、法治政府的重点攻坚到社会各方面事业全面法治化的横向延展。"江必新，王红霞.法治社会建设论纲[J].中国社会科学，2014(1):140.

的变迁也反映了中国法治社会建设由表及里、由易到难、由重点突破到一体建设的渐进主义路线图。

第三,从我国"法治社会"研究的前景来看,党的十八大以来,以习近平同志为核心的党中央加大了法治社会建设的力度,强调要推进"法治国家、法治政府、法治社会一体建设"。尤其是在强调全面依法治国的时代背景下,我国"法治社会"研究必将得到越来越多的重视。因此,建议之后的研究者要在研究热点的基础上探寻未来研究方向、总结研究经验、拓宽"法治社会"研究覆盖的学科范围,从而为推进全面依法治国和建设法治社会奠定坚实基础。可以预见,我国未来的法治社会研究将在习近平法治思想的指引下,面向全面依法治国的生动实践,步入一个蓬勃发展的崭新阶段。

# 法治社会的规范意涵及建设路径研究

刘旭东[*]

**摘 要**：法治社会意指社会主体自下而上地通过国家立法与社会自发形成的规则实现社会自治，并同时针对公权力展开持续的监督与制约，其与"法治政府""社会治理"相比有着不同的规范意涵。法治社会的提出立基于法治内含的社会面向、社会转型期多元化的价值理念及其潜在的冲突，以及对政府推进型法治的反思，这一实践革新了我国传统的法治发展模式，标志着我国社会转型的初步完成。法治社会的建设路径在于政府主动放权，提升基层群众自治组织自我发展的自由度，弱化其行政特质；同时，赋予公益性、互益性社会组织更多的自由度，打造公平竞争的环境，逐步减少行政扶植，从而实现社会组织的多元竞争化发展。

**关键词**：法治社会；社会自治；权力监督；基层群众自治组织；社会组织

2012 年 12 月，习近平总书记在纪念现行宪法公布施行 30 周年大会上首次明确提出"法治国家、法治政府、法治社会一体建设"[①]；此后，党的十八届三中、四中全会，党的十九大，党的十九届二中、四中全会均提出了这一任务目标；2019 年 2 月 25 日，习近平总书记在中央全面依法治国委员会第二次会议上再次提出，要在 2035 年基本建成法治国家、法治政府与法治社会[②]；2020 年 12 月，中共中央印发的《法治社会建设实施纲要（2020—2025 年）》指出，党的十九大把法治社会基本建成确立为我国到 2035 年基本实现社会主义现代化的重要目标之一。可以看到，法治社会的理论于当下已然成为习近平法治思想的重要组成部分。

---

\* 作者简介：刘旭东，法学博士，江苏师范大学法学院讲师，教育法研究中心副主任；南京师范大学中国法治现代化研究院特邀研究员，主要研究方向：法治社会。

基金项目：中国法学会 2019 年度部级法学研究课题"基于'重叠共识'视角的立法协商机制研究"，项目编号：CLS［2019］C14。

① 杨维汉，罗沙，等.法治兴则国兴，法治强则国强［N］.人民日报，2022-02-19(2).

② 习近平主持召开中央全面依法治国委员会第二次会议［EB/OL］.（2019-02-25）［2022-08-22］. http://www.qstheory.cn/yaowen/2019-02/25/c_1124161736.htm.

法治社会的提出立基于深刻的时代背景。改革开放 40 多年来,社会分化与流动的加剧打破了社会体系相对封闭的状态,促使其呈现出更为多元化的特质:一方面,市场化改革产生了多样化的利益群体与价值观念,理性的公民权利意识得以逐步形成;另一方面,政府之外的社会空间逐渐扩大,以自治为导向的社会组织也愈加活跃。但与此同时,社会力量参与法治建设的渠道与规模还有较大的发展空间。在这一背景下,为多元的社会培育共识,促使社会发展的法治化,为法治发展融入社会力量,就成为执政党以及整个国家的现实关切。因此,法治社会命题的提出促使我国法治建设的图景逐步从公权力推进模式转为多主体协同推进模式,为法治发展引入了源源不断的"社会之维"。

当前,法治社会建设在上述"一体建设"中属于相对薄弱的环节,甚至,学术界关于法治社会的概念亦存有理论争议。这显然需要我们首先对法治社会的规范意涵进行正本清源,厘清法治社会的概念与内在逻辑;进而逐步形成培育、组织及运行法治社会的有效方案,促使法治社会这一理论成为切实具备可操作性的实践框架,确保社会能够以稳健的社会自治风貌参与到我国社会主义法治事业的发展进程中。

# 一、法治社会的理论澄清

当前,法治社会在实践中并未达成概念上的高度共识,其与法治政府、社会治理等在部分场合中还存有概念混同的现象。明晰法治社会的概念构成、主要载体及应然实践方式,是科学界定法治社会建设路径的理论前提。

## (一)法治社会的概念辨析

早在 20 世纪 90 年代,我国便有学者提出了法治社会的概念[①],但学术界对法治社会展开集中讨论则是在党的十八届三中全会之后。尽管众多学者针对法治社会展开了全方位的规范性或描述性研究,但与法治政府不同,法治社会至今仍未达成普遍性的概念共识。甚至,学术界的部分表述忽视了法治社会的特有面向,从而使其与法治政府发生了概念混同,如有学者认为,法治社会是指包括国家机关、社会组织以及个人在内的所有主体的行为都能够被国家立法确认的各项制度、理念有效调

---

① 郭道晖.法治国家与法治社会[J].政治与法律,1995(1):17-20.

节的状态①；或者认为，法治社会就是指任何社会主体都必须严格遵循宪法及法律的规定，依照立法行使权利，履行义务②。可以看到，学术界的部分表述将法治社会误解为立法或公权力单向度地对公民予以管控，这显然不是法治社会的真实意涵。③

法治社会既具备法理上普遍性的法治意蕴，也内含浓郁的中国法治实践气象。因此，法治社会的概念应当放置于执政党上述"一体建设"的理论框架中，作为一个区别化的概念来对待。具言之，当法治国家、法治政府、法治社会三个概念被同时使用时，三者之间呈现出了一种种属关系：法治国家作为"属概念"，其内含了法治政府与法治社会这两个平行并列的"种概念"。其中，法治国家意指作为一个抽象的政治共同体的法治状态，即一个国家的政治、经济、文化生活等各个领域的法治化；法治政府的内涵则相对明确，它是指所有国家公权力机关都须依法运行，具备有效的制约与监督机制；而法治社会则是指广阔的非官方的公共领域的法治化与规则化。强调"一体建设"是因为公权力机关之外的广阔社会领域的法治化难以单纯依靠自上而下式的即"依法而治"的建构方式予以完成。

所以，作为一个规范的概念，法治社会并非动宾结构短语，而属于典型的偏正短语。它意在强调"社会"自身应作为法治建设的主体，以积极有为的姿态开展社会自治并监督公权力，从而践行法治"保障私权利、约束公权力"的核心要义。法治社会在实践中要求充分发掘社会力量，健全社会组织，激发社会活力，实现"社会治社会"的"善治"状态。相应地，这即意味着法治社会绝不能被解释为社会被动地、消极地等待政府的依法管理，或政府单向度地对社会予以管控，否则既忽视了法治社会的独特意蕴，也使其难以从法治政府的理论范畴中分离出来，并形成独立系统的分析框架。

综合上述分析，所谓法治社会，就是指包括公民及各类基层组织在内的社会主体自下而上地运用国家立法和社会规则实行社会自治，分担政府压力，实现法治的多元主体参与。在主体的层面上，社会主体在我国主要包括以秩序化、组织化为功能的基层群众自治组织，以及以公益性、互益性为表征的各类社会组织；在实践的层面上，法治社会一方面在公权力不宜或不善于调整的领域展开自我管理，完成从"他治"向"自治"的转变；另一方面则通过广泛的社会力量对公权力进行监督，弥补"以

① 史丕功、任建华.法治社会建设的价值选择及主要路径[J].山东社会科学,2014(9):183.
② 法治社会建设的六大特征[EB/OL].(2015-05-18)[2022-08-22].http://www.71.cn/2015/0518/814484.shtml.
③ 李瑜青."法治社会"概念的历史演绎及文化意蕴[J].求索,2020(2):162.

权力制约权力"所潜在的不足。有论者对此指出:"法治社会秩序所呈现的,一方面是社会权力的自主配置和自主运行,这是法治社会生成的基本条件;另一方面则是社会权力与国家权力的沟通互动,这是法治社会发展的重要保障。"①

（二）法治社会与社会治理的概念区分

社会治理是执政党近年来应对社会基本结构形态发生质变的过程中逐渐形成的。社会治理与法治社会的实践侧重点不同,前者是一个描述性的概念,而后者则是更具规范性的价值理念。所以,法治社会与社会治理具有不同的规范意涵与实践面向,存在于不同的话语体系之中。但是,目前两者之间的概念区分并未达成共识,甚至还存在将两者等同的学术主张。如有学者认为两者仅是一个问题的两个方面②;或者,社会治理的完善本身就是法治社会的对应概念③。不加区分地使用甚至混同两者,既不利于明晰作为分析工具的上述概念的内容与边界,也弱化了法治社会与社会治理的实践特质。因此,厘清两者的不同,将有助于确保法治社会建设方案的科学性、合理性与可操作性。

具体而言,法治社会的提出源于我国法治建设进程中的"社会缺位"、当下社会力量的愈加活跃及其参与法治建设的现实诉求,侧重于对法治"社会之维"的关切。而社会治理的提出则是基于整个国家全方位的变革现状以及综合治理难度的陡然提升,从党的十八届三中全会提出的"推进国家治理体系和治理能力现代化",到党的十九大提出的"打造共建共治共享的社会治理格局",都是对这一现状的积极回应。易言之,作为与"统治"相对应的概念,治理意味着国家公权力机关与社会私权利主体开展合作,双方共同管理社会公共事务,提供社会公共物品;意味着国家公权力机关将其职能部分转移给社会,社会治理主体呈现出多元化、多极化的现状格局。

基于上述分析可知,社会治理表征着在执政党的领导及各级政府的指导下,社会主体广泛地融入社会公共事务的管理进程中,提供公共产品,维系社会秩序,协同治理社会的活动。法治社会与社会治理最为明显的区别即在于实践中各自占主导地位的主体不同。法治社会的主要实践主体一定是各类社会主体,它强调社会成员通过自愿的方式组成社会组织实现社会事务的自我运营和自我管理,而无须国家公

---

① 屈茂辉,曾明.法治社会的基本构成与新时代我国法治社会建设的基本路径[J].湖湘论坛,2019(6):118.

② 葛洪义.社会治理与法治社会[J].现代法治研究,2016(1):21-23.

③ 陈金钊,宋保振.法治国家、法治政府与法治社会的意义阐释——以法治为修辞改变思维方式[J].社会科学研究,2015(5):82.

权力的事必躬亲;相比之下,社会治理尽管也强调社会组织或社会成员对社会公共事务的积极参与,但与法治社会将社会力量作为主导主体不同,社会治理中的主导者仍然是政府而非社会主体,后者仅仅是政府的重要协助者。①

总之,法治社会与社会治理有着不同的实践诉求,两者并不矛盾,亦不冲突,但两者的实践侧重点不同。这也再次表明了法治社会所强调的是法治必然内蕴的"社会之维",意味着法治社会的建构路径应当以激发社会活力,促进社会自治为核心,避免将过多的公权力因子纳入构建进路中,尽管其对社会全局的掌控能力更为显著,但终究不是法治社会的关切要素。在众多概念中不加区分地使用法治社会这一概念,只会不断地弱化、消解法治社会以社会为本位的实践品相,甚至导致其成为法治政府或社会治理的下位概念。

## 二、法治社会的衍生与实践逻辑

法治社会的必然性可以从法治的构成要件、社会转型期的实践诉求以及对我国传统法治实践方案的反思中予以追寻。法治社会的提出意味着我国的法治发展模式开始以更符合法治逻辑的方式予以推进,促进了法治发展的科学性及社会转型的初步完成。

(一)法治社会的内在依据

首先,法治内含社会面向,这从根本上决定了法治社会是法治实践的必然组成部分。

传统上,人们习惯将法治界定为国家公权力的依法而治。但是,现代法治的首要社会构造就是社会主体的自我运行与自我管理,即社会自治。② 法治的终极目标在于维护私权利,这即意味着在法治的场域中,权利应当处于积极有为的彰显状态,而不是被规训或制驭。因此,仅靠政府单方的努力无法实现全面法治,法治的建设必须融入社会的智识,通过社会的自治实现权利的自我保障,这即是法治的社会面向。

---

① 庞正.法治社会和社会治理:理论定位与关系厘清[J].江海学刊,2019(5):160.
② 姚建宗.法理学:一般法律科学[M].北京:中国政法大学出版社,2006:388.

一方面,作为"迄今为止人类能够认识到的最佳的国家治理方式"①,法治终究是以服务社会而非公权力为己任的。正如马克思所言:"社会不是以法律为基础的。那是法学家们的幻想。相反地,法律应该以社会为基础。"②所以,法治真正的母体是社会而不是权力,法治的目的就在于满足社会生活本身的需求。另一方面,面对纷繁复杂的社会利益,现代国家立法机关通常难以确保法律全然反映社会多样化的利益诉求,而社会则凝聚了原子化的社会成员,为这类利益诉求提供了制度化的整合机制和表达渠道,甚至推动其最终进入政府的公共政策议程,弥补了国家立法潜在的不足。总之,广阔的社会及其成员让法治的发展获得了社会维度上坚实的支撑,这是法治最为基础的源源不断的动力。

其次,社会转型期导致了社会价值观的多元化,这亦需要由法治社会来消解可能出现的冲突。

社会的现代化转型是一个长期且至今仍正在开展的过程,尤其是对于中国这样的国家更是如此。韦伯指出,现代化的过程是一个不断实现理性化的过程③,而这一理性化的过程就是一个"祛魅"的历程——人们开始充分发挥主体的能动性,进而去了解、阐释世界④。这一方面产生了价值的多元主义,人们不再从外界中寻求价值的依据,而是反求诸己,诉诸个人主观的价值判断,从而导致现代社会呈现出价值多元的形态;另一方面价值的多元主义也必然带来现代社会普遍性的理念分歧。正如罗尔斯所指出的那样,人们评估价值的方式受制于人们的人生阅历,这导致人们对各个考量的重要性观点不一,人们所中意的作为判断依据的价值准则之间也很难设定优先关系。⑤

随之而来的问题是,随着传统社会统一的价值准则的瓦解,现代社会应当如何统摄社会中大量存在的各不相同甚至针锋相对的价值观,这显然直接关系到国家的稳定与个人的福祉。法治社会则恰恰为这一问题提供了良好的解决方法。在法治社会中,主要由各类社会组织所建构的非官方的公共领域令持有不同价值观的社会成员得以针对社会公共问题展开持续性的对话、交流与探讨,并最终达成最低限度的共识。哈贝马斯对此指出,公共领域"一方面明确划定一片私人领域不受公共权力管辖,另一方面在生活过程中又跨越个人家庭的局限,关注公共事务,因此,那个

① 夏锦文."法治中国"概念的时代价值[J].法制与社会发展,2013(5):12.
② 马克思,恩格斯.马克思恩格斯全集(第六卷)[M].北京:人民出版社,1961:291-292.
③ 韦伯.新教伦理与资本主义精神[M].康乐,简惠美,译.上海:上海三联书店,2019:1-10.
④ 王泽应.祛魅的意义与危机——马克斯·韦伯祛魅观及其影响探论[J].湖南社会科学,2009(4):1.
⑤ John Rawls. Political Liberalism[M]. New York: Columbia University Press, 1993:56-57.

永远受契约支配的领域将成为一个'批判'领域,这也就是说它要求公众对它进行合理批判"①。

所以,法治社会在传统的政治领域之外为广大社会成员提供了广阔的表达利益诉求的场域,公民在这一场域中的交流与探讨绝不是无足轻重的街谈巷议,它是达成普遍化权利主张即社会共识并进而避免社会价值观撕裂的必经程序。

最后,政府推进型法治所存在的不足更展现了执政党提出法治社会的现实迫切性。

基于社会力量较为薄弱的事实、对转型期稳定的考量,以及短期内迅速构建法治框架从而为经济发展保驾护航的需求,改革开放之后我国的法治建设主要是由国家公权力来推动的,后来这被称为政府推进型法治道路。几十年来,这一法治发展模式在推动立法、构建法治秩序方面发挥了重要作用,其成效是有目共睹的。

但是,政府推进型法治道路的动力较为单一,毕竟,法治的构建主体并不只是政府自身,它不是少数人的事业。法治是一项宏大的涉及所有社会个体的工程②,因此,法治的建设不能仅依靠国家公权力。

其一,政府推进型法治导致人们过度迷信立法,并进而产生了立法中心主义,但是,法治并非仅指法律制度的存在,立法中心主义导致执法与司法活动等法律的实施活动在一定程度上被忽视了。其二,约束国家公权力是法治的使命之一,但是,政府推进型法治在实践中却因法治事业过度依赖于政府的安排而导致政府的权力无形中愈来愈大,这绝非法治可预的结果。其三,政府推进型法治内含国家主义的思维模式,暗含着政府自上而下、单方地管控社会的立场,使得本应成为法治建设主体的社会成为政府的附庸。③

总之,随着我国法治大厦的初步建立,社会结构的愈加复杂,以及人们权利意识的日益增长,单纯依靠国家公权力建构法治的不足日益明显。在这一背景下,充分发挥社会的力量,实现社会大众关于社会事务的自我管理以及对国家公权力的监督与制约,就是一条符合法治逻辑的必然路径。

(二)法治社会的政治文化意蕴

从现代法治的发展经验上来看,成熟的法治必然源自政府与社会的上下互动,

---

① 哈贝马斯.公共领域的结构转型[M].曹卫东,王晓珏,刘北城,等译.上海:学林出版社,1999:17.
② 梁治平.法治在中国:制度、话语与实践[M].北京:中国政法大学出版社,2002:88.
③ 杜辉.面向共治格局的法治形态及其展开[J].法学研究,2019(4):25.

法治社会的提出印证了我国法治建设日益符合法治逻辑,这不仅革新了我国传统的法治发展模式,也标志着社会转型的初步完成。

就我国的传统来看,历史上,国家与社会始终处于高度融合的状态,正所谓"国谓诸侯之国,家谓卿大夫之家也""天下之本在国,国之本在家",在这种家国不分的国家观实践场域中,现代意义上的独立社会及其意识是无从产生的。改革开放之后,我国法治建设的成就主要体现为法治整体框架的搭建、立法体系的基本完成,以及法律职业共同体的逐步壮大。通过上文的分析可知,在这一背景下,我国法治建设仍存在一个亟待解决的基础性问题,即如何为法治的发展注入新的更为持久的动力,推动法治建设的深度发展。因此,在笔者看来,法治社会的提出至少存在以下两种意义:

其一,从政治文明模式的角度来看,法治社会的提出反映了一种政治文明模式的转变,即由过去传统的行政一体化的法治发展模式转型成为国家同社会协同推进的现代法治发展模式。如上所述,作为一种治国理政的方式,法治在中国产生伊始便呈现出了自上而下的实践品格。这意味着执政党深刻认识到"法治中国建设不能是'空中楼阁',必须依靠社会的力量,需要社会组织、社会规则、社会风气的建设,以及最重要的社会主体的支持与协助"①。易言之,社会对国家而言具有重要意义,法治建设的根基在于社会而非政府,法治事业必然应当以社会为基石。

这一政治文明模式转变的背后是政治哲学层面上的进化论理性主义对建构唯理主义的超越。单纯依赖于国家公权力智识模式的背后呈现的是无限推崇人类理性的建构唯理主义思维模式,但是,法治社会内蕴的进化论理性主义认为,人类无法凭借其理性而预先建构一套完美的制度,社会的建设只能通过不断试错的方法来进行。同理,法治的建设也无法一蹴而就,与法治建设相关的经验、知识都需要在长期的实践中积累形成,社会就为这种积累提供了稳定的时空条件。

其二,从现代化转型的角度来看,社会是国家的原生体或母体,因而,法治社会的变迁将直接导致国家政治、经济等诸方面的转型。② 可以看到,所有现代化转型成功的国家,其社会无一例外地都极其紧密地嵌入在了国家体系之中。因此,法治发展程度是衡量一个国家现代化进程的重要标准,法治社会所具备的共享、参与、融合的实践品格有效地应对了社会转型时期国家治理存在的结构性缺陷,并从法治的角

---

① 姜涛.法治中国建设的社会主义立场[J].法律科学(西北政法大学学报),2017(1):7.
② 江必新,王红霞.法治社会建设论纲[J].中国社会科学,2014(1):140-157.

度率先推动了社会与国家的良性互动。因此,法治社会的提出与建构实际上也标志着我国法治现代化乃至整个国家现代化转型的初步完成。

# 三、法治社会的双重建设路径分析

法治社会的提出并不是一劳永逸的,因为作为一种宏观原则的法治并不会自动落实,它需要具体的建设路径,以及在后续的实践进程中对建设路径的不断完善与更新。

正如前文所述,法治社会主要包括两类主体:第一,以秩序化、组织化为主要功能的基层群众自治组织,在我国主要指按居住地区建立的居民委员会与村民委员会,它们处于政治国家与市场社会之间,自下而上地发挥着结构性的回应作用。第二,以促进社会发展为己任的各类公益性、互益性社会组织,这类社会组织吸纳、整合社会诉求,调节公共利益或集体利益,自上而下地实现着非官方公域的自我管理与自我运行。这一类社会组织又具体包括经济领域的组织,如商会、行业协会等;教科文卫领域的组织,如科技类、文艺类协会等;社会公益领域的组织,如基金会、慈善组织等。由此,推动法治社会的建设便在于开发出发展上述两类主体的多维路径,赋予多元化主体更多的社会职权与自由度,促成公权力主体与私权利主体关系的现代化转型。正如党的十九届四中全会《中共中央关于坚持和完善中国特色社会主义制度 推进国家治理体系和治理能力现代化若干重大问题的决定》所指出的那样,要"发挥群团组织、社会组织作用,发挥行业协会商会自律功能,实现政府治理和社会调节、居民自治良性互动,夯实基层社会治理基础"。

## (一)基层群众自治组织的发展路径

有学者指出,基层群众自治组织的主要任务就是处理辖区内的公共事务,如调解民间纠纷,维系社会秩序,并向政府反映来自基层的意见与建议。[①] 尽管基层政府与群众性自治组织在法律文本上是指导和被指导的关系,但从上述表述中可以看到,两者之间的关系实际上相当密切;实践中,基层群众性自治组织大多是以基层政府有力帮手的角色出现的,这难免造成了其工作运转的行政化倾向。一方面,基层

---

① 陈柏峰.中国法治社会的结构及其运行机制[J].中国社会科学,2019(1):83.

群众自治组织并不是基层社会自发演进的结果,而是有计划地在改革开放之后作为取代传统的"单位"和人民公社的组织而出现的,因此其更为符合国家的政治实践逻辑,与国家公权力关系更为密切;另一方面,基层群众自治组织是一个带有行政意涵的地域性概念,与基于行业、志愿而自发形成的社会组织相比,基层群众自治组织的社会共同体气质相对薄弱,其兼备政府与自治体双重代理人的角色。

所以,鉴于基层群众自治组织的规模、资源都较为完备,在法治社会理论的视域下,基层群众自治组织的发展路径应当赋予其更多的自主权,弱化其行政气象,增强其自治品格。也即是说,基层群众自治组织应当成为成员自主互动的场所,成为具有独立、自主品质的社会生活共同体,其实践指向在于促进自我的发展与组织化。

如果需要为上述努力寻求一个突破口,笔者认为,这一突破口可以被锁定在提升基层群众自治规范的实效性与可操作性方面。法治社会寻求社会的自我管理,而社会自我管理的依据除了国家立法之外,社会规则亦是不可或缺的制度性规范。可以说,社会中的道德、风俗、习惯从来都是社会秩序的重要组成部分,没有这些非制度化的规则的支撑,正式的国家立法也就缺乏坚实的社会根基。① 韦伯即指出,所谓自治,就意味着社会团体的秩序由团体成员根据自身情况而予以制定,而不是依靠外在的其他规则予以运行。② 党的十八届四中全会《中共中央关于全面推进依法治国若干重大问题的决定》也明确指出,要"发挥市民公约、乡规民约、行业规章、团体章程等社会规范在社会治理中的积极作用"。这表明,民众自发形成的规则正是法治最为坚实的规则保障。

是故,居民委员会与村民委员会自治章程的独特价值不容忽视,提升其翔实程度与可操作性,推动其切实付诸实施,是提升基层群众自治组织自主性的有效路径。有学者针对城市中的民事协议指出,民事协议可以培养城市居民的协同参与意识,提升社区的自我组织能力,从而有效实现社区的自主性与有序化,破解当前社区自组织面临的难题。③ 亦有论者针对农村自治规则的功用指出,在当前的历史条件下,推动乡村非正式的民间规则与国家制度化的立法相结合,是实现乡村自治的时代要求。④

---

①　苏力.道路通向城市:转型中国的法治[M].北京:法律出版社,2004:26.
②　韦伯.社会学的基本概念[M].胡景北,译.上海:上海人民出版社,2005:81.
③　陈光.民事协议:社区治理中的约定规范[J].新疆社会科学,2019(4):103.
④　公丕祥.新中国70年进程中的乡村治理与自治[J].社会科学战线,2019(5):21.

## （二）公益性、互益性社会组织的发展路径

与基层群众自治组织不同，各类公益性、互益性的社会组织在法治社会中扮演着更为活跃的角色。社会组织扎根基层，与民众关系最为密切，因而也最为了解民情，是法治社会建设最为坚实的力量①，面对原子化的个体，社会组织可以广泛地吸纳不同的利益诉求，并构建制度化的利益表达机制，既践行社会自治的理念，也发挥着监督制约公权力的作用。党的十九大报告即强调，要发挥社会组织作用，打造共建共治共享的社会治理格局；党的十九届三中全会公报亦指出，要深化群团组织改革，推进社会组织改革，激发群团组织和社会组织活力。社会组织的发展路径应当以赋予其更多的自由度与自主权为指向，打造公平竞争的环境，逐步减少行政扶植，实现社会组织的多元化与自治化。

首先，应从立法上为社会组织的建立创造较为宽松的制度环境。尽管现行《社会团体登记管理条例》已经取消了"双重管理"制度，但在社会组织成立条件上仍设有"应当经其业务主管单位审查同意"的门槛，这导致诸多找不到业务主管单位的社会组织游离在监管之外，处于形式上非法的"监管真空"状态。实际上，国家"十二五"规划纲要和第十三次全国民政工作会议都提出了诸多关于社会组织直接登记的改革举措，但这些改革举措并未得到及时落实。社会组织是法治社会的坚实载体，为确保其繁荣发展，未来立法机关应对《社会团体登记管理条例》的可操作性展开科学设计，明确业务主管单位的目录，细化同意细则，简化审查流程，最终建立统一简约的直接登记制度。

其次，遵循适度放权的准则，使社会组织获得自身的自主性与生命力，进而提升其组织与运行的水平。在法治社会建设初期，面对碎片化、原子化的个体与组织程度较低的社会组织，政府应当承担起培育社会分工与合作的主导者。② 但是，政府的培育只是手段而非目的，仅仅依靠政府自上而下的培育无法形塑一个健康的、有活力的现代社会。对此，一方面，在社会组织初具规模的基础上，政府应不断促进社会的发展壮大，并对社会组织的选择与实践表示尊重。另一方面，"政府手中有关社会治理的事务，凡是社会组织能够承接完成的，应该交由社会组织处理"③，即允许其分担政府的部分职能，与政府展开协同合作。这既可以有效减轻政府的行政压力，扩

① 陈晓春,肖雪.社会组织参与法治社会建设的路径探析[J].湖湘论坛,2019(4):55.
② 周雪光.中国国家治理的制度逻辑:一个组织学研究[M].上海:生活·读书·新知三联书店,2017:10.
③ 王清平.法治社会在中国建设的意义、难点和路径[J].学术界,2017(8):100.

大公共产品与公共服务的供给,也可以为权力的运行引入社会监督之维,还可以让社会组织获得更为广阔的实践空间,并通过实践切实有效地提升自身的组织能力和运行水平。

再次,改变现存的"做大做强""树立典型"的扶植思维,促使社会组织通过市场竞争的方式实现多元化与活力化。实践中存在的"枢纽型社会组织",这是经政府认定,在同领域的社会组织中发挥(政治上的)联系作用、处于业务上的龙头地位并由政府授权承担业务主管职能的社会组织。有学者指出,枢纽组织具备官办性质与行政化的运作方式,这导致其呈现出鲜明的行政垄断、政社混淆、危及公平的不良表征。① 现实中类似的现象还有"三社联动""社会组织孵化器"等。这类社会组织呈现出的仍是隶属型关系,而非应有的横向平等关系。在这种机制下,社会参与的程度显然还有待提升。

实际上,规范意义上的社会组织是一种基于价值与利益共享而由社会成员自发参与的组织,不同种类、不同方向以及发展、活跃程度各不相同的社会组织的存在具有独立的价值内涵,它们能够最大限度地将有着不同利益诉求的个体组织起来,让社会不再是碎片化、原子化个体的简单相加;唯有自由的、多元的社会组织才能确保上述结果具备实现的可能,因为只有经历过充分自由竞争的社会组织才能针对社会需求不断地做出调整,或是退出法治社会,或是成为规模更大的社会组织。总之,"社会公共领域的组织程度、健康程度和活力并不取决于组成社会的单个组织的规模,甚至也不取决于单个组织的强健程度。社会公共领域的繁盛与否取决于它开放、多元和包容的程度"②。故此,政府应尊重社会组织自我生发与自我成长的固有属性,遵循市场经济领域优胜劣汰的竞争法则,促进社会组织的良性、自由竞争,如此才能逐步形成多元并存且富有生命力的社会组织发展场域。

最后,规范并发展网络社群,为法治社会的开展注入全新的互联网动力。当下,互联网通信技术的飞速发展与客户终端的日益多元化正在深刻改变国人的社会交往方式。尤其是即时通信软件的发展使得网民不再局限于被动浏览信息,而是获得了主动地编辑、发布信息并同他人展开社会交互的能力,成为名副其实的信息发布者,这使得当下由互联网技术所建构的虚拟空间已然成为人们进行社会生活的重要场所。其中,人们依托网络社交媒体而形成的庞大的网络社群在当下成为人们交流

---

① 马庆钰.纠正枢纽型社会组织的发展偏向[J].行政管理改革,2014(9):47.
② 杨建.法治社会的内在逻辑[J].东南大学学报(哲学社会科学版),2020(1):99-100.

意见、展开探讨的重要非官方公域,构成了网络空间的非正式的社会组织。一方面,网络社群为人们表达诉求提供了更为开放便捷的渠道,并最终促使人们在对话、辩论的基础上达成社会共识。"这种'社会共识'便以公共舆论的形式向政治系统传递社情民意。"①另一方面,网络社群也为权力的制约提供了全新的渠道。借助网络社群提供的平台,互联网得以在短期内开展针对特定事件的公共讨论,进而引发各类媒体乃至政府的共同关注,形成约束公权力的强大网络力量。这一权力监督机制容纳了最为庞大的监督主体,同时亦具备传播速度快、范围广、持续性强等特质,这是传统权力监督机制所不具备的优势。

因此,当代意义上的社会绝不仅仅指现实生活中的公共交往空间,以网络社群为主要载体的互联网虚拟空间亦是人们参与社会公共生活、寻求社会自治与制约公权力的重要场域,这决定了法治社会的建设离不开互联网空间的规范与发展。为网络社群提供自由、包容且规范的生存空间,尊重其参与社会公共事务的能力与成果,是未来法治社会建设的必然路径。

---

① 周恒.论互联网社交在法治社会建设中的功能[J].河北法学,2020(4):113.

立法与治理

# 设区的市地方立法推动社会治理

## ——以湖南省 12 个设区的市制定的 57 部地方性法规为分析样本

彭　凯*

**摘　要:**自 2015 年《中华人民共和国立法法》(以下简称《立法法》)修改以来,设区的市地方立法作为我国立法体系的重要组成部分,近些年来总体上发挥着积极的社会治理效能。设区的市地方立法不仅数量庞大,而且还处于社会治理的关键环节,上承中央和省(区、市),下启区县和乡镇、街道。设区的市地方立法不仅为加强和创新社会治理提供制度依托,而且还是提升社会治理法治化、专业化、规范化水平的重要路径。在某种程度上,以湖南省 12 个设区的市制定的地方性法规为分析样本有利于探求设区的市地方立法在推动社会治理方面做出的若干努力。本文在梳理湖南省 12 个设区的市制定的地方性法规的基础之上,重点对衡阳市、怀化市这两个设区的市制定的地方性法规进行实证分析。通过对湖南省 12 个设区的市制定的 57 部地方性法规的数量、种类、对《立法法》的遵循情况、跟同位法的相似度、涉及行政处罚自由裁量权的情况等几个维度的实证分析,得到以下主要结论:湖南省 12 个设区的市制定地方性法规的数量不同;湖南省 12 个设区的市制定地方性法规的数种类差别大;湖南省 12 个设区的市制定的地方性法规是遵循《立法法》第八条的;《衡阳市城市市容和环境卫生管理条例》和《怀化市城市市容和环境卫生管理条例》这两部地方性法规不仅出现了相似度较高的现象,还出现了倚重行政处罚自由裁量权的现象。湖南省 12 个设区的市只有坚持"不抵触""有特色""可操作"的立法原则才能不断提高立法质量和效率,才能"促发展""保民生""行善治",才能够激发出设区的市地方立法的最佳社会治理效能。

**关键词:**设区的市;立法法;地方性法规;社会治理;法治化

---

　　* 作者简介:彭凯,中南财经政法大学法学院博士研究生,湖北地方立法研究中心研究助理,主要研究方向:行政法学与立法学。

　　基金项目:中南财经政法大学中央高校基本科研业务费专项资金资助课题"'谁执法谁普法'普法责任制的实现路径",项目编号:202010684。

# 一、问题的提出与展开

社会治理是治理的重要组成部分。社会治理由于内涵丰富、点多面广、意义重大、影响深远,俨然已经成为平安中国建设的"高频关键词"之一。党和国家历来十分重视社会治理工作。党的十九大报告、党的十九届四中全会、党的十九届六中全会均直接强调了社会治理本身的重要性与社会治理的目标。党的十九大报告深刻地强调:"打造共建共治共享的社会治理格局。加强社会治理制度建设,完善党委领导、政府负责、社会协同、公众参与、法治保障的社会治理体制,提高社会治理社会化、法治化、智能化、专业化水平。"党的十九届四中全会通过的《中共中央关于坚持和完善中国特色社会主义制度 推进国家治理体系和治理能力现代化若干重大问题的决定》指出:"社会治理是国家治理的重要方面。必须加强和创新社会治理,完善党委领导、政府负责、民主协商、社会协同、公众参与、法治保障、科技支撑的社会治理体系,建设人人有责、人人尽责、人人享有的社会治理共同体,确保人民安居乐业、社会安定有序,建设更高水平的平安中国。"党的十九届六中全会通过的《中共中央关于党的百年奋斗重大成就和历史经验的决议》指出,要建设共建共治共享的社会治理制度。基于如上所言,社会治理必须坚持以人民为中心的发展思想,坚持和发展全过程人民民主。社会治理有利于保障、改善和增进民生福祉,使人民获得感、幸福感、安全感更加充实、更有保障、更可持续;有利于建设平安中国,维护社会和谐稳定,确保国家长治久安、人民安居乐业。

社会治理是一项综合、系统、长期的活动,需要立法等多管齐下。立法与社会治理是密不可分的。从整体上看,立法是坚持和完善共建共治共享的社会治理制度的重要内容与逻辑起点,科学立法、民主立法、依法立法是推动社会治理体系完善的重要保证。[①] 社会治理反过来又会影响立法,成为立法的目的之一。故而,立法在社会治理中是不能缺位的。立法具有专业性、规范性、严肃性、强制性,既是保障社会治理目标实现的重要方式,也是推动社会治理法治化和专业化的重要途径,进而有助于实现社会治理预期的功能。所以,我们在开展社会治理工作的同时,应当充分重视立法的效能、作用,此处所言的立法不仅包括中央立法,还包括在我国立法体系中

---

① 赵竹茵.国家治理体系现代化的路径研究——以地方立法为切入点[J].兰州学刊,2016(12):152-158.

数量明显占据优势的设区的市地方立法。① 目前,我国设区的市是城市与农村两种社会形态的完整结合体,但是,我国城乡发展长期处于"二元分割"的状态,这导致了我国城乡社会治理的差异明显。在某种程度上,我国城乡社会治理是"两张皮"的状态,所以,我国社会治理面临着风险聚集、点多面广、周期较长、难度较大等挑战。社会治理需要设区的市积极参与。设区的市是开展社会治理工作比较理想的层级。与以区县以及乡镇街道为单位的社会治理相比,以设区的市为单位的社会治理具有更明显的能力优势与更大更多的资源优势。由于设区的市数量众多,且在立法、行政、司法、人事、财政等方面享有比较完整的决定权、决策权,故而,设区的市是将矛盾化解在萌芽、将风险防控在基层的最直接、最有效力的治理层级。② 设区的市制定的地方性法规是设区的市参与社会治理的重要体现。比如,设区的市通过制定社会治理地方性法规以保障和增强人民群众的获得感、幸福感和安全感。这不仅是全面推进依法治国的必然要求,而且也是设区的市在制定城乡建设管理等地方性法规时的一个必然选择和题中应有之义。③

基于如上所言,设区的市制定的地方性法规作为中国特色社会主义法律体系的重要组成部分,是推动完善社会治理体系、提高社会治理能力的重要依托。④ 我国数量众多的设区的市制定的地方性法规是推进国家治理体系和治理能力现代化的重要因素。故而,设区的市制定的地方性法规的作用和效能应当在社会治理中得到充分发挥。自《立法法》于 2015 年修改以后,我国设区的市地方立法实践越来越丰富、立法成果也越来越多,且学界对设区的市地方立法的研究也有增无减。然而,学界对设区的市立法权研究主要着眼于立法权制度设计的科学性和合理性,却较少关注设区的市制定的地方性法规的实效性。⑤ 此外,学界对设区的市地方立法推动社会治理展开的研究也较少。如何通过设区的市地方立法提升设区的市的社会治理水平是容易被学界忽略的研究领域。对设区的市地方立法推动社会治理展开分析,有助于找出促进设区的市地方立法在社会治理中发挥作用的有效途径,有利于提高社会治理的法治化、专业化与规范化水平。⑥ 故而,就我国设区的市地方立法推动社会

---

① 钱大军,赵力.地方治理视野中的地方立法[J].湖湘论坛,2020(6):42-53.

② 叶英波.市域社会治理现代化的立法路径思考[J].人大研究,2021(3):33-36.

③ 何东平,李亮国.市域社会治理的地方立法模式及其完善[J].闽南师范大学学报(哲学社会科学版),2021(4):35-39.

④ 曲辰.地方立法与国家治理体系和治理能力现代化[J].江海学刊,2020(5):147-157.

⑤ 马英娟.地方立法主体扩容:现实需求与面临挑战[J].上海师范大学学报(哲学社会科学版),2015(3):41-50.

⑥ 徐娟.地方立法的治理功能及其有效发挥[J].学术交流,2019(5):74-82.

治理而言,尚有可以推进、完善的空间。本文尝试对湖南省 12 个设区的市制定地方性法规的数量、种类、对《立法法》第八条的遵循情况、跟同位法的相似度、涉及行政处罚自由裁量权的情况进行实证分析,继而窥探设区的市地方立法对推动社会治理做出的一些努力。

## 二、湖南省 12 个设区的市制定的地方性法规的数量

2015 年修改的《立法法》赋予了我国设区的市这一层级以一定的立法权,并明确规定:"除省、自治区的人民政府所在地的市,经济特区所在地的市和国务院已经批准的较大的市以外,其他设区的市开始制定地方性法规的具体步骤和时间,由省、自治区的人民代表大会常务委员会综合考虑本省、自治区所辖的设区的市的人口数量、地域面积、经济社会发展情况以及立法需求、立法能力等因素确定,并报全国人民代表大会常务委员会和国务院备案。"这对丰富我国立法的层级、扩充我国立法的主体而言具有极为重要的意义。在 2015 年《立法法》修改后,湖南省采用了分批次批准的方式来确定设区的市开始制定地方性法规的时间。① 根据《立法法》精神并结合湖南省实际,湖南省于 2015 年 12 月确定了第一批七个享有立法权的设区的市,它们分别是衡阳市、株洲市、湘潭市、岳阳市、常德市、益阳市、郴州市。2016 年 3 月,立法权限扩大至其他五个设区的市,它们分别是张家界市、怀化市、娄底市、邵阳市、永州市。至此,湖南省所有设区的市均获享了立法权。根据湖南省人民代表大会常委会的统计,自 2015 年 3 月 15 日施行修改后的《立法法》以来,截至 2020 年 5 月 2 日,湖南省 12 个设区的市都已经制定了地方性法规。

本文立足于对湖南省 12 个在 2015 年《立法法》修改后获得一定立法权的设区的市(即常德市、郴州市、衡阳市、怀化市、娄底市、邵阳市、湘潭市、益阳市、永州市、岳阳市、张家界市、株洲市)制定的地方性法规的初步系统梳理,并重点对《衡阳市城市市容和环境卫生管理条例》与《怀化市城市市容和环境卫生管理条例》这两部地方性法规进行实证分析。截至 2020 年 5 月 2 日,湖南省 12 个设区的市总共制定颁行了 57 部地方性法规,这 57 部地方性法规如表 1 所示。

① 陈冰.设区的市地方立法权合理运作的法律思考[J].行政与法,2017(2):77-83.

表 1　湖南省 12 个设区的市制定的地方性法规的数量

| 设区的市 | 地方性法规名称 | 实施日期 | 地方性法规数量/部 | 占 57 部地方性法规的百分比（精确到小数点后两位）/% |
|---|---|---|---|---|
| 常德市 | 《常德市饮用水水源环境保护条例》 | 2017-05-01 | 5 | 8.77 |
| | 《常德市城市河湖环境保护条例》 | 2017-10-01 | | |
| | 《常德市人民代表大会及其常务委员会制定地方性法规条例》 | 2018-05-01 | | |
| | 《常德市城乡生活垃圾管理条例》 | 2019-01-01 | | |
| | 《常德市西洞庭湖国际重要湿地保护条例》 | 2020-01-01 | | |
| 郴州市 | 《郴州市苏仙岭－万华岩风景名胜区保护条例》 | 2017-01-01 | 4 | 7.02 |
| | 《郴州市房屋安全管理条例》 | 2018-01-01 | | |
| | 《郴州市历史文化名城名镇名村保护条例》 | 2019-03-01 | | |
| | 《郴州市城区农贸市场管理条例》 | 2020-03-01 | | |
| 衡阳市 | 《衡阳市南岳区综合管理条例》 | 2017-03-01 | 5 | 8.77 |
| | 《衡阳市城市市容和环境卫生管理条例》 | 2018-03-01 | | |
| | 《衡阳市森林防火条例》 | 2019-05-01 | | |
| | 《衡阳市三江六岸滨水区域规划条例》 | 2020-01-01 | | |
| | 《衡阳市爱国卫生条例》 | 2020-01-01 | | |
| 怀化市 | 《怀化市城市市容和环境卫生管理条例》 | 2018-01-01 | 4 | 7.02 |
| | 《怀化市人民代表大会及其常务委员会立法条例》 | 2018-04-18 | | |
| | 《怀化市城市公园条例》 | 2019-03-01 | | |
| | 《怀化市传统村落保护条例》 | 2020-03-01 | | |
| 娄底市 | 《娄底市孙水河保护条例》 | 2018-01-01 | 4 | 7.02 |
| | 《娄底市湄江风景名胜区条例》 | 2019-02-01 | | |
| | 《娄底市仙女寨区域生态环境保护条例》 | 2020-03-01 | | |
| | 《娄底市人民代表大会及其常务委员会制定地方性法规条例》 | 2020-05-01 | | |

续 表

| 设区的市 | 地方性法规名称 | 实施日期 | 地方性法规数量/部 | 占57部地方性法规的百分比(精确到小数点后两位)/% |
|---|---|---|---|---|
| 邵阳市 | 《邵阳市城市公园广场管理条例》 | 2018-01-01 | 3 | 5.26 |
| | 《邵阳市城市绿化条例》 | 2019-01-01 | | |
| | 《邵阳市邵水保护条例》 | 2020-01-01 | | |
| 湘潭市 | 《湘潭市城市市容和环境卫生管理条例》 | 2017-03-01 | 5 | 8.77 |
| | 《湘潭市历史建筑和历史文化街区保护条例》 | 2018-03-01 | | |
| | 《湘潭市人民代表大会及其常务委员会制定地方性法规条例》 | 2018-06-01 | | |
| | 《湘潭市城市绿化条例》 | 2019-01-01 | | |
| | 《湘潭市爱国卫生条例》 | 2019-09-01 | | |
| 益阳市 | 《益阳市城市规划区山体水体保护条例》 | 2017-07-01 | 4 | 7.02 |
| | 《益阳市安化黑茶文化遗产保护条例》 | 2018-01-01 | | |
| | 《益阳市农村村民住房建设管理条例》 | 2019-01-01 | | |
| | 《益阳市人民代表大会及其常务委员会制定地方性法规条例》 | 2020-05-01 | | |
| 永州市 | 《永州市公园广场管理条例》 | 2017-07-01 | 5 | 8.77 |
| | 《永州市城市市容和环境卫生管理条例》 | 2018-04-01 | | |
| | 《永州市人民代表大会及其常务委员会立法条例》 | 2018-06-01 | | |
| | 《永州市历史文化名城名镇名村保护条例》 | 2019-04-01 | | |
| | 《永州市乡村房屋建设管理条例》 | 2020-03-01 | | |
| 岳阳市 | 《岳阳历史文化名城保护条例》 | 2017-05-01 | 7 | 12.28 |
| | 《岳阳市城市规划区山体水体保护条例》 | 2018-05-01 | | |
| | 《岳阳市东洞庭湖国家级自然保护区条例》 | 2019-03-01 | | |
| | 《岳阳市机动车停车条例》 | 2019-05-01 | | |
| | 《岳阳市扬尘污染防治条例》 | 2019-12-01 | | |
| | 《岳阳市农村村民住房建设管理条例》 | 2020-05-01 | | |
| | 《岳阳市人民代表大会及其常务委员会制定地方性法规条例》 | 2020-05-01 | | |

续 表

| 设区的市 | 地方性法规名称 | 实施日期 | 地方性法规数量/部 | 占57部地方性法规的百分比(精确到小数点后两位)/% |
|---|---|---|---|---|
| 张家界市 | 《张家界市城镇绿化条例》 | 2017-01-01 | 7 | 12.28 |
| | 《张家界市扬尘污染防治条例》 | 2018-01-01 | | |
| | 《张家界市全域旅游促进条例》 | 2018-05-01 | | |
| | 《张家界市八大公山国家级自然保护区条例》 | 2019-03-01 | | |
| | 《张家界市爱国卫生条例》 | 2019-05-01 | | |
| | 《张家界市文明行为促进条例》 | 2020-03-01 | | |
| | 《张家界市人民代表大会及其常务委员会制定地方性法规条例》 | 2020-05-01 | | |
| 株洲市 | 《株洲市人民代表大会及其常务委员会立法条例》 | 2016-05-31 | 4 | 7.02 |
| | 《株洲市农村村庄规划建设管理条例》 | 2017-03-01 | | |
| | 《株洲市城市综合管理条例》 | 2018-03-01 | | |
| | 《株洲市工业遗产保护条例》 | 2019-05-01 | | |

资料来源:北大法宝官网,https://www.pkulaw.com/,最后访问时间:2020年5月2日。

通过表1可以得知,在湖南省12个设区的市当中,制定颁行了七部地方性法规的设区的市有两个:岳阳市、张家界市;制定了五部地方性法规的设区的市有四个:常德市、衡阳市、湘潭市、永州市;制定了四部地方性法规的设区的市有五个:郴州市、怀化市、娄底市、益阳市、株洲市;制定了三部地方性法规的设区的市有一个:邵阳市。由此观之,截至2020年5月2日,湖南省12个设区的市绝大部分制定颁行了四部或者五部地方性法规。就湖南省12个设区的市所制定的地方性法规数量而言,岳阳市、张家界市并列第一位,有七部之多;邵阳市居于倒数第一位,只有三部。岳阳市、张家界市和邵阳市制定的地方性法规数量悬殊。从湖南省12个设区的市制定地方性法规的数量与获批开始制定地方性法规的时间关系来看,湖南省采用分批次批准的方式来确定设区的市开始制定地方性法规的时间,跟12个设区的市制定地方性法规的数量之间并没有呈现必然的正相关关系。换言之,即获批开始制定地方性法规的时间早的设区的市制定地方性法规的数量未必就比获批开始制定地方性法规的时间晚的设区的市制定地方性法规的数量要多。① 比如,截至 2020 年 5 月 2 日,作为湖南省在 2015 年 12 月确定的第一批享有立法权的郴州市、益阳市和株洲市均只制定了四部地方性法规,而湖南省在 2016 年 3 月确定的第二批享有立法权的张家界市却已经制定了七部地方性法规。

## 三、湖南省 12 个设区的市制定的地方性法规的种类

根据 2015 年修改的《立法法》第七十二条第二款之规定,除法律另有规定外,设区的市制定地方性法规的事项范围主要限于"城乡建设与管理""环境保护""历史文化保护"三个方面。② 由于我国法律意义上的"城乡建设与管理""环境保护""历史文化保护"的概念内涵与外延极其丰富,并且在学界尚存诸多争议。其中,对于"城乡建设与管理、环境保护、历史文化保护等方面的事项"中的"等",普遍认为是"等内等"而非"等外等"。③ 但是,对于"城乡建设与管理""环境保护""历史文化保护"的具体事项范围则仍然存在不同认识。故而,本文在此主要就主流观点做一个简单的分类。截至 2020 年 5 月 2 日,湖南省 12 个设区的市制定的地方性法规的种类具体如表 2 所示。

表 2　湖南省 12 个设区的市制定的地方性法规的种类

| 设区的市 | 地方性法规名称 | 地方性法规种类(城乡建设与管理、环境保护、历史文化保护等) |
| --- | --- | --- |
| 常德市 | 《常德市人民代表大会及其常务委员会制定地方性法规条例》 | 等内等 |
| | 《常德市饮用水水源环境保护条例》 | 环境保护 |
| | 《常德市城市河湖环境保护条例》 | 环境保护 |
| | 《常德市城乡生活垃圾管理条例》 | 城乡建设与管理 |
| | 《常德市西洞庭湖国际重要湿地保护条例》 | 环境保护 |

① 章剑生.设区的市地方立法权"限制条款"及其妥当性[J].浙江社会科学,2017(12):12-19,155.
② 我国立法体制发展中的立法权限之探索[J].政治与法律,2017(6):2.
③ 易有禄.设区市立法权行使的实证分析——以立法权限的遵循为中心[J].政治与法律,2017(6):33-41.

| 设区的市 | 地方性法规名称 | 地方性法规种类（城乡建设与管理、环境保护、历史文化保护等） |
|---|---|---|
| 郴州市 | 《郴州市房屋安全管理条例》 | 城乡建设与管理 |
| | 《郴州市苏仙岭-万华岩风景名胜区保护条例》 | 环境保护 |
| | 《郴州市城区农贸市场管理条例》 | 城乡建设与管理 |
| | 《郴州市历史文化名城名镇名村保护条例》 | 历史文化保护 |
| 衡阳市 | 《衡阳市城市市容和环境卫生管理条例》 | 城乡建设与管理 |
| | 《衡阳市南岳区综合管理条例》 | 城乡建设与管理 |
| | 《衡阳市爱国卫生条例》 | 城乡建设与管理 |
| | 《衡阳市三江六岸滨水区域规划条例》 | 环境保护 |
| | 《衡阳市森林防火条例》 | 环境保护 |
| 怀化市 | 《怀化市城市市容和环境卫生管理条例》 | 城乡建设与管理 |
| | 《怀化市人民代表大会及其常务委员会立法条例》 | 等内等 |
| | 《怀化市传统村落保护条例》 | 历史文化保护 |
| | 《怀化市城市公园条例》 | 城乡建设与管理 |
| 娄底市 | 《娄底市孙水河保护条例》 | 环境保护 |
| | 《娄底市人民代表大会及其常务委员会制定地方性法规条例》 | 等内等 |
| | 《娄底市仙女寨区域生态环境保护条例》 | 环境保护 |
| | 《娄底市湄江风景名胜区条例》 | 环境保护 |
| 邵阳市 | 《邵阳市城市公园广场管理条例》 | 城乡建设与管理 |
| | 《邵阳市邵水保护条例》 | 环境保护 |
| | 《邵阳市城市绿化条例》 | 城乡建设与管理 |
| 湘潭市 | 《湘潭市城市市容和环境卫生管理条例》 | 城乡建设与管理 |
| | 《湘潭市人民代表大会及其常务委员会制定地方性法规条例》 | 等内等 |
| | 《湘潭市爱国卫生条例》 | 城乡建设与管理 |
| | 《湘潭市历史建筑和历史文化街区保护条例》 | 历史文化保护 |
| | 《湘潭市城市绿化条例》 | 城乡建设与管理 |

续 表

| 设区的市 | 地方性法规名称 | 地方性法规种类（城乡建设与管理、环境保护、历史文化保护等） |
|---|---|---|
| 益阳市 | 《益阳市城市规划区山体水体保护条例》 | 环境保护 |
| | 《益阳市人民代表大会及其常务委员会制定地方性法规条例》 | 等内等 |
| | 《益阳市农村村民住房建设管理条例》 | 城乡建设与管理 |
| | 《益阳市安化黑茶文化遗产保护条例》 | 历史文化保护 |
| 永州市 | 《永州市公园广场管理条例》 | 城乡建设与管理 |
| | 《永州市人民代表大会及其常务委员会立法条例》 | 等内等 |
| | 《永州市城市市容和环境卫生管理条例》 | 城乡建设与管理 |
| | 《永州市历史文化名城名镇名村保护条例》 | 历史文化保护 |
| | 《永州市乡村房屋建设管理条例》 | 城乡建设与管理 |
| 岳阳市 | 《岳阳市城市规划区山体水体保护条例》 | 环境保护 |
| | 《岳阳历史文化名城保护条例》 | 历史文化保护 |
| | 《岳阳市机动车停车条例》 | 城乡建设与管理 |
| | 《岳阳市东洞庭湖国家级自然保护区条例》 | 环境保护 |
| | 《岳阳市扬尘污染防治条例》 | 城乡建设与管理 |
| | 《岳阳市农村村民住房建设管理条例》 | 城乡建设与管理 |
| | 《岳阳市人民代表大会及其常务委员会制定地方性法规条例》 | 等内等 |
| 张家界市 | 《张家界市扬尘污染防治条例》 | 城乡建设与管理 |
| | 《张家界市城镇绿化条例》 | 城乡建设与管理 |
| | 《张家界市人民代表大会及其常务委员会制定地方性法规条例》 | 等内等 |
| | 《张家界市全域旅游促进条例》 | 环境保护 |
| | 《张家界市八大公山国家级自然保护区条例》 | 环境保护 |
| | 《张家界市爱国卫生条例》 | 城乡建设与管理 |
| | 《张家界市文明行为促进条例》 | 城乡建设与管理 |

| 设区的市 | 地方性法规名称 | 地方性法规种类（城乡建设与管理、环境保护、历史文化保护等） |
|---|---|---|
| 株洲市 | 《株洲市城市综合管理条例》 | 城乡建设与管理 |
| | 《株洲市农村村庄规划建设管理条例》 | 城乡建设与管理 |
| | 《株洲市人民代表大会及其常务委员会立法条例》 | 等内等 |
| | 《株洲市工业遗产保护条例》 | 历史文化保护 |

资料来源：北大法宝官网，https://www.pkulaw.com/，最后访问时间：2020 年 5 月 2 日。

通过对表 2 的观察，我们可以发现：就设区的市制定的地方性法规的种类（"城乡建设与管理""环境保护""历史文化保护"等）而言，湖南省 12 个设区的市制定地方性法规的数量最多的是"城乡建设与管理"（共有 26 部），其次是"环境保护"（共有 15 部），再次是"等内等"（共有 9 部），最后是"历史文化保护"（共有 7 部）。其实，湖南省 12 个设区的市对"城乡建设与管理""环境保护""历史文化保护"三大种类地方性法规的"偏爱程度"的差异，恰恰说明了这 12 个设区的市立法需求的愿望和程度不同。"城乡建设与管理"这类地方性法规跟社会治理息息相关，且可操作性强、可借鉴性强，能够反映设区的市在发展过程中的某个社会治理的共性问题——比如不断重视市容市貌的管理等。[1] 总而言之，即使是同一个设区的市制定的地方性法规在"城乡建设与管理""环境保护"以及"历史文化保护"的领域分布也是迥然不同的。根据地方性法规的领域分布可以推定，湖南省 12 个设区的市对上述三大领域的重视度和驾驭度不同，至少在一定时间内对不同领域的立法需求存在着种类上的巨大化差异。[2] 另外，值得关注的是，截至 2020 年 5 月 2 日，湖南省有九个设区的市制定颁行了"等内等"的地方性法规，即有关的"制定地方性法规条例"以及"立法条例"，它们分别是：《常德市人民代表大会及其常务委员会制定地方性法规条例》《怀化市人民代表大会及其常务委员会立法条例》《娄底市人民代表大会及其常务委员会制定地方性法规条例》《湘潭市人民代表大会及其常务委员会制定地方性法规条例》《益阳市人民代表大会及其常务委员会制定地方性法规条例》《永州市人民代表大会及其常务委员会立法条例》《岳阳市人民代表大会及其常务委员会制定地方性法规条例》《张家界市人民代表大会及其常务委员会制定地方性法规条例》《株洲市人民代表大会

---

① 刘亮. 设区的市立法权限范围之理解[J]. 行政法论丛，2017(1)：143-161.
② 方洁. 设区的市地方立法的范围之解释[J]. 浙江社会科学，2017(12)：27-34，156.

及其常务委员会立法条例》。上述的九个设区的市制定了有关的"制定地方性法规条例"以及"立法条例"在一定程度上有助于对本设区的市制定地方性法规加以规范化、常态化与制度化,进而有助于保障设区的市地方立法推动社会治理。

## 四、湖南省 12 个设区的市制定的地方性法规对《立法法》第八条的遵循情况

始终遵循上位法是我国立法学中的一个极为重要的原则。① 设区的市制定地方性法规遵循上位法是指不能同上位法的文本、精神有所抵触。申言之,即要求设区的市制定地方性法规必须遵循宪法、法律、行政法规以及省、自治区人民代表大会及其常委会制定的地方性法规等。我国目前集中体现和规定下位法遵循上位法的法律是《立法法》。② 设区的市在制定地方性法规时,应当学深吃透领悟上位法的文本与精神,这是依法立法的客观要求。根据《立法法》第八条的具体规定,截至 2020 年5 月 2 日,湖南省 12 个设区的市制定地方性法规遵循《立法法》第八条的情况如表 3所示。

表 3　湖南省 12 个设区的市制定的地方性法规对《立法法》第八条的遵循情况

| 全国人民代表大会及其常委会的专属立法事项 | 湖南省 12 个设区的市制定的地方性法规是否涉及该事项 |
|---|---|
| 国家主权的事项 | 否 |
| 各级人民代表大会、人民政府、人民法院和人民检察院的产生、组织和职权 | 否 |
| 民族区域自治制度、特别行政区制度、基层群众自治制度 | 否 |
| 犯罪和刑罚 | 否 |
| 对公民政治权利的剥夺、限制人身自由的强制措施和处罚 | 否 |
| 税种的设立、税率的确定和税收征收管理等税收基本制度 | 否 |
| 对非国有财产的征收、征用 | 否 |

---

① 牛振宇.地方立法创新空间探析——以"不抵触"原则的解读为视角[J].地方立法研究,2017(6):53-69.

② 李适时.全面贯彻实施修改后的立法法——在第二十一次全国地方立法研讨会上的总结[J].中国人大,2015(21):12-17.

续 表

| 全国人民代表大会及其常务委员会的专属立法事项 | 湖南省 12 个设区的市制定的地方性法规是否涉及该事项 |
|---|---|
| 民事基本制度 | 否 |
| 基本经济制度以及财政、海关、金融和外贸的基本制度 | 否 |
| 必须由全国人民代表大会及其常务委员会制定法律的其他事项 | 否 |

资料来源：北大法宝官网，https://www.pkulaw.com/，最后访问时间：2020 年 5 月 2 日。

# 五、《衡阳市城市市容和环境卫生管理条例》与《怀化市城市市容和环境卫生管理条例》的比较分析

以《衡阳市城市市容和环境卫生管理条例》和《怀化市城市市容和环境卫生管理条例》为例，这两部地方性法规名称除了设区的市名称不同以外，其他的表述均一字不差。下面从它们的立法体例、具有一定相似度的条款、涉及行政处罚自由裁量权的条款这三个层面展开一定的分析。

首先，就《衡阳市城市市容和环境卫生管理条例》和《怀化市城市市容和环境卫生管理条例》立法体例而言，《衡阳市城市市容和环境卫生管理条例》主要多了"执法保障"一章，而其他六章跟《怀化市城市市容和环境卫生管理条例》对应的章的名称也几乎一模一样。截至 2020 年 5 月 2 日，具体比较如表 4 所示。

表 4　《衡阳市城市市容和环境卫生管理条例》和《怀化市城市市容和环境卫生管理条例》的立法体例比较

| 地方性法规名称 | 实施时间 | 立法体例 |
|---|---|---|
| 《衡阳市城市市容和环境卫生管理条例》 | 2018-03-01 | 第 1 章 总则<br>第 2 章 城市市容环境卫生责任区制度<br>第 3 章 城市市容管理<br>第 4 章 城市环境卫生管理<br>第 5 章 执法保障<br>第 6 章 法律责任<br>第 7 章 附则 |

续 表

| 地方性法规名称 | 实施时间 | 立法体例 |
|---|---|---|
| 《怀化市城市市容和环境卫生管理条例》 | 2018-01-01 | 第1章 总则<br>第2章 市容环境卫生责任区制度<br>第3章 市容管理<br>第4章 环境卫生管理<br>第5章 法律责任<br>第6章 附则 |

资料来源:北大法宝官网,https://www.pkulaw.com/,最后访问时间:2020年5月2日。

其次,就《衡阳市城市市容和环境卫生管理条例》和《怀化市城市市容和环境卫生管理条例》个别条款内容而言,它们的极个别条款内容也具有较高的相似度。例如,《衡阳市城市市容和环境卫生管理条例》第二十七条和《怀化市城市市容和环境卫生管理条例》第二十四条均为列举加兜底式的"禁止破坏和影响环境卫生行为"的条款,这两个条款在表述本质上没有太大区别。截至2020年5月2日,具体比较如表5所示。此外,值得关注的是,槟榔是衡阳市和怀化市当地居民的经常消费品之一,这两部地方性法规为了加强城市市容环境卫生管理,创建文明、美丽、宜居的城市环境,将禁止乱扔槟榔废弃物纳入《衡阳市城市市容和环境卫生管理条例》和《怀化市城市市容和环境卫生管理条例》。从另一个侧面来说,这恰恰也是体现衡阳市和怀化市地方特色的一个例证。

表5 《衡阳市城市市容和环境卫生管理条例》第二十七条和
《怀化市城市市容和环境卫生管理条例》第二十四条的比较

| 地方性法规名称 | 实施时间 | 具体相关条款内容 |
|---|---|---|
| 《衡阳市城市市容和环境卫生管理条例》 | 2018-03-01 | 第二十七条 禁止下列破坏城市环境卫生的行为:<br>(一)随地吐痰、吐口香糖,随地便溺;<br>(二)乱扔果皮、纸屑、烟蒂、槟榔等废弃物,乱倒生活污水;<br>(三)沿途抛撒冥纸、冥币或者在露天场地焚烧冥纸、冥币等祭祀品;<br>(四)从建筑物、车内向外抛掷杂物、废弃物;<br>(五)在城市道路、街道两侧、广场等公共场地从事家禽家畜屠宰、肉类和水产品加工等活动;<br>(六)在市、县(市、区)人民政府禁止的区域和时段内从事露天烧烤;<br>(七)擅自移动、拆除、破坏环境卫生设施或者改变其用途;<br>(八)其他破坏城市环境卫生的行为。 |

续 表

| 地方性法规名称 | 实施时间 | 具体相关条款内容 |
|---|---|---|
| 《怀化市城市市容和环境卫生管理条例》 | 2018-01-01 | 第二十四条 禁止下列影响公共场所环境卫生的行为：<br>（一）从车辆、房屋向外抛掷废弃物；<br>（二）随地吐痰、便溺；<br>（三）乱扔果皮、纸屑、烟蒂、塑料袋、槟榔渣等废弃物；<br>（四）在绿化带、风光带、溪河两岸等公共场所种菜；<br>（五）焚烧冥纸或者在出殡途中抛撒冥纸；<br>（六）乱倒垃圾、污水、粪便，乱扔动物尸体；<br>（七）向花坛、下水道、绿化带、城市水域扫入或者倾倒垃圾；<br>（八）在街道、广场等公共场所焚烧垃圾或者其他废弃物；<br>（九）其他影响城市环境卫生的行为。 |

资料来源：北大法宝官网，https://www.pkulaw.com/，最后访问时间：2020年5月2日。

最后，《衡阳市城市市容和环境卫生管理条例》和《怀化市城市市容和环境卫生管理条例》这两部地方性法规均有不少涉及行政处罚自由裁量权的条款，且这两部地方性法规涉及行政处罚自由裁量权的条款占总条款的比重都在28%以上。但实际上，地方性法规的制定颁行宗旨与理念不应是"为了处罚而处罚"，而是应当倾向于积极教育、正面引导和预防风险。行政处罚自由裁量权所占总条款比重过多的地方性法规往往难以促进设区的市的繁荣与发展。过度依靠行政处罚来治理社会和解决问题也同建设服务型政府的目标背道而驰，进而可能会逐渐偏离社会主义法治建设的既定轨道。[①] 截至2020年5月2日，具体比较如表6所示。

---

① 郭万清.应赋予设区的市地方立法权——对城市地方立法权的新思考[J].江淮论坛,2010(3):112-116.

表6 《衡阳市城市市容和环境卫生管理条例》和《怀化市城市市容和环境卫生管理条例》
涉及行政处罚自由裁量权的条款比较

| 地方性法规名称 | 实施时间 | 文本中章的数量 | 文本中条的数量 | 涉及行政处罚自由裁量权的具体条款 | 涉及行政处罚自由裁量权的条款占总条款的比重(精确到小数点后两位)/% |
|---|---|---|---|---|---|
| 《衡阳市城市市容和环境卫生管理条例》 | 2018-03-01 | 7 | 56 | 第三十八条、第三十九条、第四十条、第四十一条、第四十二条、第四十三条、第四十四条、第四十五条、第四十六条、第四十七条、第四十八条、第四十九条、第五十条、第五十一条、第五十二条、第五十三条(共16条) | 28.57 |
| 《怀化市城市市容和环境卫生管理条例》 | 2018-01-01 | 6 | 52 | 第三十三条、第三十四条、第三十五条、第三十六条、第三十七条、第三十九条、第四十条、第四十一条、第四十二条、第四十三条、第四十四条、第四十五条、第四十六条、第四十七条、第四十八条(共15条) | 28.85 |

## 六、对湖南省12个设区的市制定的地方性法规的初步结论与未来展望

党的十九届六中全会通过的《中共中央关于党的百年奋斗重大成就和历史经验的决议》深刻指出:"党的十八大以来,我国社会建设全面加强,人民生活全方位改善,社会治理社会化、法治化、智能化、专业化水平大幅度提升,发展了人民安居乐业、社会安定有序的良好局面,续写了社会长期稳定奇迹。"设区的市地方立法是提升社会治理质效的重要保障,社会治理需要设区的市地方立法的推动。基于如上所

言,总体上,湖南省 12 个设区的市地方立法在社会治理中是有所作为的。自《立法法》修改施行以来,湖南省 12 个设区的市制定地方性法规的实践可以充分表明:总体上来讲,其一,湖南省 12 个设区的市制定地方性法规的数量不同;其二,湖南省 12 个设区的市制定地方性法规的数量种类差别大;其三,湖南省 12 个设区的市制定的地方性法规是遵循《立法法》第八条的;其四,《衡阳市城市市容和环境卫生管理条例》和《怀化市城市市容和环境卫生管理条例》中出现了跟同位法相似度较高的现象;其五,《衡阳市城市市容和环境卫生管理条例》和《怀化市城市市容和环境卫生管理条例》中出现了倚重行政处罚自由裁量权现象的方法。故而,在此意义上,湖南省衡阳市、怀化市应当积极寻求破除跟同位法相似较高现象的方法,并且适当减少对行政处罚自由裁量权的倚重。另外,湖南省其他设区的市在制定地方性法规时,应当始终注重立法质量,而不是一味追求立法数量。设区的市只有立法质量过硬,才能经得起实践的持续检验。湖南省 12 个设区的市在制定地方性法规时,应当矢志不渝地坚持"不抵触""有特色""可操作",只有坚持"不抵触""有特色""可操作"的立法原则和立法宗旨,才能"立良法""促发展"以及"行善治"。

在湖南省 12 个设区的市陆陆续续制定地方性法规的几年过程之中,由于时间很短,本文也难以将湖南省 12 个设区的市制定的地方性法规观察得细致到位,肯定有一些问题没有及时予以发现并提出讨论。同时,囿于湖南省 12 个设区的市制定的地方性法规样本的局限性,因此不能将湖南省 12 个设区的市制定地方性法规的情况视为我国绝大部分设区的市制定地方性法规的情况。我国每个设区的市制定的地方性法规情况有所不同,而呈现出来的问题也有所差别。在得出一定结论时依旧不能以偏概全、管中窥豹,否则会失之偏颇。相信随着实践的发展和完善,湖南省 12 个设区的市制定的地方性法规也会暴露出越来越多的问题,而这些问题则需要学界予以正面回应并提出最佳的解决方案。只有这样,才能将湖南省 12 个设区的市立法权纳入我国宪制轨道,也确保符合《立法法》向设区的市"下放立法权"的初衷与本意,进而促进湖南省 12 个设区的市立法权良性健康地发展,最终促进湖南省 12 个设区的市的社会、经济以及文化等领域的繁荣发展。

作为一名研习者,深感我国立法学、社会治理法学理论的博大精深。在研习立法学、社会治理法学的同时,诚然需要更多地关注和研究我国设区的市制定的地方性法规的实证问题。我国设区的市立法权作为一件新生事物,在发展、完善的过程中肯定会遇到一定的困难与挫折,比如"重复立法""越权立法""粗放式立法""立法功利性"等。我国设区的市作为一个相对独立的立法层级,它们制定的地方性法规的科学性、合理性以及可行性还需要在实践中予以逐一验证。就设区的市立法权而言,中央应当做到的是及时、有效地将"下放立法权"与"控制立法权"有机统一起来,而这又在某种程度上依赖于设区的市立法权的发展与成熟。当我国设区的市立法权本身发展成熟之时,将既能够满足设区的市客观的立法需求,提升社会治理的效能与质量,以促进设区的市社会、经济与文化的发展繁荣,又能够将设区的市立法权纳入全面依法治国建设的轨道之中。而设区的市在加强和创新社会治理之际,应当抓重点、固根基、扬优势、补短板、强弱项、促提升,努力寻找设区的市地方立法的最大公约数并画出最大同心圆,不断增进民生福祉,不断增强人民群众的获得感、幸福感、安全感,用地方立法保障人民安居乐业。

# 设区的市立法问题研究

## ——以 X 市为例

徐 晓 王艳玲 *

摘 要:2015 年《中华人民共和国立法法》(以下简称《立法法》)的修改使得设区的市享有地方立法权,这在一定程度上扩大了立法主体范围,弥补了设区的市在社会治理方面的立法空白,使其能够根据地方自身发展的实际情况进行自主性创新型立法,从而激发设区的市的立法活力。但随着设区的市立法工作的不断开展,一些立法问题也逐渐显现出来,如公众参与度低、地方立法缺乏创新性和自主性、立法趋同现象较为严重等问题。各地应当从具体问题出发,制定应对之策,从而促进地方立法更加科学,使得制定的条例能够更好地服务于社会治理。

关键词:设区的市;地方立法;立法问题

按照我国行政区域划分规则,市主要包括"直辖市,例如:北京市;副省级城市,例如:西安市;计划单列市,例如:深圳市;地级市,例如:郑州市;县级市,例如:济源市"五种。在《立法法》新修订之后,"设区的市"取代了传统意义上"较大的市"这一立法主体,这一改变使得设区的地级市成为除省、自治区、直辖市之外的另一立法主体,在一定程度上扩大了立法主体的范围。其中地级市在法律中包括设区的市和不设区的市两种,对于不设区的地级市是否被赋予立法权限也会根据地方发展的实际需求进行调整,例如,在《立法法》修订过程中,全国人民代表大会赋予了东莞市、中山市等市地方立法权。随着我国城市化进程的加快,我国符合设区的市的主体可能还会有所增加,相应的也会有更多的设区的市拥有地方立法权。

通过在中国知网以"设区的市立法"为关键词进行搜索,目前我国学界对于设区的市立法研究主要集中在以下几个方面:一是部分学者从宏观角度出发,对设区的

* 作者简介:徐晓,河南新乡人,河南师范大学法学院讲师,博士,硕士生导师;王艳玲,河南周口人,河南师范大学法学院硕士研究生,主要研究方向:立法理论。

基金项目:2021 年度河南省新乡市政府决策研究招标课题"法治新乡中市域立法问题研究",项目编号:B21060。

市在开展立法工作中存在的困惑以及具体的解决措施进行研究①。二是以立法权限
为研究视角,基于文法、逻辑与立法目的三方面对社区的市立法权限进行阐述②;还
有学者对设区的市立法权的边界问题以及如何进行限制等问题进行研究③。三是部
分学者在综合立法权限以及立法存在的问题的基础上进行研究,对立法者存在的问
题和立法权限滥用问题进行探讨进而提出针对性建议④;对立法存在的权限、制度等
困境进行研究,以期提高设区的市立法质量⑤。上述学者的研究成果为后续研究设
区的市立法问题提供了充分的理论借鉴,但上述研究多数是对设区的市立法存在的
普遍性问题进行阐述,多注重对理论层面的研究。本文通过对具体设区的市存在的
立法问题进行研究,在深入贯彻科学立法、民主立法以及依法立法等原则、借鉴学者
理论研究的基础上,结合该地区发展的实际情况,针对如何提高 X 市公众参与度、明
晰执法部门权限以及提高设区的市地方立法特色等方面进行研究,以期为提高该市
立法质量提供借鉴。

# 一、X 市立法工作中存在的问题

## (一)公众参与度低

首先,表现为公众较少主动参与立法活动中。随着社会的发展进步以及法律知
识的不断普及,社会公众的法律意识与之前相比有所提高,但从查阅相关网站的阅
读量来看,社会公众参与立法的积极性仍然有待提高。通过查阅 X 市人民政府官网
中的市长信箱模块,笔者发现在市长信箱中并没有公众关于 X 市在获得市域立法权
之后立法相关问题的咨询,多是一些针对社会热点问题的咨询,涉及立法有关的问
题较少。另外,从立法各阶段的相关法条阅读数量来看,立项、起草以及发布这三个
阶段阅读量都比较低(见表 1)。纵向比较这三个阶段,除《X 市城市绿化条例》外,其
他两部条例发布阶段的阅读量均高于立项阶段和起草阶段,可以看出通常公众对于

---

① 陈小红.设区的市立法工作存在的困惑及对策建议[J].遵义师范学院学报,2022(2):43-46.
② 吴伟,刘政.设区的市立法权限研究:基于文法、逻辑与立法目的[J].江苏科技大学学报(社会科学版),2021(2):80-85.
③ 曹海晶,王卫.设区的市立法权限限制研究[J].湖南大学学报(社会科学版),2020(5):133-140.
④ 段东升.设区的市地方立法的困境与进路[J].学术交流,2021(4):68-77.
⑤ 宋才发.设区市立法权限、实践困境及法规质量提升研究[J].学术论坛,2020(6):43-51.

条例颁布结果的关注度高于对条例制定过程的关注度。横向比较发布阶段的阅读量，可以看出阅读数量呈现出逐年增加的趋势。由此可以看出，社会公众对于 X 市域立法的重视程度也在逐步提高，并且开始逐渐关注颁布的立法。值得注意的是，虽然阅读数量呈现出增加的趋势，但是阅读比例仍然较低，有待提高。

表 1　X 市人民代表大会官网发布新闻的阅读量

单位：次

| 立法程序 | 《X 市中小学校幼儿园规划建设条例》 | 《X 市城市绿化条例》 | 《X 市城市市容和环境卫生管理条例》 |
|---|---|---|---|
| 立项阶段 | 8 | 7 | 9 |
| 起草阶段 | 2 | 306 | 17 |
| 发布阶段 | 15 | 30 | 34 |

其次，表现为公众参与立法的渠道较少。在 X 市人民政府官网中，设有专门的公众参与渠道，但是对于网络弱势群体来说，他们对于网络的了解并不透彻，甚至不会使用网络，这在一定程度上也会限制该部分公众的参与。另外，从官网上发布的关于立项、起草以及发布三个阶段的新闻公告来看，相关部门多是以举办座谈会以及立法调研的形式征求意见，但参加座谈会的主体主要集中于相关法律的主管负责部门以及相关专家，利益相关的社会公众未被纳入座谈范围。这也从另一个方面映射出社会公众参与立法工作的渠道较为单一。

最后，表现为公众参与立法积极性不高。在 X 市人民政府官网的意见征集模块中，虽然能够查询到关于《X 市城市市容和环境卫生管理条例》《X 市大气污染防治条例（草案）》以及《X 市不可移动文物保护条例（草案）》等条例意见的征集信息，但是在该网站并没有查阅到立法机关针对征集意见的反馈，立法机关能否及时反馈显示出其对公众参与立法是否积极支持的态度。倘若立法机关积极回应，则会在公众与立法机关之间形成良性互动，激发公众参与立法的积极性，为立法工作建言献策；但若消极回应，则会打击公众参与立法的积极性。因此，立法机关对公众意见的及时反馈在一定程度上会影响公众参与立法的积极性。

（二）执法部门权责模糊

在设区的市获得地方立法权后，立法机关根据授予的权限开展相关立法工作。在制定法律的过程中，如果立法对于责任追究主体规定得不明确，就会导致当需要追究违法者责任时，出现相关行政主管部门由于相关法律规定中的概括性规定，而不能确定是否该由本部门负责的情况。比如在《X市大气污染防治条例》的法律责任第四章第三十六条中规定的"其他负有监督管理职责的部门"具体包括哪些部门并没有详细列明,从而导致在追究违法主体责任时可能会因为部门利益而相互争权。另外,在已出台的法规中,还存在规定两个或者两个以上的行政主管部门都享有一定的权利或者承担一定的责任的情况。法规对他们之间的权责分配并没有明晰,因此在实践中,往往还会出现部门之间相互推卸责任的现象。例如在《X市不可移动文物保护条例》的法律责任第五章第三十三条规定的主管部门为"公安机关或者文物管理单位",该条规定即是将负责的部门规定为两个,这在实践中很可能会出现上述现象,这样不仅不利于违法问题的快速解决,还会导致地方立法资源浪费,无法使立法发挥应有的效果。最后,在法规中关于法律责任规定方面,还存在尚未规定负责的行政主管部门的情况,导致在实践中难以根据该条款找到相应的行政主管部门。譬如在《X市不可移动文物保护条例》的法律责任第五章第三十四条中规定"对直接负责的主管人员和其他直接责任人员依法给予处分",但是在该条中并不能看出谁是行政主体。法规中并未列明作出该处分行为的行政主管部门,因此当出现该条所列的相关主体实施违法行为时,相关部门不能及时根据法规进行处分,从而导致该条款不能发挥应有的作用。

（三）立法趋同现象严重

设区的市在获得立法权之后,由于此前缺乏相关的立法经验,难免会出现地方性法规数量上明显增长的现象,部分地区一味提高立法数量,忽视立法质量,导致其制定出台的法规无法解决实际问题,降低了法规的公信力和权威性。从我国目前的立法现状来看,当国家层面出台一部新的法律法规之后,地方各级人民代表大会则会据此制定更为详细的地方性法规。在设区的市进行立法的过程中较少根据本地区发展的实际情况制定符合本地区的有关法规,而是借鉴其他同位法或者照搬上位法,主要表现在结构安排、规范表达以及权利义务的规定等方面,使得目前各地区立法趋同现象较为严重,不能真正服务于本地区社会治理。X市在获得立法权之后相继制定出台了几部法规,目前还有已经形成的法规草案,这些法规的出台为X市的社会治理提供了法律依据,推动了X市法治化建设进程。但总结X市已出台的法规可发现,仍然存在借鉴上位法的现象,且重复性立法现象较为明显。例如X市已出台的《X市城市绿化条例》,其根据《中华人民共和国城乡规划法》、国务院《城市绿化条例》等法律、法规进行制定,通过对比发现《X市城市绿化条例》结构综合借鉴了上述法律法规,《X 市城市绿化条例》前三章与《城市绿化条例》前三章相同,《X 市城市绿化条例》后三章与《中华人民共和国城乡规划法》后三章相同。

# 二、X 市立法工作问题的原因分析

通过对上述问题进行论述总结,可知 X 市在获得立法权之后,立法工作水平仍待提高。通过对上述问题进行剖析,分析存在上述问题的原因,从而为制定出切实可行的解决措施提供思路。

（一）公众专业水平的限制

从公众的角度出发分析参与度不高的原因,主要在于:第一,立法工作专业性较强,在立法时需要有具备专业法律知识的人才以及制定法律相关的其他人才,普通公众缺乏所需的专业法律知识,平时也难以系统地学习这些知识,所以公众在这种情况下很难产生主动参与到立法工作当中的积极性。第二,获取有关立法信息的渠道少。相关部门发布立法意见征集、立法调研以及发布立法活动主要是通过官方网站发布,通过查阅 X 市人民代表大会官网以及 X 市人民政府官网,发现立法公告主要发布或刊登在 X 市人民代表大会官网或人民代表大会相关的报纸期刊上,在其他平台较少能够看到系统关于立法方面的推送,公众获取立法工作开展的渠道还是较为单一,这也导致公众参与积极性降低。

（二）缺乏相关配套措施

公众参与立法离不开相关配套措施的保障,公众之所以较少参与立法,除自身原因外,还受以下原因的影响:第一,激励制度不够健全。目前,对于立法意见的征集,在有关网页中并未查阅到对被采纳者给予何种激励的措施。适当的激励可以给人增添动力,公众本身参与立法工作的积极性就不高,倘若没有适当的激励促进公众参与,那么也难以调动公众的积极性。第二,缺少相关的制度保障公众参与立法。在相关的法律法规中没有对公众参与的形式进行规定,公众在参与立法的过程中容易出现无序参与现象,在立法实践中并未制定针对公众参与立法的制度,故而难以保障公众有序参与立法。

## （三）部门利益的影响

设区的市获得立法权之后，应当根据上位法的有关规定，针对本地区发展的实际情况进行立法，从地方立法的实际情况出发。有关法规的起草编撰工作主要还是由相关政府部门负责，在此过程中不可避免地会出现部门利益渗入法律的现象，从而使得立法工作的开展带有一定的部门化倾向。从分析原因的角度来说，不排除会存在相关行政部门试图通过立法工作给本部门带来更多利益或者巩固本部门原有利益，从而使部门利益合法化的现象。从地方立法公布的相关法规中可以看出，对于违法主体的处罚措施主要为罚款，却较少采用教导和管理的方式。采用罚款的方式确实在一定程度上能够起到警示效果，但这其中也不排除部门利益驱动的作用，一些相关的主管部门在立法时可能会为了本部门利益而提高罚款数额，这不仅不能及时有效地发挥法规应有的惩戒教育效能，还会导致有关部门工作人员在利益的驱动下滥用权力。

## （四）立法能力不足

对于设区的市在立法过程中出现的借鉴上位法的现象，分析其主要原因有以下几个方面：首先是立法者立法经验不足。对于设区的市的立法者来说，在被赋予立法权之前并未参与过立法工作，对立法工作的具体开展以及立法内容、结构等的侧重点的了解还不够充分，加之在立法的过程中为了避免出现与上位法相抵触的情况，因此，就会出现借鉴上位法的现象。其次是人才资源储备不足。立法工作是一项专业性较强的工作，立法工作的开展需要有专业人才的参与，以便在立法的过程中及时发现问题，但在法学专业人才储备不足的情况下，立法者为了避免在立法过程中出现错误，选择借鉴上位法的相关内容。最后是未能充分结合本地区发展特色。在设区的市进行立法的过程中，出现与上位法内容相似度较高情况的原因还包括未能将上位法内容的主要精神与本地区发展的实践特色相结合。设区的市制定法律主要是为本地区的社会治理服务，因此，在制定法律的过程中应当充分调研本地区发展的实际情况，进而开展立法工作。

# 三、完善 X 市立法工作的建议

## （一）促进公众参与，促进民主立法

提高公众参与立法工作的积极性，不仅能够增强立法工作的民主性，还能够有效促进相关法规的实施。促进社会公众积极参与立法工作，主要可以从以下三个阶段中采取完善措施：首先，立项阶段的公众参与。相关部门可以通过线上线下相结合的方式开展法治宣讲活动，借助互联网搭建法治宣讲平台，从而增强公众的法治意识，规范公众有序参与立法工作，同时组建地区协会或者团体，提高公众的参与能力。在公众参与到立法工作中时，立法机关也应当建立一个完善的意见反馈机制，在通过公告等各种形式向公众征集建议之后，可以对建议进行分类整理，定期对公众的建议进行回复，形成一个良性的信息交流互通平台，对于积极提供建议的公众可以有选择地给予一定的物质或精神奖励，从而积极调动公众参与立法工作的积极性。其次，起草阶段的公众参与。X 市依托多所高校，具备较多的法学类专业人才，因此在立法机关进行法规的起草工作时，可以委托高校或者律所这些具备法律专业知识人才的单位，例如在 2018 年，X 市人民代表大会在某高校地方立法研究中心挂牌，X 市人民代表大会与某高校建立基层联系点①，从中可以体现出 X 市人民代表大会在开展立法工作的过程中对专业知识人才储备的充分重视。另外，对于立法草案意见的征集也不仅仅局限于召开座谈会的形式，还可以召集相关专业人士召开论证会或者组织社会公众参加听证会，从而扩大参与立法人员的范围。最后，评估阶段的公众参与。立法实施之后感受最直接的主体就是社会公众，因此，拓宽公众在立法后执法阶段的公众参与，对于提高公众的积极性也至关重要。在该阶段，相关部门可以通过线下定点设立意见箱、线上设立专门意见反馈通道的方式，让社会公众提出自己认为在已公布实施的法规中存在的不规范之处，由相关部门进行审查，并将审查结果进行公布。该阶段的公众参与，不仅让公众权利得到充分行使，还能有效促进设区的市立法质量的提高。

---

① 新乡人大网.市人大常委会基层立法联系点、河南师范大学地方立法研究中心挂牌[EB/OL].(2018-01-17)[2022-05-12].http://www.xxrd.gov.cn/2018/01/17/34010.html.

## (二)明确部门权限,更新立法观念

立法者在立法的过程中要明确负责的相关主管部门的职责,对于使用概括性语言进行描述的规定条款需要进行详细列明,从而使社会公众在法规中能够清楚明确地找到相对应的负责部门。对于在立法中采用"或"的形式规定两个主管部门的,可以采用解释的方式,根据部门的属性不同设置侧重不同的管理,以避免发生相关部门之间互相争夺利益的现象。对于尚未列明负责的主管部门的法条,应当在进行评估之后,明确具体的主管部门,以便在发生规定的违法行为时,相关部门可以根据法律规定进行执法。比如在《X市居民住宅区消防安全管理条例》以及《X市城市绿化条例》等法规的法律责任中就负责的主管部门明确进行规定,这不仅使主管部门有明确的执法依据,还可以有效避免部门之间争夺利益现象的发生。对于改变立法中部门利益化现象,从立法者的角度来说,立法目的在于保障人权、维护社会秩序,而不在于完成立法任务以及做个别行政部门的利益输送者,因此立法者在立法的过程中要始终坚持依法立法、科学立法以及民主立法的原则,不断更新立法观念,做到与时俱进,摒弃部门利益化观念,排除不必要的影响因素,不过分关注立法数量,努力提高立法质量。立法者要真正做到在立法的各个阶段保持公平公正,强化立法为民的理念。只有树立正确的立法观念,才能制定出真正为社会公众支持的良法。立法机关应不断深化对相关法律专业知识的理解,充分掌握不同法律的立法目的,从而对地方立法工作进行一定的约束管理,减少制定涉及利益保护倾向的法规,从而真正实现地方立法的公平,使地方立法权的作用得到更好地发挥。

## (三)提高立法能力,体现立法特色

在立法的过程中减少重复性立法,制定出体现地方特色的地方性法规,这要从提高立法能力、加大人才储备以及结合地方发展等方面入手。首先要提高立法者的立法能力,加强其对法律专业知识的系统化学习,做到及时更新知识体系,在这个过程中可以邀请法学专家开展立法方面的知识性讲座,从而提高立法者自身的见解,更新知识储备。特别要重点学习设区的市的立法范围,主要包括城乡建设与管理、环境保护以及历史文化保护三个方面,从而提高立法的针对性。其次要加强对专业知识人才的培养。X市有着丰厚的人才储备资源,在立法过程中应当充分加强对专业型人才的重视。同时也要重视对法学专业型人才资源的引进,储备具备法学知识的高素质人才,鼓励他们在立法过程中提出专业性指导意见,从而使得立法更加科学合理。最后要在立法前进行深入调研。只有真正做到深入实践当中,才能发现在社会治理过程中存在的问题,从而根据问题制定相应的对策。因此,要在立法前进行调研,发现问题解决问题,从而在上位法的指导下制定出具有本地发展特色的条例。在不断提高立法能力,真正结合具体实际进行立法的前提下,才能够实现地方立法的精细化,从而减少地方立法重复上位法的现象。

新修订的《立法法》赋予设区的市立法权,从而扩大了立法主体的范围,在很大程度上推动了我国法治化进程。但在设区的市获得立法权后的立法工作中,也不可避免地存在一些问题,主要表现在公众参与不足、执法部门权责不明晰以及立法趋同化等几个方面。这些问题启示我们要不断加强对设区的市立法工作的研究,从而探索出相应的解决措施,例如通过激励等方式提高公众参与积极性、明晰执法权限、更新立法理念,针对在研究中发现的问题,制定解决措施,从而满足社会公众立法需求,提高地方立法质量。

司法与治理

# 刑事涉案财产处置检察监督的困境与路径

## ——构建刑事涉案财产处置独立之诉

陈春来*

**摘　要**：刑事涉案财产处置在侦查、起诉、审判、执行、救济等诉讼环节均存在运行失范问题，而刑事涉案财产处置的检察监督却存在困境，既有监督意识淡薄等主观原因，也有监督依据不足、监督标准不明等客观原因。构建刑事涉案财产处置的独立之诉是检察机关履行法律监督职能的重要途径，有利于保护被追诉人、被害人及利害关系人的财产权，使其免受不法侵害。

**关键词**：刑事；涉案财产处置；独立之诉；检察监督

随着中共中央、国务院《关于完善产权保护制度依法保护产权的意见》的出台，最高人民法院、最高人民检察院等先后出台相关意见，均强调要依法慎用强制措施和查封、扣押、冻结措施，严格规范涉案财产的处置。但在司法实践中，办案机关违法搜查、查封、扣押、冻结、处理涉案财产现象时有发生，致使被追诉人、被害人或其他利害关系人合法的财产权益遭受侵害。由于对刑事涉案财产的处置缺乏相对独立的程序，遂使检察监督面临困境。本文拟在揭示涉案财产处置运行失范的实践样态基础上，分析检察监督的困境及原因，探讨通过构建刑事涉案财产处置的独立之诉来完善检察监督的路径。

## 一、实践样态：刑事涉案财产处置运行失范

刑事涉案财产处置贯穿于刑事诉讼全过程，在侦查环节、起诉环节、审判环节、

---

*　作者简介：陈春来，法学博士，江苏省江阴市人民检察院检察委员会委员、第一检察部主任、一级检察官，主要研究方向：刑事诉讼法。

基金项目：2021年度最高人民检察院检察应用理论研究课题"刑事涉案财物处置的独立之诉研究"；2020年度江苏省人民检察院检察理论研究课题项目"刑事涉案财产检察监督研究"，项目编号：SJ202021。

执行环节以及救济环节均存在处置失范的问题。

## (一)侦查环节滥用涉案财产处置措施

### 1.滥用保全措施

滥用和不当适用搜查、扣押、查封、冻结措施,是除刑讯逼供、高羁押率之外我国所面临的一大问题。[①] 传统刑事司法实践中,人们主要关注羁押和讯问犯罪嫌疑人等对人权构成严重威胁的强制性措施的规范使用及其监督控制,因此对逮捕、拘留、取保候审等强制措施的适用比较规范[②],而对查封、扣押、冻结等财产性强制措施并没有予以足够的重视。侦查人员对犯罪嫌疑人的违法所得等涉案财产与其合法财产缺乏区分,对犯罪嫌疑人的财产与其家庭成员财产缺乏区分,随意扩大查封、扣押、冻结的范围,甚至以解除查封、扣押、冻结的财产来换取犯罪嫌疑人的认罪认罚。涉案财产的保管、返还、移送等各个环节也比较混乱,缺乏明晰且具有刚性的约束机制。

### 2.证明标准过低

采取强制性侦查措施的证明标准过低,只要达到"与犯罪有关""与案件有关"即可,是否具备实质性关联则在所不问。侦查环节的涉案财产返还随意性较大,对于是否属于被害人合法财产缺乏相应的证明材料,极易侵犯被害人的合法财产权利。

### 3.程序参与和程序公开不够

无论是财产保全程序还是审前返还程序,法律均未规定被追诉人和第三人的程序参与权和抗辩机制,被追诉人和第三人对涉案财产处置情况不知情,无从维护自己的合法利益。侦查机关通知其参与的积极性和主动性不够,往往通过行政化手段进行处置,处置过程对被追诉人和第三人不公开,缺乏监督制约。

## (二)起诉环节缺乏对涉案财产的权属性质审查

### 1.忽视对涉案财产的权属性质审查

检察机关在审查起诉时往往注重定罪量刑事实和证据的审查判断,而忽略对涉案财产的权属、性质进行审查判断。对公安机关缺少关于财产权属性质认定证据材

---

① 刘卉.建立搜查扣押的司法审查制度[N].检察日报,2009-12-22(3).
② 李建明.强制性侦查措施的法律规制与法律监督[J].法学研究,2011(4):148-168.

料的情况,要求公安机关补充侦查的驱动力不强。

2.未就涉案财产处置提出书面意见

起诉书一般不会对如何处置涉案财产提出控诉意见。当前主要是对定罪量刑的认定进行考核,对涉案财产处置的情况虽然有一些指导性意见,但并不是考核起诉书质量的主要内容。侦查机关扣押时不注意搜集涉案财产权属性质的相关证据,检察人员即使想要对涉案财产处置进行审查,也会受侦查机关移送证据不完整的制约而无法全面审核。

3.利害关系人无从知晓检察机关对涉案财产的处置意见

对于检察机关未对涉案财产提出没收、返还或追缴意见的,利害关系人无从得知被查扣涉案财产可能遭受的不利后果,无从参与到诉讼中来表达诉求和主张。

## (三)审判环节缺乏相对独立的审理程序

### 1.普通没收程序缺乏具体规定

虽然《中华人民共和国刑事诉讼法》(以下简称《刑事诉讼法》)第二百四十五条规定了由法院对涉案财产进行处理,但相对于《刑事诉讼法》第四章没收特别程序规定,没收程序并没有具体的处置程序规定,且相关司法解释也没有细化规定,庭审中关于涉案财产权属性质的调查核实环节基本虚置。

### 2.庭前会议程序难以完成复杂的权属性质认定

虽然在实践中存在通过庭前会议的方式对涉案财产进行审查的做法,但对于权属关系复杂的案件来说,当事人及利害关系人的合法权益无法得到充分保障,法院开庭审理时基本上不对涉案财产处理的事实进行专门调查①。

### 3.行政化处置特征明显

即使进行法庭调查,由于检察机关没有关于涉案财产处置的书面意见,被追诉人、被害人和利害关系人缺乏辩护的基础,法院往往根据在案证据直接进行判决,对于证据不足的,有时会直接判决由公安机关进行处理。

---

① 吴成杰.刑事涉案财物的审查认定及处理[J].人民司法(应用),2014(13):66-69.

## (四)执行环节基本虚化

### 1.执行规范缺失

执行环节主要依据《中华人民共和国民事诉讼法》(以下简称《民事诉讼法》)的要求执行,但《刑事诉讼法》与《民事诉讼法》之间缺少明确的衔接机制。从公安机关、检察机关和法院的内部规范来看,涉及刑事诉讼涉案财产执行程序的规则也较为少见。对于违法所得、供犯罪所用之物、违禁物等应当如何处置,基本没有法律及规范性文件做出明确规定。

### 2.移送执行主动性不强

法院往往以执行局案多人少压力大为由,不将刑事案件移交执行部门进行执行。当前深入推进扫黑除恶之际,法院才将黑恶势力案件移交执行局,而其他普通刑事案件的执行依然没有改观,导致刑事涉案财产的执行形同虚设。由于法院判决时未对涉案财产的权属、性质进行审查认定,也导致公安机关无法根据判决及时处置扣押财产。①

### 3.审执不分

我国已经实现了民事审判权与执行权在法院内部的分立,但并没有实现执行权从法院分立出去。刑事涉案财产处置的决定是由法院通过庭审后在判决书中予以确认,而执行程序则是由法院执行部门负责,这就导致审执不分的问题。

## (五)救济环节严重缺失相应机制

刑事涉案财产的救济范围不清晰、救济程序复杂和缺乏确定性以及救济责任分配模糊、追究责任缺乏力度②也是刑事涉案财产处置不规范的问题。

### 1.被追诉人和被害人缺乏救济渠道

侦查程序具有很强的封闭性,辩护人在侦查秘密原则的阻碍之下难以参与。辩护人主要关注定罪量刑,较少关注甚至容易忽略对涉案财产处置的辩护,导致办案机关对涉案财产处置问题"一家独大",相关人员的合法财产权益被侵犯。③审前返还被害人合法财产的行为属于一种诉讼行为,由于诉讼行为的不可诉性,出现返还

① 熊秋红.刑事违法扣押国家赔偿处理的指导性[N].人民法院报,2018-01-31(2).
② 李亮.刑事诉讼涉案财物的救济机制[J].国家检察官学院学报,2016(3):125-176.
③ 陈卫东.涉案财产处置程序的完善——以审前程序为视角的分析[J].法学杂志,2020(3):40-52.

错误后,真正的涉案财产合法所有人只能通过国家赔偿得到救济。

2. 第三人缺乏救济渠道

"被追诉人以外的第三人,甚至可能根本不知道自己的权益受到了侵害,这些利害关系人参与程序的机会也非常小。"[①]第三人不服法院判决、裁定的,只能根据中共中央办公厅、国务院办公厅发布的《关于进一步规范刑事诉讼涉案财物处置工作的意见》第十二条的规定,请求检察机关抗诉。

3. 检察机关监督缺位

检察机关重视监督侵犯人身权的违法行为,忽视监督涉案财产处置的违法行为。即使对涉案财产处置行使监督职能,也多是事后性、消极性的监督,监督缺乏刚性。例如,对法院涉案财产处置的判项违法缺少监督,对涉案财产处置判项的执行监督力度不够。

# 二、监督困境:刑事涉案财产处置检察监督弱化

刑事涉案财产处置的检察监督弱化,既有意识淡漠等主观原因,也有监督依据不足、标准不明等客观原因,主要表现为以下三个方面。

(一)检察监督意识淡漠

检察监督工作重视审查定罪量刑的事实和证据,忽视对涉案财产处置的审查。检察机关在审查逮捕、审查起诉过程中,对涉案财产处置是否合法、公正并非必须认真审查的内容,关注点主要还是与定罪量刑有关的事实和证据。对赃款赃物追缴是否穷尽、赃款财物的返还是否有充分的事实依据,是否公正合理,对涉案财产的查封、扣押、冻结是否必要,是否在合理范围内,是否仍需要继续查封、继续冻结、继续扣押,一般不予关注和审查。检察人员不枉不纵的意识很强烈,防止错案的意识在不断强化,但对涉案财产处置的监督意识一直比较薄弱,甚至将该项工作理解为一项可做可不做的软任务。因为监督意识淡薄,涉案财产处置的监督工作做多做少、监督效果的好坏等等也没有被列入监督工作考评的范围,导致对刑事涉案财产处置

---

① 吴光升.刑事涉案财物处理程序的正当化[J].法律适用,2007(10):58-62.

的检察监督逐渐被边缘化。受侦查中心主义的影响,对于侦查机关和审判机关在涉案财产处置中存在的问题,检察机关存在配合有余、监督不足的问题。

## (二)检察监督依据不足

刑事涉案财产处置的法律法规不健全,既是涉案财产处置不规范的问题,又是检察监督弱化的重要原因之一。现有《刑事诉讼法》关于查封、扣押、冻结、处理涉案财物的程序性法律规定不完善,司法机关对于被查封、扣押、冻结财产最终处理的职责规定不清,并未明确规定被查封、扣押、冻结的财产在诉讼终结时由谁负责处理,以及该如何处理。① 最高人民法院在相关司法解释中只规定与案件无关的财物由法院通知查封、扣押、冻结机关依法处理,且其中并未涉及涉案财产孳息的处理。在审判程序,特别是到了第二审程序,被追诉人请求法院解除查封、冻结措施或者及时返还被扣押的与案件无关的财物,往往会遇到无人理、无人管或者久拖不决的现象。作为监督依据的法律规范的缺失,导致检察机关对涉案财物处置的监督变得更加底气不足、手段不足、力度不足。

## (三)检察监督标准不明

刑事涉案财产处置的法律依据较为原则,再加上涉案财产权属性质认定比较复杂,甚至存在争议,这也导致处置行为是否违法本身就存在判断标准不明的问题。同样的涉案财产在不同的法院、不同的审判人员之间可能会受到不同的处置。如在诈赌类案件中,被告人诈赌所得是应当予以没收还是返还给被害人,在司法实践中判决并不统一。② 在黑恶犯罪、经济犯罪等案件中,关于涉案财产权属性质的调查核实又是比较复杂的过程,单凭侦查机关移送的卷宗材料难以进行审查;在检察机关未对涉案财产提出处置意见的基础上,法院对涉案财产处置存在自由裁量权过大的问题,甚至有些涉案财产权属性质无法查明时,法院对涉案财产不做处置,而是简单地交由公安机关进行处置。如果侦查机关在审前程序中超范围查封、扣押、冻结了被告人的财产,法院笼统地判决上缴国库,又很难确切地说这样的裁判违法。当出现争议进行检察监督时,又因为监督标准比较模糊,难以判明处置行为是否合法与公正。

① 陈淳.非法集资刑事案件涉案财产处置程序的商法之维[J].法学研究,2015(5):71-86.
② 裁判文书网(2020)浙 0326 刑初 640 号[EB/OL].(2020-12-30)[2022-7-15]. https://wenshu. court. gov. cn/website/wenshu/181107ANFZ0BXSK4/index. html? docId = 764bb07442a94e7db27eacca00d87ab1; (2020)闽 0582 刑初 1513 号[EB/OL].(2020-10-29)[2022-7-15]. https://wenshu. court. gov. cn/website/wenshu/181107ANFZ0BXSK4/index. html? docId=f25d3af72fad4418b2cfac7500a24172.

# 三、完善路径:构建刑事涉案财产处置独立之诉

2012年《刑事诉讼法》修改时,首次确认了犯罪嫌疑人、被告人逃匿、死亡案件违法所得没收程序,有学者称之为"独立没收程序"[①]或"没收特别程序"。因为该程序只是针对涉案财产处置问题,与定罪量刑的"对人之诉"不同,有学者又称为"对物之诉"[②]。本文主要借鉴没收特别程序的相关规定,在没收普通程序中,检察机关除了提出对被告人定罪量刑的公诉意见外,还针对涉案财产处置提出没收涉案财产的独立之诉。

## (一)构建涉案财产处置独立之诉的意义

### 1.有利于保护被追诉人、被害人及第三人的合法权益

目前起诉书主要表述定罪有关的内容,量刑建议主要表述有关量刑方面的内容,而涉案财产处置的意见应当作为公诉权的重要内容,在向法院提起公诉时一并提出书面意见,在送达起诉书时一并送达给被告人。只有在起诉书中一并提出处理意见,被告人及其辩护人才能够知晓其财产可能被处置的情况,才能够就涉案财产的权属性质收集相关证据,针对要没收或返还被害人的财产进行抗辩。

### 2.有利于制约公安机关审前处置行为

审前处置既包括程序性强制处分,如查封、扣押、冻结等,也包括实体性强制处分,如返还被害人等。公安机关在侦查中需要加强对涉案财产权属性质的证据收集,在移送起诉时要向检察机关提供关于涉案财产处置的书面意见。对于检察机关提出的关于涉案财产权属性质的补充侦查意见,公安机关应当及时查明。

### 3.有利于限制法院的自由裁量权

法官在涉案财产处置过程中的随意性很大,甚至在有些案件判决中将涉案财产"交由扣押的公安机关处理"。出现这种问题的原因之一,就是检察机关在提起公诉时未就涉案财产提出处置意见。如果检察机关在独立之诉中提出没收或者返还被害人的书面意见,法官必须对检察机关提出的处置意见做出处理,而不能随意自由

---

① 万毅.独立没收程序的证据法难题及其破解[J].法学,2012(4):76-87.
② 陈瑞华.刑事对物之诉的初步研究[J].中国法学,2019(1):204-223.

裁量。法官未依法采纳检察机关处置意见的,检察机关可以就此提出抗诉。当事人或利害关系人对涉案财产处置判项不服的,可以提出上诉或申诉。

4.有利于强化检察机关对涉案财产权属性质的调查职责

检察机关作为独立之诉的启动机关,应当将涉案财产处置作为审查起诉的重要内容,包括审查公安机关在侦查阶段对涉案财产的处置是否合法、正当。对被告人、被害人或利害关系人提出异议后进入独立之诉程序的,检察机关还要向法庭举证证明其提出没收或返还被害人的处理意见的证据材料,这些都要求检察机关必须加强对涉案财产权属性质的调查核实。

## (二)刑事涉案财产独立之诉的要素

独立之诉是相对于检察机关提出的定罪量刑之诉而言的,具有相对的独立性,主要表现为诉讼主体、诉讼标的、诉讼构造、证明标准等相对独立。

### 1.独立之诉的诉讼主体相对独立

定罪量刑之诉中不存在第三人参与诉讼,而在独立之诉中,启动者是检察机关,法官是中立的第三方,被追诉人、被害人和第三人都是诉讼主体。检察机关对被追诉人的违法所得及其他涉案财产进行没收享有诉权,在提起公诉时应当就涉案财产提出诉讼请求。法院根据检察机关的书面意见对涉案财产权属性质调查认定后予以处置,作出没收或返还被害人的判决。被追诉人、被害人、第三人应当享有知情权、参与权和救济权。对于没收和返还等刑事诉讼涉案财产实体性强制处分来说,一般应当采取法官保留原则,由法院决定予以没收或是返还被害人。但也存在例外,如对于权属关系清晰的涉案财产,检察机关可以决定先行返还,但应当在法庭审理时接受法院的司法审查;对于违禁品,侦查机关也可以先行没收。

### 2.独立之诉的诉讼标的相对独立

与定罪量刑之诉不同的是,独立之诉的诉讼标的是对被追诉人的涉案财产予以没收的申请。这种诉讼请求包括三个重要组成部分:一是请求确认被追诉人的违法犯罪行为;二是申请认定涉案财产系被追诉人通过违法犯罪行为所获取的;三是确认涉案财产符合依法没收的条件。为了保证法院没收判决的执行,需要采取财产保全措施,保全的对象也是涉案财产。法庭对涉案财产权属性质的审查需要按照一定的顺序开展。第一,要审查是否存在刑事违法行为。对于存在刑事违法行为但被追诉人未达刑事责任年龄的,不予刑事处罚,或者被追诉人死亡不追究刑事责任的,对其违法所得也应当予以没收。第二,要审查有无违法所得,也就是有无为了犯罪所得或产自犯罪所得。第三,要审查违法所得的性质。即违法所得是属于被追诉人、被害人还是第三人所有。第三人受领的违法所得也应当予以没收。任何人皆不得保有不法利得,第三人更不应成为犯罪利得的庇护所,否则违法所得的立法目的势必落空。第四,要审查违法所得的范围。广义的违法所得范围包含因犯罪而直接取得的违法所得、间接取得的违法所得以及替代价额等三大类。第五,被害人优先原则。在没收和返还被害人合法财产之间,对于被害人合法财产要优先返还。如果对应当返还被害人的财产一律宣告没收,则会造成与民争利。

3. 独立之诉的诉讼构造相对独立

我国没收特别程序是建立在被告人逃匿或者死亡的前提下,这种诉讼并不存在被告人的参与。在公告期之内利害关系人提出参与请求的案件中,检察机关一旦提起没收违法所得的申请,法院所面对的并不是传统的控辩双方争讼的局面,而是检察机关与利害关系人就违法所得范围和涉案财产权属方面的对抗。因此,在有利害关系人申请参与的案件中,检察机关作为申请方、利害关系人作为异议方以及法院作为审判方,就构成了新的三方诉讼构造。在没收普通程序中,检察机关在提出定罪量刑的公诉意见时,同时就涉案财产处置提出处理意见。如果没有第三人就涉案财产提出异议,法院就涉案财产应当没收还是返还被害人进行判决。如果有第三人就涉案财产归属提出异议,第三人相当于民事诉讼中具有独立请求权的第三人,则构成新的诉讼构造。[①]

4. 独立之诉的证明责任和证明标准相对独立

刑事诉讼主要涉及对被追诉人的定罪量刑问题,涉及人身权、自由权等基本权益的保障,因此遵循无罪推定原则,由检察机关对所指控的定罪量刑事实承担证明责任,并且要达到事实清楚且证据确实、充分的标准。检察机关对于没收涉案财产需要承担证明责任,但被追诉人、被害人或第三人对涉案财产权属性质提出新的诉讼主张的,就需要承担证明责任,对于不能举证证明的,则要承担相应的"败诉风险"。[②] 独立之诉中的证明标准应采用多元化的标准,对于查封、扣押、冻结等程序性强制处分只要达到"合理怀疑"标准即可,对于没收和返还被害人合法财产则要达到

---

① 方柏兴. 论刑事诉讼中的"对物之诉"——一种以涉案财物处置为中心的裁判理论[J]. 华东政法大学学报,2017(5):119-132.

② 陈瑞华. 刑事对物之诉的初步研究[J]. 中国法学,2019(1):204-223.

民事诉讼上的"优势证据标准",因为这涉及对涉案财产的终局性处分。第三人主张其对涉案财产享有所有权或者系其善意取得,也只要达到优势证据的程度即可。

### (三)检察机关在独立之诉中的作用

#### 1.检察机关是独立之诉的启动机关

检察机关作为国家公诉机关,行使国家公诉权。涉案财产处置的独立之诉是检察机关公诉权的重要内容之一,在独立之诉中,检察机关代表国家对涉案财产提起没收之诉,既是维护国家利益和社会公共利益的一种方式,更是依照法律剥夺违法所得的一种方式。独立之诉不是必经程序,如果没有被害人或第三人提出异议,检察机关可以不启动独立之诉,建议法院在审理程序中直接根据涉案财产的权属关系事实直接作出判决。如果有被害人或第三人对涉案财产的权属性质提出异议,则检察机关应当启动独立之诉程序,就涉案财产权属的性质进行审查。

#### 2.检察机关提起的诉讼请求是没收涉案财产

检察机关在审查起诉时,在审查定罪量刑事实证据的同时,应当重视对涉案财产权属性质证据材料的审查,包括侦查机关已经处置的涉案财产执行程序是否合法、是否遵循比例原则和适度原则等。在提起公诉时,应当在起诉书上提出涉案财产处置的明确意见,发现涉案财产权属性质不清时应当要求侦查机关补充侦查。对于涉案财产处置比较复杂的案件,如集资诈骗类、黑恶犯罪、经济犯罪等,可以先提出概括的处置意见,就定罪量刑部分先行判决,然后对涉案财产权属性质经调查核实后再进行处置。

#### 3.检察机关是独立之诉的监督机关

严格落实《中共中央关于加强新时代检察机关法律监督工作的意见》,切实转变监督理念,把涉案财产处置作为法律监督的新的重要领域和重要内容。检察机关需要提前介入引导公安机关加强对涉案财产权属性质证据材料的调取和收集,审查逮捕和审查起诉时应特别注意听取被追诉人、辩护人、诉讼代理人、利害关系人等对于涉案财产处置的意见,接受当事人、利害关系人的申诉、控告,多途径了解涉案财产处置情况,对违法处置行为及时进行督促纠正。在移送审查起诉时提出涉案财产处置的意见,对于法院在审理过程中未采纳检察机关意见、违法处置涉案财产的,应当通过纠正违法或检察建议的形式予以纠正。进一步增强检察监督刚性,赋予检察机关程序性制裁权,对于侦查机关违反法定程序采取的财产保全措施,检察机关可以通过纠正违法进行监督，如果侦查机关不予采纳且不能进行合理解释的，检察机关有权直接决定解除扣押，侦查机关应当执行检察机关的决定。对于司法工作人员故意违法处置涉案财产，造成严重后果的，检察机关应当建议有关机关追究其纪律责任或法律责任。检察机关应当完善考评机制，将涉案财产处置监督作为检察人员考核的重要内容。检察机关应当将涉案财产处置监督情况向同级人民代表大会作专项工作报告，主动接受其监督。同时加强对涉案财产处置监督工作的宣传力度，提高涉案财产处置的透明度和公信力。

# 四、结　语

《中共中央关于加强新时代检察机关法律监督工作的意见》更加强化了检察机关对涉案财产处置的监督。以诉的形式履行法律监督职能是强化检察监督的重要方式，而构建刑事涉案财产处置的独立之诉是强化涉案财产处置检察监督的有效路径。从中不难看出，独立之诉不仅对于规范涉案财产处置具有重要意义，对拓展检察机关公诉权也具有重要意义，值得深入研究。再好的制度设计，也有赖于其有效运行，这涉及相关司法机关的权力配置，仅靠检察监督很难一蹴而就。

# 金融犯罪规制理念的转调与路径选择

商玉玺*

**摘　要：**当前刑法对金融犯罪行为的规制，阐扬的是管制本位的金融犯罪治理理念，表征为构建严密金融刑事法网、偏爱国有金融机构保护、本能对抗主义等色彩。而随着金融深化发展，以及市场在资源配置中起决定性作用的强化，刑法对金融市场的干预，应当立足于对交易本位下的金融资源内生属性的保护。金融作为一种社会资源，具有财产与融通双重属性，前者强调静态意义上的产权，后者体现的是通过自身配置进而配置其他资源的功能。融通作为金融资源的本质属性，根植于市场交易时的金融资源产权属性之中。金融刑法保护的核心法益应是交易过程中金融资源的产权，而非固守秩序本位。

**关键词：**金融犯罪；管制型治理；市场型治理

## 一、问题的提出

从刑事法律的历史沿革及司法实践来看，我国注重金融犯罪规制能力建设：一是严密金融刑事法网。当前刑法介入金融市场范围不仅包括银行、外汇、保险、证券等传统金融领域，也包括信托、基金、衍生品等新型金融市场，刑法既规制金融交易环节也管控金融市场准入、金融机构运行等具体行为，形成了严密的金融刑事法网。但与金融犯罪积极治理相伴的是金融犯罪案件呈现持续高发态势，金融犯罪严峻形势没有得到缓解。2006—2010 年五年间，全国各级检察机关共受理起诉金融犯罪案件 3 万余件①，而 2014—2017 年四年间，全国各级人民法院审理的一审金融犯罪案

---

　　* 作者简介：商玉玺，法学博士、心理学博士后，山东师范大学副教授，硕士生导师，主要研究方向：刑法、犯罪学、法律心理学。

　　① 毛玲玲.金融犯罪的实证研究：金融领域的刑法规范与司法制度反思[M].北京：法律出版社，2014：65.

件为 48029 件,2017—2021 年间的案件为 75380 件[①]。上海市人民检察院发布的《上海市金融检察白皮书》更是提供了金融犯罪形势日益严峻的佐证资料:2006—2008 年,上海检察机关共受理审查起诉金融案件 1280 件,受案人数 1664 人。而 2020 年共受理金融犯罪案件 1776 件,受案人数 3361 人,该年的受案人数是 2006—2008 年三年总和的两倍之多。2015 年非法集资犯罪案件出现井喷式增长,全年受理移送非法集资案件 138 件,超过 2012—2014 年三年总和。[②]

金融犯罪数量与刑罚量(刑法量)呈现出同步增长之怪圈。这需要我们反思两个问题:①金融犯罪圈的扩张是否合理。金融不法行为入罪理论有法益侵害论、社会危害性说、伤害原则。研究者也认为上述理论在经济犯罪(金融犯罪)上适用性比较弱,提出双重违法性(也有学者称为二次违法性)理论或者标准,限缩金融犯罪圈。双重违法性标准能够在一定程度上限制刑法扩张[③],但即便不法行为在违反行政法律后,刑法介入一定合理吗? 我们如何来实现对行政不法行为后续入刑的监督呢?②刑罚是否有效、如何有效。在金融犯罪规制过程中,刑罚的严厉性(量)得到体现,但"运动"式(专项整治)打击之后,金融犯罪率的反弹强调了一个现实的问题,即刑罚资源是有限的,我们应当思考如何用更为经济性的措施来打击金融犯罪。

## 二、管制型金融犯罪治理理念与表征

金融犯罪治理进路是国家干预经济思想在刑事法律的具体化,其存在的前提是金融市场及金融体系的形成。在计划统治经济体制下,金融体系"有机构无市场"的

---

① 数据来源于最高人民法院裁判文书网,http://www.court.gov.cn/wenshu.html,最后访问时间:2022 年 5 月 2 日。

② 上海市是我国金融中心,上海市金融犯罪数量约占全国金融犯罪总量 10% 左右。因此,上海市金融犯罪数据变动能够在一定程度上论证全国金融犯罪发展趋势。王军,张晓津,李莹.金融犯罪态势与金融犯罪研究[C]//中国检察学研究会金融检察委员会.金融检察与金融安全:首届中国金融检察论坛文集.上海:上海交通大学出版社,2012;285;2013 年度金融检察白皮书[EB/OL]. (2014-04-28)[2018-09-26]. http://www.jcrb.com/procuratorate/highlights/201404/t20140428_1383393.html;林中明,严瑾丽.《2014 年度上海金融检察白皮书》发布[EB/OL]. (2015-05-08)[2018-09-26]. https://www.spp.gov.cn/zdgz/201505/t20150508_96883.shtml;肖凯,吴卫军,陈晨,等.上海发布 2015 年金融检察白皮书:涉 P2P 网络借贷案件集中爆发[EB/OL]. (2016-08-12)[2018-09-26]. https://www.sohu.com/a/110251590_117965;徐燕平,万海富,郭建.上海金融犯罪情况的调查与分析[M]//倪维尧.新形势下金融违法犯罪应对机制研究.上海:上海财经大学出版社,2011;18.

③ 实际上随着刑事立法技术的发展及金融监管的完善,超越行政法而入罪的行为越来越少。

特征①决定了我国尚未形成系统性金融犯罪治理进路,这段时期伪造货币等犯罪行为被视为对革命及国家政权的抗制,以自然犯规制原则治理。1993 年 12 月,国务院颁布了《关于进一步改革外汇管理体制的通知》和《关于金融体制改革的决定》,要求建立社会主义市场经济发展需要的金融体制②,统一开放、有序竞争、严格管理的金融市场逐渐形成。但金融市场建立之初,新出现了一些比较突出的违法犯罪活动。为保障金融体制改革和社会主义现代化建设的顺利进行,1995 年,全国人民代表大会常务委员会颁布的《关于惩治破坏金融秩序犯罪的决定》共设置 18 个罪名,对 1979 年《中华人民共和国刑法》(以下简称《刑法》)做了必要的修改和补充。1997 年《刑法》修订时将涉及金融犯罪的单行刑法收录,在《刑法》分则第三章"破坏社会主义市场经济秩序罪"之下设立"破坏金融管理秩序罪"和"金融诈骗罪"两个独立节。"破坏金融管理秩序罪"主要是通过对金融准入秩序、货币信用秩序、金融机构运行和管理秩序的保护来维护金融体制的垄断性和规范性;"金融诈骗罪"主要是通过对新型金融交易工具与传统诈骗犯罪结合行为专门、从重处罚来保护金融机构、金融交易者、公共信用的利益。③ 至此,以保护"金融秩序"为首要使命的金融犯罪治理样态形成,偏爱国有金融机构、国家本位的国家金融犯罪管理型治理进路确立。违反金融秩序、破坏国家金融监管活动成为犯罪化及重刑化的主要标准,在后续金融体系深化改革过程中,所颁布的单行刑法及刑法修正案仍没有摆脱这种"秩序第一位"的管理理念。金融犯罪治理进路主要通过金融市场非理性行为的犯罪化方向、罪状设置、法定刑配置,以及刑事立法所确定的罪与罚在实践中的应用来体现。过去 20 多年,管制型金融犯罪治理进路的表征主要表现在以下四个方面。

(一)严密金融刑事法网

当前刑法介入金融市场范围不仅包括银行、外汇、保险、证券等传统金融领域,也包括信托、基金、衍生品等新型金融市场,刑法既规制金融交易环节也管控金融市场准入、金融机构运行等具体行为,形成了严密的金融犯罪刑事法网,而构筑这种法网有四种方法。

---

① 刘远.我国治理金融犯罪的政策抉择与模式转换[J].中国刑事法杂志,2010(7):42.
② 自 1993 年以来,金融体制进入全面深化改革时期,改革的总目标归纳起来是:在国务院统一领导下,建立独立执行货币政策的中央银行宏观调控体系,建立政策性金融与商业性金融分离,以国有商业银行为主体、多种金融机构并存的金融组织体系,以及统一开放、有序竞争、严格管理的金融市场体系,把中国银行办成真正的中央银行,把国有专业银行办成真正的商业银行。张学森.金融法学[M].上海:复旦大学出版社,2006:37.
③ 钱小平.中国金融刑法立法的应然转向:从"秩序法益观"到"利益法益观"[J].政治与法律,2017(5):39.

1. 增补新罪

如,1995 年《关于惩治破坏金融秩序犯罪的决定》增设集资诈骗罪和贷款诈骗罪,《中华人民共和国刑法修正案(六)》设立基金和信托方面的新罪名。

2. 堵截式犯罪构成要件

伪造货币,操纵证券、期货市场,骗购外汇,洗钱,集资诈骗,贷款诈骗等六个罪,通过兜底性表述来概括基本犯罪构成或者加重犯罪构成。

3. 降低犯罪的入罪门槛

如,《中华人民共和国刑法修正案(六)》第十一条删除了原条文"获取不正当利益或者转嫁风险"的犯罪主观构成要件;第十四条取消了"以牟利为目的"的限制。

4. 刑法保护早期化

《中华人民共和国刑法修正案(六)》第十四条将客观要件"造成重大损失"修改为"数额巨大或者造成重大损失",结果犯与数额犯并存的立法模式替代结果犯的立法模式,将犯罪既遂化的标准前移。

## (二)采用重刑本能对抗

金融犯罪治理路径呈现出一种从严的本能对抗主义,希望通过加强刑罚严厉性以改变潜在金融犯罪主体的成本与收益结构,达到预防犯罪的目的。在刑法体系中,金融犯罪被视为一种严重性犯罪类型,排列在《刑法》分则第三章第四节与第五节,与之相对应的法定刑设置,刑罚的设置配置比较高,最高法定刑为无期徒刑。在38 个金融犯罪罪名中,最高法定刑设置为无期徒刑的罪名有 14 个,设置比例为 36.8%。

在修正案对金融犯罪法定刑动态修正过程中,虽然废除了死刑,但也显示出越来越重的倾向。如,2001 年《中华人民共和国刑法修正案(三)》第七条在对洗钱罪修订过程中,对单位犯罪部分,增加了"情节严重的,处五年以上十年以下有期徒刑"的量刑幅度,加大了打击单位洗钱犯罪的力度;2011 年《中华人民共和国刑法修正案(八)》第三十一条在对单位犯集资诈骗罪、票据诈骗罪和信用证诈骗罪的法定刑修改中,加重了对自然人的处罚力度,增加了罚金刑,其中,对基本犯增加了"可以并处罚金",对加重犯增加了"并处罚金"。2020 年《中华人民共和国刑法修正案(十一)》主要是加重了欺诈发行股票、债券罪,违规披露、不披露重要信息罪等资本市场违法犯罪的刑罚,加大罚金力度。

除从严对抗金融犯罪之外,金融犯罪治理本能的对抗主义体现在以"运动"方式从快打击金融犯罪。"运动"方式最为明显的特征是具有阶段性。如,2003 年 4 月 25 日,云南省政法委书记在全省银行系统安全保卫工作电视电话会议上,提出"金融单位、政法部门要密切配合,加大对侵害金融单位和储户犯罪的打击力度"①。2010 年 1 月,公安部与中国人民银行在全国范围内联合开展为期 10 个月的打击伪卡欺诈、恶意透支、网上银行诈骗等银行卡犯罪专项行动。2016 年 4 月,据《国际金融报》报道,针对当前金融领域犯罪多发样态,公安部与有关部门紧密合作,集中开展互联网金融风险专项整治,严密防范、严厉打击证券期货领域、地下钱庄、金融诈骗等犯罪活动,坚决维护资本市场秩序和金融管理秩序。② 2019 年,全国公安机关深入打击和防范非法集资等涉众型经济犯罪。③

## (三)偏爱对国有金融机构的保护

刑法具有保护社会体系的整体功能,具有保护诸如国家安全、公共安全、金融安全等子系统的功能。银行等金融机构是社会经济生活顺利运行的纽带,在社会体系、金融安全系统中具有特殊的地位。银行等金融机构在刑法中具有两面性,一面充当犯罪实行者,另一面扮演犯罪受害者。具体而言,银行等金融机构在金融犯罪中的角色分为三类:一类是银行等金融机构与机构内部人员为犯罪人。前者属于单位犯,即金融机构为单位整体或者部分利益而实施损害第三方或者金融系统利益的犯罪。一类是银行或者其他金融机构作为犯罪的受害者,金融诈骗罪一节即为金融机构作为受害者而设立的罪名。还有一类是银行等其他金融机构为犯罪行为发生的中介,如冒用他人信用卡进行诈骗及洗钱等行为。

在银行或者其他金融机构作为犯罪受害者角色时,对银行等金融机构的侵害分为直接侵害(如,针对银行或者金融机构的诈骗)与间接侵害(如,个人非法吸收公众存款导致存入银行系统的资金减少)。对直接侵害银行或者金融机构金融资源的行为,刑法不仅保护金融机构的金融资源所有权(占有权),而且还保护金融资源的使用权。对银行等金融机构间接侵害的刑法保护措施主要是将违反金融市场准入的行为犯罪化,如擅自设立金融机构,擅自发行股票、证券、企业债券,非法吸收公众存款等罪,如此以形成垄断性的银行、证券等金融市场。

---

① 圆方.金融政法联手严打金融犯罪[J].云南金融,2003(6):1.
② 唐逸如.公安部将集中整治 P2P 平台,律师呼吁理性执法[N].国际金融报,2016-04-18(6).
③ 陈同.重拳打击非法集资等涉众型经济犯罪 保护好群众的"钱袋子"[J].中国防伪报道,2019(6):9-10.

　　依照传统诈骗罪原理,刑法仅对诈骗银行机构金融资源的行为进行规制,但当前对非欺诈型(没有通过伪造个人信用信息获得银行信用授权)的"恶意透支型"行为也进行犯罪化处理,因此,信用卡诈骗罪备受质疑。有学者认为这类行为是从民事行为演变而来,持卡人与银行之间关系是债权人与债务人借款合同关系,行为人透支是依合同约定自由行使权利,透支后不归还属于民事纠纷,适用刑事制裁实际上是运用刑法保护银行金融机构的债权,缺乏公正性。[①]

　　刑事立法者对银行等金融机构的保护存在过分嫌疑,被称为"国家金融机构中心主义"[②]。而形成这种情形有一定的历史原因,一是由金融市场的不完善导致。20世纪90年代左右,混乱的金融市场秩序与非市场行为威胁到我国金融业的重整与发展,国家为消除金融恐慌,保护金融部门有序发展,在政策与模式上选择金融管理本位主义,将所有的金融犯罪看作对金融管理秩序的破坏。[③] 二是受计划经济体制影响。在改革开放之前,我国的金融体系是完全单一的国家银行体系,中国人民银行既行使中央银行职能,也行使商业银行职能,这段时间银行的性质被界定为国家机关,所体现的与企业、个人之间的关系不是市场关系而是行政管理关系。[④] 在银行"国家机关"思想的影响下,对金融机构侵害的犯罪行为被看成是对国家政权的侵犯,因此形成了强化保护金融机构的思维。

## 三、管制型金融犯罪治理进路的纰缪

　　管制型金融犯罪治理进路体现了单一刑事主义与事后惩罚主义,国家刑事权力过度干预金融市场,过度保护体现国家利益的金融机构利益,造成刑事法律与民事、行政金融法律边界模糊,罪与非罪边界不清,造成市场性资源配置手段受挫,在现实中,实际治理及预防犯罪的效果也不佳。

　　(一)悖逆金融资源产权保护的罪质

　　传统观点认为在立法上金融不法行为的罪质在刑法论域下表现为法益侵害性,

---

①　毛玲玲.恶意透支型信用卡诈骗罪的实务问题思考[J].政治与法律,2010(11):41-48;石晶,李小倩."信用卡诈骗罪的司法认定与立法完善"研讨会综述[J].中国检察官,2011(6):57-61.
②　吴健勇.论金融刑法的内涵与外延[J].社会科学前沿,2014(3):108.
③　刘远.金融欺诈犯罪立法原理与完善[M].北京:法律出版社,2010:5.
④　张贵乐.我国银行的性质和银行体系的改革——与王克华同志商榷[J].金融研究动态,1980(S1):89-93.

在犯罪论域下表现为严重的社会危害性,而无论法益侵害抑或社会危害罪质性均有"特别危险""严重"等特定前置语修饰,其目的在于限缩犯罪圈,将刑法核心"注意力"放置在严重破坏国民基本生活秩序的行为上。金融不法行为入罪同样受传统犯罪行为罪质理论指导,但这些罪质理论面对国家行政管制诉求以及脱离基本生活秩序的派生生活秩序,难以对金融刑事法网的扩展、偏爱国有金融的行为进行有效制约。金融市场最珍贵的抽象核心元素是市场交易规则(市场虽然不是完美的资源配置手段,但却是目前最为有效的配置手段),最具体核心元素是交易工具(金融资源),犯罪行为是越轨行为中最为严重的行为,在经济学中寻找犯罪的本质,就不应当脱离金融最为关键的元素,而将金融犯罪本质界定为侵犯金融资源产权。以交易本位,紧盯犯罪对金融市场核心元素的侵犯,能够为金融不法行为入罪提供更为扎实、具体的入罪依据,同时也能够有效防止行政权力对国有金融机构的过度保护及行政管理不合理的诉求。

固守行政金融管理本位、偏爱国有企业的管制型犯罪治理进路与金融资源产权保护的罪质相悖,主要体现在:①对没有"强制性"的金融资源转移行为入罪化处理,即违反经济学"质"的要求。在信用卡诈骗罪中,存在非欺诈透支行为入罪的情况,如,信用卡申请人没有通过伪造个人信用信息获得银行信用授权,或者金融机构工作人员明知按照透支人信用资质不能申请到透支卡,其为提升自身业绩放宽申请条件发放信用卡后,当申请人透支信用资金不能偿还债务时,即有入罪的风险。在现实中,银行金融机构对透支不能偿还资金者,多采用以追究透支者刑事责任的方式收回资金。在非法吸收公众存款罪中,个人或者单位吸收公众资金后因各种原因造成投资者投资损失,即便没有欺诈性行为,集资者也会被追究刑事责任。非欺诈即意味着金融资源不具有强制性,而刑事法律却将上述两类行为入罪,明显不符合金融犯罪行为经济学本质。②将单纯违反金融管理秩序但没有侵害或者严重威胁金融资源的行为规定为犯罪。《刑法》第一百七十四条擅自设立金融机构罪、第一百七十五条高利转贷罪、第一百七十六条非法吸收公众存款罪(非欺诈型,是否造成损失不考虑)以及第一百七十九条擅自发行股票、公司、企业债券罪等的设置,没有考虑行为是否对金融资源造成侵害或者严重威胁,实际上,上述罪名所涉及的行为类型并没有造成金融资源的损失,也没有造成金融资源即刻损失的风险,入罪不符合金融资源强制性转移"纯粹"性的条件。

金融刑事不法与行政不法的区分主要是在"量"——强制的量与金融资源产权转移的量,这种区分表明,金融不法行为违反行政法律是违反刑事法律的前提条件,没有行政法规制的行为不能落入刑事法规制范畴。对刑事不法与行政不法的区分，与刑法补充性以及二次违法性具有相通性，其共存基础是：刑罚如两刃之剑，用之不得其当，则国家与个人两受其害。刑罚是以国家"暴力"对抗私人"暴力"的手段，手段不仅昂贵、残酷、具有不可逆性，而且实证证明刑罚在矫正越轨行为、形成社会良好风气和扬善等功能方面极其有限；与刑法规制自然犯"自体恶"不同，刑法规制金融等经济越轨行为是规制的"禁止恶"，"恶"性相对较小。所以，刑法规制金融越轨行为应以金融等经济、行政法规规制为前提条件。

然而，通过增补新罪、降低入罪门槛等技术形成的严密金融刑事法网，不自觉地使刑法充当了规制金融越轨行为的"前锋"，承担了本该由其他法律（主要是行政法）先行保护的职能，违反了金融行政不法与刑事不法"金融资源产权"（量）的区分，主要表现在以下两个方面：

第一，有金融越轨行为在没有前置法规制时刑法提前介入。如《中华人民共和国刑法修正案（五）》设立了窃取、收买、非法提供信用卡信息及骗取贷款、票据承兑、金融票证两个罪名，而当时的《信用卡业务管理办法》《中华人民共和国担保法》《国内信用证结算办法》等既有非刑事法律没有规定这些行为的行政责任，骗取贷款罪是对传统民事行为予以刑事规制。[①]

第二，行政责任与刑事责任追究混同。《中华人民共和国银行业监督管理法》第四十四条对擅自设立银行金融机构行为的责任追究分为刑事责任与行政责任，"擅自设立银行业金融机构或者非法从事银行业金融机构的业务活动的，由国务院银行业监督管理机构予以取缔；构成犯罪的，依法追究刑事责任；尚不构成犯罪的，由国务院银行业监督管理机构没收违法所得"。而《刑法》第一百七十四条规定未经国家有关主管部门批准，擅自设立商业银行等金融机构的行为构成擅自设立金融机构罪，结合该罪的相关司法解释，擅自设立金融机构罪行为入罪没有对情节等罪量条件的要求，是行为犯，一旦出现未经主管部门批准、擅自设立商业银行的行为即为犯罪行为。如此一来，导致擅自设立金融机构行为的行政责任与刑事责任缺乏必要的临界点，同一行为出现两种不同性质的责任竞合，刑法对擅自设立金融机构行为的规制标准呈现模糊化、保护的早期化。

（二）忽视经济互动性犯罪决策结构与金融犯罪市场实际样态

犯罪是互动，体现在潜在犯罪人在犯罪决策过程中对犯罪成本与犯罪收益的精

---

① 董秀红.金融安全的刑法保护［M］.北京：法律出版社，2015：57.

准预算。① 金融犯罪在域外被称为白领犯罪,与街头犯罪相比,犯罪者通常受过更好的教育,年龄偏长,心智更为成熟②,在互动性上表现得更为明显。金融犯罪决策的互动至少有两个层次:第一,犯罪者与国家的互动。如在破坏金融管理秩序犯罪中,产生犯罪决策有的是因为国家金融不公平制度引起(金融抑制致使互联网金融创新涉及刑事风险),有的是国家刑罚结构不合理引致,国家在扩大犯罪圈加大刑罚处罚力度时却忽视刑罚必定性的震慑。第二,犯罪者与犯罪被害人的互动。如在破坏金融交易秩序犯罪中,犯罪被害人的过错在很大程度上促进犯罪决策发生并促使犯罪决策完成,正如有学者统计认为,大约在 89.4% 的诈骗犯罪中,犯罪被害人由于贪利等原因而对自己的被害负有责任。③ 近些年,像 e 租宝等利用互联网平台集资诈骗、非法吸收公众存款犯罪案件屡禁不止,更是犯罪被害人贪图暴利的侥幸心理起着"推波助澜"作用。在金融渎职案件中,银行等金融机构从业交易隐蔽性特征及从业人员缺乏被监督是金融渎职犯罪的一个内在性原因。金融犯罪决策是犯罪者、国家、犯罪受害人互动的结果,而管理型金融犯罪治理进路下本能的对抗主义,只是把犯罪看成一种社会严重的"恶",强调事后刑罚的报应论,希望用刑罚的严厉性,以从重从快的运动方式打击、预防犯罪。

虽然不能否认,通过加大刑罚的力度与强度的方式能够提升金融犯罪者犯罪成本、改变犯罪决策结构,但纯粹运用刑罚这种"暴力的外科方法"并没有考虑到金融犯罪决策的互动效应,过分强调"药物"的偶然效果,不仅不能从根本上遏制金融犯罪,而且违反法律的目的。"法律不是压制自由的手段,正如重力不是阻止运用手段一样……法典是人民自由的圣经"④,这种打击犯罪的方式使人们在金融市场中产生不安全感,增加刑事立法、执法成本,损害刑法的效力与威信,而且对抗主义在实践中改善犯罪决策结构的效果极其有限。如金融犯罪案件发生集中地上海,自 2015 年提出提前介入涉众型金融案件的常态机制后,2017 年又出台《上海检察机关关于充分发挥金融检察职能惩治金融犯罪防范金融风险的意见》,明确提出严厉打击严重破坏金融管理秩序和金融诈骗犯罪。然而,2017 年全市检察系统审查起诉金融犯罪案件 1662 件,涉罪人数 3107 人,与 2016 年审查起诉 1683 件,涉罪人数 2895 人相

---

① 菲利较早提出犯罪预算概念,认为"犯罪预算是一种比其他预算开支更为精确的年税"。菲利.犯罪社会学[M].郭建安,译.北京:中国人民公安大学出版社,1990:81.

② 沙福尔,霍克斯特勒.金融犯罪的成因及控制[M]//刘明祥,冯军.金融犯罪的全球考察.北京:中国人民大学出版社,2008:442.

③ 郭建安.犯罪被害人学[M].北京:北京大学出版社,1997:338.

④ 马克思,恩格斯.马克思恩格斯全集(第一卷)[M].北京:人民出版社,1960:71.

比,金融犯罪的高发态势没有被打压反而涉罪人数上升①。金融犯罪互动性决策强调对犯罪前、犯罪过程中的关注与本能对抗主义所信奉事后惩治之间具有不可调和的矛盾,注定管制型金融犯罪治理进路在理论及实践上是行不通的。

任何防范治理犯罪都必须以犯罪的原因为出发点,第一种方式是旨在改善引起犯罪的环境,这样使内在道德精神同外在环境的斗争不复存在;努力防范犯罪的第二种手段是反对那种力争对人本身的喜好和刺激事件影响的方式。②"恶意透支型"信用卡诈骗罪与非法集资犯罪是金融犯罪的主要犯罪类型。首先,两种犯罪的发生有犯罪人方面的原因,恶意透支型的信用卡诈骗行为与非法集资行为至少需要承担"欠债还钱"的民事违约责任。其次,犯罪发生的内在原因是国家以国家刑罚措施来支撑社会信用体系;银行金融机构为提高竞争、经济利润,主动降低信用卡申领门槛甚至工作人员参与申领者信息造假的后盾是"信用卡申请者不能如期偿还透支资金会遭受刑罚制裁";普通金融消费者明知追逐高额回报率有风险,仍然敢将资金放在非正规渠道,其后盾是"如果集资者不能够如期偿还集资款,刑法会以非法集资罪追究集资者的刑事责任"。再次,在持续不下的通货膨胀背景下,加之存款利率上限的限制,资金供给者收益率低。金融消费者将手中闲置资金存至金融机构面临贬值,金融消费者为提高资金利用率,承担将资金投向地下钱庄、互联网P2P等平台投资的风险。最后,在金融市场压制环境下,资金需求者融资难。金融消费者以及以中小微企业为代表的这些市场主体一方面必须在严酷的经济环境中进行交易,以保证自身在经济生活中的存在,另一方面必须遵守法律的各项禁止性规定。在这种环境下,遵从经济活动规则通常对经济活动本身不利。如果完全遵守了刑法的规定,可能会导致在经济上的失败。③产生当前的金融犯罪新态势是金融市场自身矛盾引发的,需要金融市场及金融政策自我调整解决。管制型金融犯罪治理进路依赖刑法、重视"心理强制"、硬化公众心肠,没有在刑事立法、执法及犯罪预防上正视金融犯罪产生根源,没有注重市场主体权利,没有培植温和谦让的社会信用体系,没有借助于刑法以外的其他救助措施减少犯罪的祸患。

西方有句谚语:"巧能捕狮子,蛮干难抓蟋蟀。"管制型下的金融犯罪治理进路实际是在"触石决木",即便在短时间内,通过高额投放刑事资源将金融犯罪压制在

---

① 林中明.上海发布金融检察白皮书[N].检察日报,2018-07-03(1);李思.上海检察机关依法严惩金融犯罪[N].上海金融报,2018-01-17(A12);施坚轩.2016年度上海金融检察白皮书发布 涉众类非法集资案多发 互联网金融刑事风险上升[J].上海人大月刊,2017(8):42.
② 洪堡.论国家的作用[M].林荣远,冯兴元,译.北京:中国社会科学出版社,1998:148-156.
③ 王世洲.德国的经济政策与经济刑法、经济犯罪互动关系研究[J].中外法学,1999(6):100.

一种低发状态,达到行政机关的政治目的,但刑事法律立法目的及功效并不在于调整经济稳定、促进经济发展,其只是为金融调控法、管制法提供后盾支撑,因此,单靠刑事治理措施而忽视金融犯罪形成经济基础、互动决策,既没有体现刑法的经济性原则,也不能从根本疏通金融越轨的洪流。

# 四、市场型金融犯罪治理进路

金融犯罪是一种社会综合征,它的产生有犯罪者个体人格与心理上的原因,也有主权国家管理政策误导、经济管理混乱、政府官员腐败、行政关系网干预、社会监督机制缺乏或者疲软等一系列政治、经济和社会原因。[1] 管制型金融犯罪治理进路蕴藏着刑法全能刑法观或刑罚万能主义,刑法(刑罚)为维护金融管理秩序主动地积极参与金融市场,在一定程度上侵犯着金融市场主体的金融消费发展权、湮灭市场竞争机制,违背了经济分析下金融犯罪的罪的本质、罪的互动性以及罚的经济性。倘若继续坚守这种单线化的管理型理念,则与改革开放以来突出市场资源配置基本路径格格不入。

## (一)市场型金融犯罪治理理念

经济学对市场有不同的界定,概括而言有作为场所的市场、作为活动的市场、作为机制的市场、作为组织的市场、作为制度的市场、作为结构的市场、作为关系的市场等七种。[2] 无论对市场内涵进行何种层面的界定,市场化及原则是市场内涵的核心,市场化其实既是指完全竞争资源配置机制的进一步市场适应和发展的过程,同时也是指市场中可能存在的垄断资源配置机制向完全竞争资源配置机制转换和实现的过程,其中还进一步包含有市场机制的选择和实现的全部过程。[3] 公认的市场原则是平等原则、自愿原则、互利原则、诚信原则。"市场型"金融犯罪治理进路的前置词"市场"并不等同于普通交易市场中的概念,该治理进路提出更多是借鉴市场化及市场原则来考量我国在金融市场改革深化过程中犯罪性的界定及良善治理策略。基于此,市场型金融犯罪治理进路内涵应当包括以下四个内容。

---

[1] 徐汉明,申政.论经济犯罪立法模式的现代化[J].湖北警官学院学报,2017(1):68.
[2] 吴萌,高玉林.市场概念研究[J].江汉论坛,2001(10):6-7.
[3] 戴治平.对市场化本质的进一步思考[J].市场论坛,2006(11):23.

1. 肯定市场资源决定性配置地位

刑事法律的介入不能悖逆金融市场平等、自愿等基本原则,坚决杜绝追求市场秩序稳定性而抛弃市场效益追求的思想。

2. 在金融资源配置范畴内来看金融犯罪性

金融犯罪的犯罪性在于犯罪行为是纯粹的金融资源产权强制性转移、导致金融资源配置无效性的行为,这要求去除计划经济时代遗留的违背基本市场公平原则的、对国有银行等金融机构的特殊保护。

3. 在市场不同参与者扮演角色中寻找犯罪决策发生的原因、厘清责任分担

金融犯罪是越轨行为者、国家政策、犯罪被害人三者动态互动的结果,改变严密金融刑事法网、本能对抗主义、责任完全由犯罪者一方来承担、强刑罚量的严厉性管制进路,反思国家金融监管能力非理性及犯罪被害人过错。

4. 在金融市场道德中寻找金融犯罪治理根基

经济具有道德性,现代市场经济同时是法治经济,现代金融秩序的构建、推行当然不能完全抛弃诚实信用等道德基础,金融犯罪的预防及治理更应该需要诸如道德等非制度性、非刑事手段的参与。

### (二)市场型金融犯罪治理进路

1. 坚持市场交易中的金融资源产权保护,有序调适金融犯罪圈

金融犯罪本质是交易的金融资源产权被强制转让,而非单一金融管理秩序的破坏。金融犯罪归类于经济秩序犯罪,是基于对金融资源融通属性的考量。刑法所保护的秩序法益最终需要还原于对个人法益的保护,换言之,对金融犯罪规制的核心目的是维护金融资源产权在市场中的有序分配。"强制"式非难、谴责金融犯罪行为的根据多以诈骗、欺诈等行为方式呈现,其破坏的是市场经济的基础——自愿交易原则,阻碍金融资源在自由竞争与自由交换过程中实现最优配置。而诸如金融诈骗、使用假币等犯罪行为完全悖逆了自愿交易原则,使金融资源合法持有者的产权被非自愿转让,该类犯罪理应成为刑法重点打击的对象。

金融资源产权转让缺乏"强制"要素的行为应排除刑法规制。以诈骗为手段的金融资源"强制"转让破坏了资源配置自愿原则及自愿所蕴含的价格相对对等性。而金融资源转让行为不具有"强制"判断要素时,难以在法理上对其做出违法性判断,更不能以刑法加以规制。然而,非法吸收公众存款(不具有欺诈情节的)、信用卡

诈骗(恶意透支类型的)等罪的设置却与这一原理背道而驰。如,吸收公众资金用于实体经营,但因经营失败不能偿还借款而构成非法吸收公众存款罪的。再如,信用卡申领者申请信用卡时没有信用造假,但出现逾期不能偿还而构成信用卡诈骗罪的。它们本属于金融市场交易风险的范畴,刑法却强行干预。实际而言,是以刑法资源为市场主体信用背书,这容易助长市场交易者忽视风险的惰性,阻碍金融市场深化改革。

不具有金融资源产权强制转让风险的行为应出罪化。一般而言,强制转让对应的是金融资源产权现实性转让的结果,但是对于不同的犯罪类型有所不同,特别是在破坏金融管制秩序罪中,体现得尤为明显。在该类犯罪中,"强制"被扩大解释,市场主体对国家禁止性规范的违反即被视为"强制"。刑法虽然可以对没有发生现实性金融资源产权强制转让的行为进行规制,但目前存在对金融资源产权强制转让风险的行为进行规制的情况。在刑法与行政法分设的阶段,刑法与行政法具有不同的目的,刑法不能出于行政管制的目的将不具有强制转让风险的行为犯罪化。实际而言,擅自设立金融机构、擅自发行股票、公司、企业债券、逃汇、高利转贷等行为仅是对法律禁止性规定的背离,没有即刻引致金融资源产权强制转让风险。即使如此,上述不法行为现实地导致了金融资源产权的强制转让,但也有诸如非法吸收公众存款、骗取贷款等罪名加以规制。

2.加强犯罪受害人金融资源产权的保护,适度推动二元化立罪模式

传统刑法对犯罪成立的认定,采取"行为时标准",行为后的退赃行为、合作等补救措施仅作为量刑情节。《中华人民共和国刑法修正案(七)》对逃税罪修订时,规定"逃税行为发生后,经税务机关依法下达追缴通知后,补缴应纳税款,缴纳滞纳金,已受行政处罚的,不予追究刑事责任",这使"犯罪行为发生后的补救、合作行为能够免除行为人的刑事责任"的制度发轫,与行为时的犯罪成立标准,合并构成刑法理论上的"两元化立罪模式"。这种立罪模式具有激励、效能、谦抑功能,通过行政责任与刑事责任的转化以保障核心法益——税收征收。金融资源观强调金融犯罪本质是对金融资源产权的侵害,其内在意义是突出对金融犯罪被害人金融资源所有权、经营权的保护。以逃税罪的立罪模式为纲,金融犯罪可适度推行二元化立罪模式适用。

在立法上,尝试转化金融不法行为的行政责任与刑事责任,加强对金融资源产权的保护。金融犯罪并非侵害他人生命健康权,相对而言,其造成的损害具有逆转性。通过二元化立罪模式,将行政处罚手段置于比刑罚更优先的地位,能够激励金融不法行为人做出事后合作、补救行为,将金融资源产权退回至原所有者、经营者,

从而保护犯罪受害人的金融资源产权。如,欺诈性的非法吸收公众存款罪,相比较于犯罪分子被绳之以法,犯罪被害人(投资人)更关心的是,自己投资的资金能否追回。再如,对信用卡申领者透支不能偿还借款时(通过欺诈性信息获取银行透支卡的),设置事后行政责任与刑事责任互转的规定,能够激励不法行为人在事后做出偿还银行本金、利息、缴纳滞纳金、罚息的行为。当然,并非所有的金融犯罪行为均可适用二元化立罪模式,其只能限于金融资源产权转让"强制性"程度不高的行为(不具有非法占有目的的的欺诈行为)。

在司法上,秉持金融资源产权保护优先的定位,积极推动二元化立罪模式的适用原则。使犯罪分子受到刑罚制裁固然重要,但在金融抑制与融资难的双重压力下,犯罪被害人的金融资源产权还原与否,更是衡量金融不法行为犯罪性大小的重要指标。在追罪环节,需要改变传统对金融犯罪本能的对抗主义、从严从快治等惯性思维:一方面,积极推动犯罪二元化立罪模式落地,用尽用足前置法,达到对犯罪被害人产权保护的目的;另一方面,在刑事审判之前,通过对涉案款物的扣押、财产查封等方式,有效地控制犯罪分子的涉案财物及个人财产的转移,防止后续刑事附带民事诉讼无财产可执行。在刑事审判、执行过程中,在法律允许的范围内充分考虑犯罪被害人返还金融资源产权的诉求,当犯罪人配合公安、检察、法院等机关返还被害人的金融资源产权之后,加大轻刑、缓刑、减刑的适用力度,为犯罪分子积极减除犯罪被害人损失创设空间。

### 3.坚持金融犯罪预防为先,提前保护金融资源产权

一个良好的社会,关心预防犯罪应当多于惩罚犯罪,金融犯罪的产生是多种因素综合的结果,宜疏不宜堵。在肯定刑事制裁作用之外,更应选择非刑事规范开展事前预防,根除"培养金融犯罪的社会土壤",提前保护金融资源产权。

加强金融市场伦理基础构建及风险教育,构筑预防的基本防线。法治经济、法治金融的目的之一在于,通过推进市场伦理进而推进市场的健康发展。反过来,对市场伦理的遵守以及风险警觉意识的提高,除为守约、交易的公平性提供监督及保证之外,也在扮演着降低交易成本、促进经济发展的角色。对于破坏金融交易秩序犯罪,需加强市场主体风险教育,积极构建金融市场伦理基础,为遵守市场伦理者(守约者)提供市场激励。在非法集资及"恶意透支型"信用卡诈骗犯案件中,被害人多少持有"不出事收益归自己,出事后找政府,政府就怕群众性事件发生""在刑法的强压下,信用卡持有者不会透支后不还钱"等错误思维。这就要求监管部门关注金融犯罪被害人的过错,按照"被害人自我答责"原则,明确其责任担负,倒逼市场主体

提升金融交易风险管理能力。

改进金融监管,构筑金融行政监管法防线。金融刑法与金融监管法在量上的区别决定了金融越轨行为首先是行政不法行为。如金融行政监管能够有效规制金融不法行为,就避免了刑法启动。因此,金融行政法律是预防金融犯罪的前沿阵地。对于货币类犯罪,应坚持综合治理方式,提高货币反伪造及鉴别能力,加强印刷管理系统的管理立法,增加犯罪难度、抑制犯罪动力。不能否认,非法集资、骗取贷款、信用卡诈骗等犯罪行为的发生,与当前金融监管体系融资难、融资贵、影子价格等弊病相关联。改善羸弱的金融监管,需确立遵从经济规律的金融监管目标与原则,转变金融监管理念、加强对金融消费者等弱势群体的保护,推进金融机构改革、引导大中型银行服务小微企业、完善民间借贷的立法、加强金融市场基础性建设。

健全金融机构内部约束机制,突出自我管理、自我防范效能。这主要是针对金融渎职犯罪而言的。金融渎职犯罪是金融机构及其从业者违反受托人忠诚义务,滥用掌握的金融资源追求利益的行为,具有隐蔽性强的特点。对于该类不法行为的预防,一是需要认识到金融渎职犯罪主体与国家刑事法律互动的前提是破坏金融机构的内控自律规则,而健全完善金融内部风险防控体系有助于守住金融刑事违法的底线。二是建立举报奖惩机制,强调我国金融机构特有的纪检监察机关监督执纪问责职责,对轻微违纪违法的问题做到早发现、早处理,将金融渎职风险遏制在萌芽状态。三是加强对金融从业人员的从业行为的合法性指引,移除其以"盈利"为借口的强制转让金融资源产权的行为。

# "枫桥经验"与基层司法治理的融合

林毅恒 *

**摘　要**:"案多人少"是目前在基层司法治理中较为突出的问题,学习"枫桥经验"的时代价值,寻找其与基层司法治理的连接点,有助于改善基层司法治理的困境。公权与私权之间的矛盾,在正式制度与非正式制度的博弈上也反映出我国司法制度设计与基层司法建设之间碎片化、不健全的问题,其中包括在社区矫正视角下发现并延伸出的基层组织问责风险与透明度问题。通过完善基层司法治理体制,发展多元协同治理模式,将程序的公正作为提出普遍信任机制的前提。同时在社会力量培育机制完善的情况下,发动群众和明确法定职能,加强基层司法治理,以期对中国的法治化进程起到一定的推动作用。

**关键词**:枫桥经验;基层司法治理;基层组织;社区矫正;多元治理模式

## 一、引　言

随着我国法治化水平的不断提高,民众的维权意识不断增强,我国在基层司法治理中出现了严重的"案多人少"的现象。一方面,民众耗费了大量时间、金钱等成本,但其问题并没有得到及时有效的解决,这使得民众对司法机关逐渐失去信任;另一方面,司法工作人员也陷入了"吃力不讨好"的进退维谷之困境中。20 世纪 60 年代初,浙江省绍兴市诸暨县枫桥镇干部群众创造的"发动和依靠群众,坚持矛盾不上交,就地解决,实现捕人少,治安好"的"枫桥经验",经过毛泽东同志的批示,成为全国政法战线的一个典型。

深度发掘"枫桥经验"新时代的精神内涵,能够有效强化基层组织和政权建设,增强基层民主政治建设,提高民众素质、充分调动群众在打击犯罪、维护社会稳定和

---

\*　作者简介:林毅恒,法律硕士,浙江工商大学法学院学生,主要研究方向:信息法、数据法。

推进社会治理中的积极性。① 但学界对于"枫桥经验"的探讨大多集中在有关"枫桥经验"与社会治理的有限角度,例如利用"枫桥经验"进行社会矛盾调节、加强党建引领、培育社会组织、提供有效的便民服务;或者是局限于枫桥这个地方考虑发展"枫桥经验";等等。而对于"枫桥经验"可以改善基层治理、与基层司法治理本质融合的内在条件、现实阻力,以及"枫桥经验"是如何融入基层司法治理推进法治社会建设,并提出行之有效的基层治理新路径等方面鲜有论述。部分学者曾提出要培育社会组织,但并没有提出体系化的培育机制。在实践层面,以司法机关为代表的公权力机关占据主导地位,与群众治理或者多元化治理机制之间必然存在一定的矛盾,包括被动性、不规范性、制度上供给不足、师出无名等。

研究将"枫桥经验"融入基层司法治理具有强烈的理论价值和现实意义。本文将视角聚焦于社区治理,通过对"枫桥经验"的解读,综合国内外相似领域已有的研究成果,发现我国基层司法治理的底层逻辑。从提高私权利的主观能动性以及推进行政机关简政放权等方面入手,试图平衡司法机关与社会力量下的天平,找寻"枫桥经验"融入基层司法治理的新路径。

# 二、"枫桥经验"与基层司法治理

## (一)枫桥经验的发展与当代法治价值

### 1. 与时俱进的"枫桥经验"

"枫桥经验"形成于社会主义建设时期,表现为"依靠和发动群众,坚持矛盾不上交,就地解决,实现捕人少、治安好",改革开放时期迅速发展,如今表现为"矛盾不上交,平安不出事,服务不缺位",展现出了与时俱进的独特魅力。"枫桥经验"经历半个多世纪依旧保持着鲜活生命力的关键点在于不仅坚持了马克思主义理论,还遵循了马克思关于"人民主体"思想的基本原理。② 它始终围绕着尊重人民群众首创精神这一主线,在紧跟时代发展的脚步、坚定人民群众立场的前提下,让民众的事情民众管,民众的事情民众议,汇民心、聚民力。

---

① 于浩.推陈出新:"枫桥经验"之于中国基层司法治理的意义[J].法学评论,2019(4):1-12.
② 张祖明.论浙江枫桥民间调解及其启示[D].杭州:浙江工业大学,2013.

### 2.国家主导与社会化的协同治理

打造民众"共建共治共享"的社会治理格局,是马克思主义原理的积极探索。马克思和恩格斯两人虽未明确提出共建共治共享理念,但其思想体系却无不彰显这一观点。恩格斯还说过,"一个民族想站在科学的最高峰,就一刻也不能没有理论思维"。苏力在他的书中也曾提道,"本土化的中国法治模式才是最优选择"。"枫桥经验"是适合国情的社会治理理论的典型代表。[①]

新时代的"枫桥经验"在国家层面的制度建设中创设了基本雏形,同时也为地方基层法治建设提供了参照样本,将其融入基层司法治理中,形成"政社合作型"新模式。从传统的法学理论角度来看,在国家没有形成前,人们自私自利的本性使得他们长期处于争夺、虐杀的状态,孤独、贫困和短寿伴随着每个人的一生。[②] 以这个观点为视角,社会在缺少政府权威的状态下是不可能形成良好社会关系的,从而凸显政府对社会的主导作用,包括法律制度的安排与社会秩序的维护。

但随着社会发展,新的研究表明,人们在没有权威机构的主导下,仅仅就个人利益的追求也能达到合作共赢的状态。由此可见,政府权威并非一定要垄断制度权利的供给,类似村规民约、乡规民约以及组织制度都是"现实上的法",政府通过对其认可、修改、调试,赋予其合法性,从而促进非正式制度融入社会治理中,推进社会政府间合作,引导基层治理的改善。换言之,让法院等司法机关引导基层组织,在组织制度完善的基础上赋予其合法性,然后通过发动群众和明确法定职能来加强基层司法治理。这种"政社合作型"制度的创建,弥补了权威机构下单一主体供给的弊端,降低了制度创设的总成本,也在一定程度上减少了权威机构偏离实际决策带来的风险。

### (二)基层司法治理与"枫桥经验"的连接点

"案多人少"是司法机关面临的严峻问题,基层法院的民事庭尤甚。随着"立案登记制"的不断完善,法院每日接受的案件数量呈井喷式增长,极大程度上增加了法院的办案压力。而员额制改革又使原先一些从事一线审判工作的法官转变成法官助理以及行政管理人员,直接从事案件审判业务的人员有所减少。面对日益增加的案件,有限的审判人员显得力不从心。基层人民法院作为化解矛盾纠纷、维护社会公平正义的前沿阵地,在基层司法治理中肩负着重要使命。

---

① 王者洁,刘心蕊."枫桥经验"的法治实践与基层矛盾化解机制[J].天津法学,2019(2):35-40.
② 王由海."枫桥经验"视野下检察机关参与基层社会治理的路径[J].长春市委党校学报,2019(3):20-24.

因此,该矛盾在很大程度上影响了基层司法治理,阻碍了国家治理体系、治理能力现代化的发展进程。面对此种情况就需要更多的人力资源参与其中,恰好"枫桥经验"的核心内容就是发动群众的力量,通过与群众自发组成的基层组织协作,将部分案件在进入法院之前就分流出去,实现法院工作的减量,民众问题得到快速有效的解决,在这一点上"枫桥经验"与基层司法治理有着直接关联意义。

# 三、"枫桥经验"融入基层司法治理工作的困境:以社区矫正为视角

## (一)司法制度设计与基层司法建设之间的矛盾

在 20 世纪的中国社会,发展总是呈现出自上而下的特征。领导高层针对每一阶段民众的需求,通过实践汲取经验从而做出权威性的决策。换言之,也就是中央政府对其所管辖的土地以及土地上生活的群众有着最高的决定权。

### 1.中央管辖权和地方治理权的冲突

中央趋于权力的集中,本着基层服务高层的态度,资源自下而上集中,在牢牢掌握住决定权的同时也削弱了地方政府应对问题的能力。而地方治理观念还处于较为落后阶段,上下层治理模式有部分冲突和漏洞。实践中,往往容易出现各行其是,问题偏离甚至失控的情况,所以中央管辖权和地方治理权冲突的现象体现出了统一体制与地方治理之间的矛盾。在我国现如今的治理体制下,这一矛盾正逐渐改善,但完善路径只能是寻求利益最大化的最佳平衡点。

### 2.基层司法实践的碎片化

基层实践主张自下而上的改革,立足于实践,通过对小范围试验点的经验性的总结,得出结论,层层递进扩大试验范围,最后在全国范围内实施。这种方式以绩效最大化作为基层干部的奖励机制,能很有效地激发基层干部致力于提高自身能力,从而在提高治理水平的同时尽可能地降低试验成本。但这种试验毕竟是小范围的,一方面,根据这种实践得出的经验经过层层归纳过滤后是否真的能符合我国国情,并成为具有普遍意义的举措,这是未可知的;另一方面,则是试验涉及利益与风险的

分配问题,其中矛盾与意见更是接踵而来。① 中国的每个地区大到城市、小到村落,都带有较为鲜明的文化特色,这种自下而上的改革,当上升了几个层级后,这种带有特色利益的分配机制是否能够适应更高级别的地区治理,同样也是很难预见的。最后,即使是小范围,各地的试验风险也是不确定的,这无疑又增加了财政的支出,所以尽管各地文化特色有一定的差异,但是作为正式制度来说,强调制度的共同性还是十分有必要的。这种基层实践还往往会破坏正式制度中的内在关联,这无疑就是忽视了司法的规范导向问题,暴露了其碎片化的弊端,在一定程度上,也诱发了地方保护主义的不利现象。

### 3.司法制度的不完善

社会力量参与到基层司法治理中,目的是分流社会矛盾,但其所依据的是非正式制度,也就是我们所谓的"民间法",这种规范并不是依靠正式的强制力实现有效治理的,而是通过我们生活中普遍的道义、道德来约束的,是人们日常生活中演化出来被大众所普遍接受的一种非正式制度。这种规范在基层司法治理中,毋庸置疑可以解决大部分问题,但当面对少数对抗性、抵触性较强的当事人时是寸步难行的,甚至会出现矛盾扩大的现象。② 当法院所依赖的规范向导无法支撑其实现解决问题的目的时,运用非正式制度又有滥用司法职权的嫌疑,触发问责机制,只会导致法院将问题报送上一级,求助于上一级的司法机关或者党政机关,这从解决问题的角度来看无疑是把问题扩大了。

通过弱化自身的审判功能来把风险转移,这不仅仅是对有限司法资源的浪费,更是我国法治化进程中的绊脚石。所以在基层司法治理中,审判机关所依赖的规范工具在很多时候是无法完全解决现实社会中所遇到的问题的。也就是说,法院作为法律系统的中心,在审判过程中所遇到适用惯性与常识的地方,实际上在上层司法体制设计中是无法寻根究底的。

### (二)社会力量参与基层司法治理的实践困境

社区矫正是对刑罚观念革新的产物,除了司法机关等单位的各司其职,也需要社会力量配合其矫正的相关工作,这与社会力量参与基层司法治理有着异曲同工之

---

① 金越,胡晓军,郑艳.社会力量参与社区矫正工作的模式与路径探索——基于"枫桥经验"传承与发展[J].中国司法,2019(7):70-75.

② 刘开君,卢芳霞.再组织化与基层社会治理创新——以"枫桥经验"为分析案例[J].治理研究,2019(5):98-104.

妙。将社区矫正作为基层司法治理的一个缩影,研究其在实践中的困境从而联系到基层司法治理中。

### 1. 参与主体职业素养不足

相较于发达国家,我国开展社区矫正工作在时间上要落后许多,但近几年,我国在社区矫正制度方面的发展突飞猛进,各地开展的社区矫正试点工作也都进行得很顺利,但是我国社区矫正仍有许多需要不断改进和完善的地方。根据社区矫正工作者反映,首先面临的问题就是矫正用警的不足,也没有统一的社区矫正执法机构,很多在实践中出现的问题会直接影响到社区矫正的效果,严重影响社区矫正的有效性。在这一背景下,社区矫正工作大多与社区相连接,但大多数现有社工学历偏低,没有接受过相应的专业培训,缺乏社会实践经验与相关理念,他们也是这项工作的新接触者,综合素养不足,因此对于是否能胜任这项工作仍是存疑的。

### 2. 社会力量参与度不高

一方面,根据《中华人民共和国社区矫正法》相关规定,参与社区矫正的社会力量包括:社会工作者、志愿者,有关部门、村(居)民委员会,社区服刑人员所在单位、就读学校、家庭成员或者监护人、保证人等。实践中,参与的主体往往是年龄较大的基层街镇的专职社会工作者甚至是缺乏社会经验的志愿者,并没有达到法律规定的理想状态。由于区县司法局没有完整的执法权,很多专职社会工作者的工作都只是流于表面,因为不能对违反制度的服刑人员进行及时有效的惩处,其帮扶工作只能停留于走访、检查思想汇报等日常监管层面;志愿者又往往是高校在读生,许多学校的法学院将类似志愿者的工作纳入学业指标,学生的实践效果又与老师的绩效考核相挂钩,结果就是学生为了自身的实践经历以及毕业目的而参与这类志愿者工作,并没有真正参与其中,许多工作只是形式主义。

另一方面,是薪资待遇的问题,社会力量参与基层司法治理的薪资水平应该类似于普通的工薪阶层或者稍高一些,以留住优秀的管理人才。然而现实中,大部分从事社区矫正工作的工作者待遇并不理想,付出与收入不成正比导致人才流失,社会力量参与度不高。

### (三)国家控制力减弱与社会组织影响力增强之间的矛盾

就我国现阶段而言,政府组织在国家治理上扮演着不可替代的角色。国家一方面承担着维护主权、保护领土完整等一系列的责任,另一方面国家要通过各种整合机制来实现有效治理以获得民众的支持与肯定。因此也就出现了"正式制度"与"非正式制度"的博弈,国家政治与公民治理在权力方面是对立的,一方增强另一方必定减弱。在社会中尚存在许多未被国家吸收或认可的规范,同正式制度在现实中出现冲突的现象。

1.方法论上国家权威性与非国家权威性的对弈

从方法论角度来看,正式制度这种自上而下的构建类似于理性主义,是国家为了实现某些明确的目的,颁布一系列正式规范的法律法规;但非正式制度这种自下而上的构建则类似于经验主义,这种来源于老一辈的传统,是人们在长期的日常生活中得出经验然后被人们所普遍接受的理论。在很大程度上,这种非正式制度能弥补正式制度在现实生活中的空白。

2.司法实践中国家权威性与非国家权威性的冲突

其一,法律将自己束之高阁不参与制度竞争,但在法院审判的过程中,法律又被要求参与制度竞争,这是第一点矛盾。法律作为一种国家公认的正式制度,强制性和规范性是它本身最大的特点,所以它是社会正常发展的一个维稳器,它不愿也没必要与非正式制度进行竞争,而是扮演一个监督者的角色。但在基层司法治理中,法律会被动地参与到这些制度竞争中。在法官审判时,它常常要与道德、习惯这些非正式制度相向而立,自己本身又因为法律解释的种种束缚而无法进行自由竞争,而法院作为核心的司法系统,法官在结案率的压迫下又不得不对这种竞争作出相应的裁判,也就是说,法院是迫使法律参与制度竞争的最大推手,这难免有削弱法律权威的嫌疑。

其二,成本消耗的现实问题,迫使法院放弃正式制度而转向非正式制度的怀抱。因为法院才是定纷止争的最后裁判者,但判决过后的"执行难"是完美解决民众纠纷的绊脚石,依靠正式制度的实施往往要承担高昂的成本,所以这就推动法院将视角转向非正式制度。法院通常的做法是通过非正式制度向被执行人施压,比如公布失信人信息、限制其高消费、信贷活动以及其子女高学费就读等,逼迫被执行人履行判决。

(四)社会力量参与基层司法治理的透明度问题

社会力量的参与也并非没有局限性。在大多数情况下,许多基层组织正试图填补空白,履行部分基层治理的职责,基层组织不应被视为替代公共数据需求的自由劳动力,相反,他们收集的数据和证据应该用来补充公共信息,但这并非没有成本的,要考虑就业成本、交通成本、治理成本等。所以毫无疑问,在基层组织正式参与处理基层纠纷后,其内部肯定有资金的运转,这些资金也许是财政拨款,也许是组织赞助,但总归来说是一笔不小的费用。组织内部要合理运营,肯定要有成熟的管理体制,且须明确上下级之分。但需引起关注的是贪污现象及其解决途径,目前来看,基层组织的透明度问题也是难题之一。

比如在这次新冠疫情中涌现出不少基层组织,组织捐款以及运送救援物资等活动。但网友纷纷质疑这些活动是否真的将资金、物资用到防疫中去,以"红十字会"为代表的各种组织在这一过程中被要求公开资金、物资去向。笔者认为网友的监督是需要的,但同时反映出透明度尚未健全的事实。所以基层组织在参与到基层司法治理时,透明度问题也是公民监督的一个重要困境。

# 四、国外社会组织参与地方治理的借鉴

## (一)国外草根组织的发展

联合国最近的一份报告表明,在许多国家,地方对可持续发展目标的参与还处于萌芽状态,基层组织在推动实现可持续发展目标方面发挥着关键作用,特别是在国家以下一级。尽管如此,这些组织在很大程度上仍是一种尚未开发的资源。

确保"无人落后"是 2030 年可持续发展目标计划的承诺,可持续发展目标不仅力求实现国家成果,而且力求减少国家内部的不平等现象。向地理上、经济上和社会上处于边缘地位的人口提供较低质量社会服务的现象经常出现。

然而,可持续发展目标只是对国家、区域和全球各级的审查结构提出了非常初步的建议,没有独立的民间社会监测与数据的收集,而关于基层组织参与社会治理的新研究表明,这些基层组织可以弥补这一差距。

草根组织是追求共同利益的群体,主要以志愿者和基层组织为基础,其中不乏与本社区和本地亟待解决的发展问题关系密切的公民。① 自 21 世纪初以来,全球许多草根组织已经成立,以应对政府反应迟钝的问题,他们通过寻求建立公民权利和

① 左文君,张竞匀.构建矛盾纠纷多元化解机制——新时代"枫桥经验"解析[J].长江论坛,2019(5):83-89.

公民参与来促进社会变革,这些干预措施对弱势群体尤其重要。

## (二)草根组织对推进民主的关键作用

在 20 世纪七八十年代政权更迭之后,更多的国家接受了民主,认为民主可能是一个国家最合适的治理形式,21 世纪初这一关于民主的新共识在全球范围内的发展是受欢迎的。然而,这种民主的许多实质内容仍然被狭义地界定为多党政治、定期选举以及司法、立法、行政分离。民主作为基层实践,即使在这种新的共识中也没有被完全整合。大多数相对落后的国家开展解放运动,并从中继承、完善相关法律和法学体系。也正是在这一背景下,我们才能够理解这种宏观民主治理体系的外来性质,乃继承中发展的制度。

因此,民主治理的宏观制度与基层民主的现有进程和结构没有形成强有力的联系,这也许可以解释目前民主治理制度的主要弱点。这可能会促使许多人得出这样的结论:在这个关头,这种制度不适合应对大多数落后国家与经济和社会发展有关的挑战,发展中国家要用民众的力量来实现真正的民主。

### 1. 实现基层民主治理

与在国家一级运作的正式的、更加立法化的民主治理制度相比,基层组织的民主只能在地方一级实践,它不是一个以正式规则、程序、准则等为基础的运作系统,就其性质而言,基层组织的民主是通过一个由普通人的承诺和能力推动的规范、价值观、社会进程和体制安排的系统来实行的。因此,基层组织民主的表现可以被全国各地看到,如非正式、公民团体和协会中。从历史上看,很多人曾尝试在地方一级团结起来,解决一些共同的问题,乡村社会有多种形式:种姓组织,部落委员会,从事农业经营的协会,合作社,满足各种文化、社会仪式和义务的社会协会,等等。对于一个旁观者来说,社区的交往生活可能根本无法被看到,但在某些方面,这种低调为它们的持续运作提供了一定的保护,而当它们变得可见时,国家开始与它们互动,慢慢地将这些机构合并、正式化、资源化,从而使这些地方机构在民主制度加持下凸显出其更大的作用。

### 2. 提高民众治理意识

这些基层组织的特点是自愿。人们聚在一起是因为他们喜欢这样做,而不是因为他们被授权这样做,或者是被强制的,也正是这些基层组织的自愿性质为他们的运作提供了一定程度的活力和承诺动力,这些基层组织基本上保持着非正式的运作基础。虽然有时他们可能会选择一些所谓的办公室来处理他们的工作,但在大多数情况下,他们仍然是非正式的,他们根据共同持有的规范和价值观来管理自己,面对面的互动质量和相关的社会机制为他们的非正式运作提供了基础。

上述特征的结合使得人们需要挖掘普通人的潜能、能量和承诺。因此,这一类基层组织具有同情、友爱和团结的能力,他们带来了人类共同追求美好和平生活的实践,通过这种性质的运作,这些组织有了根深蒂固的地方领导的基础。为避免所有基层组织出现上述类型的情况,必须有相关规范的指引。随着这些协会的正式化,并逐渐得到外部关注和资源,难以避免、或多或少地呈现出一些不良面。比如内部斗争、挪用公款、以权谋私等现象也在这些基层组织中屡见不鲜。然而,任何人类集体组织都必然会存在一些观点、态度、价值观的差异,这是任何社会和人类集体组织的内在组成部分,我们不能因为这些消极的因素去否定它对普通人人生价值发掘和实现的正面作用。

（三）应对权威机构施加压力的办法

1. 完善法律体系

一些社会问责倡议采用“赋予法律权力”战略,秘鲁的普诺就是这样,他们研究了一个名为“公民警戒/监视”的创新监测方案。该方案旨在解决土著社区长期存在的文化不敏感、护理质量差和提供保健方面的歧视等问题,如此通过授权的公民监督使公众参与法律改革的这种形式成为可能,因为在没有法律体系的国家,监测也许是不可能的。

一个全国性非政府组织在普诺的两个区召集了志愿者监督员,他们接受了关于人权和提供保健服务规则的培训,这包括保障不受歧视的法律和政策、对文化敏感的照顾以及公民监督的权利。在视察卫生设施期间,监测员接受了观察和报告其调查结果的培训。他们利用各种手段(特别是打电话给区域人权监察员办公室的律师)改变其从属的社会地位,并在问题发生时进行干预,这使许多土著人可以避免受到日常的不公正和虐待行为。此外,监测员可以将特别严重的案件提交给人权律师,以便在无计可施的情况下寻求法律的补救,因此,当监测员在场时,非法指控、歧视性和虐待性等行为的数量就会有一定的减少。

2. 建立联盟战略

为了应对高度不对称的权力关系挑战,基层组织需要有影响力的组织“联盟”支持,通过"联盟"他们可以针对不同的挑战制定各种对策,例如,在莫桑比克,非政府组织纳马蒂参与了类似的方案,它培训基层卫生倡导者以提高对卫生政策的认识,并解决当地医疗机构的不满,这些倡导者的目的是促进社区和诊所之间的沟通,采取建设性而非对抗性的方式来对待医疗服务提供者。纳马蒂在头三年取得了可喜的成果,改善了医疗质量服务、基础设施和基本药物供给,然而如果有棘手的病例,基层难以解决,他们还是需要通过各级政府的协助,并与能够帮助解决这一系列问题的盟友建立联系。同样,在危地马拉,当卫生部官员试图终止与卫生局的会议时,致力于改善医疗责任的土著基层组织不得不呼吁外部盟友——例如有同情心的议员,组织与卫生局保持沟通,但他们在处理卫生设施等方面面临着相当大的挑战,这就需要基层组织利用与外部盟友的关系,向上级当局施加压力。

### (四)监测和问责机制的借鉴意义

目前,部分国家在面对涉及弱势群体的社会服务质量问题冲突时,暂时采用"公民监督员"模式。具言之,这种模式下,基层组织动员志愿者通过观察、社区访谈或收集"报告卡"来汇集有关服务提供的信息,通过这种方式记录系统性问题,然后帮助处理个别案件。

监测的倡议通常试图通过在与卫生官员的会议上提供信息来倡导变革,尽管这避免不了政府的参与,可即便如此,使会议有效仍然是一个持续的斗争,这些举措决定着边缘化群体的成员能否追究官员的责任,然而,现有权力关系的性质使得这场斗争十分艰巨。

公民监督已经形成了应对问题的不同方式。印度的马哈拉施特拉邦的基层组织让公民参与卫生部门的监测和规划,为了提供相关信息给公民,活动人士开发了一种公共听证会的形式,作为一种大众问责活动。这些听证会是提前计划好的,先收集证据,然后当地组织动员社区成员和当地民选代表参加,邀请媒体和知名专家组成评审团来调解讨论,在活动期间,如果有被要求介绍他们的健康服务,有关卫生部门必须出席并做出回应,听证会使人们能够目睹做出的任何承诺,并向卫生官员施加压力,迫使他们处理相关问题。因此,基层组织参与地方治理在不同国家有不同的名称和类型,但中心思想同我国着力打造的治理模式有异曲同工之妙,其精华可适度学习和借鉴。

# 五、"枫桥经验"融入基层司法治理的新路径

## （一）完善基层司法治理体制

中央管辖与地方治理之间的矛盾说明正式制度是对非正式制度的一种监督矫正，在问责机制越来越严密的情况下，这无疑是限制了地方治理的积极性，在这牵一发而动全身的背景下，或许将问题搁置而非选择主动去解决它是一种有效避免责任承担的选择。虽然实践出错的概率大大减少了，但因此"懒政""怠政"的问题却接踵而来，不仅在一定程度上否定了基层实践所带来的积极意义，更是不利于我国法治化的进程。在本文所聚焦的基层司法治理上，针对这种现象法院也显得束手束脚，责任终身制的大山强压在身上，使他们不敢有想法去运用非正式制度来进行有效判决，更遑论合理利用非正式制度来填补正式制度中因为司法解释的局限所存在的漏洞了。

### 1.基层治理完善顶层设计

从概念上来说就是在基层治理上分析司法体制改革的未来，在基层探索中总结经验提出思路，作为司法体制改革的具体依据。[①] 首先这可以防止基层实践的无序化，在规定的范围内进行试验，使治理在可控范围内，同时又可以充分调动基层政权工作的积极性。其次这也给了基层组织参与治理的空间，给它们提供了一个参与平台，这有利于增强基层组织的社会责任感，提高组织的角色地位，也有利于提升组织中群众的法治意识，推进法治化进程。最后落实到"枫桥经验"的人本观念中去，增强基层治理主体的主人翁意识，自愿献计献策，这有利于治理长期稳定的发展，使"枫桥经验"融入基层司法治理中有可期待性。由此可见，这种方式能很好地弥补那种由上到下体制改革难以兼顾地方治理特殊性的空白。

### 2.程序公正提升民众信任

第一就是坚持以事实为依据，以法律为准绳，切实在程序中让当事人体验到司法的公平。基层司法治理从根本上来说就是依靠司法这个过程来解决我们日常生

---

① 刘磊.通过典型推动基层治理模式变迁——"枫桥经验"研究的视角转换[J].法学家,2019(5):1-16,191.

活中所遇到的法律问题,因此司法机关应当尽量使矛盾都能通过法律程序来化解,强调司法程序的公正性,使双方当事人在问题的解决中体会到司法的公正,从而提升民众对司法机关以及司法的信任度。第二就是通过完善法律体系,将依法判决和问责机制整理通顺,鼓励法官灵活运用正式制度与非正式制度来完成判决,明晰案件推理过程,用通俗易懂的言语向双方当事人讲述案件的法律内涵,获得当事人的理解与支持,这是一种理性的沟通诉讼而非法官强势的单方输出。如此不仅可以在诉讼过程中提升双方当事人的法治意识还可以充分尊重民意,三方进行合理有效的互动。

(二)社会力量培育机制

社会力量参与基层司法治理确实有利于减轻基层司法的压力,但社会力量中群众的知识水平、矛盾处理能力是参差不齐的,要对这些社会力量进行有组织的培训,提高准入机制。建立统一领导小组,最好是经国家审批后通过开办类似于技术学校相关的教学机构进行统一管理,避免形式主义,将相关的知识在合理的时间范围内传递给学习群众,通过考试予以结业,在后续参与的基层司法治理活动中,如处理失误达到一定次数的,就取消其参与基层司法治理的资格,类似于机动车驾驶人管理中吊销驾驶证的情况,回到结业学校重新学习考核;出现重大违纪情况,如收受贿赂、权力交易等,则终身禁止其进入任何体制内工作,保证从业人员的公正性。该教学机构对收纳学员的各个组织进行监督,健全完善管理制度、辅导宣传制度、绩效评定管理制度,杜绝面子工程,遴选出优秀的基层人才参与到基层司法治理中。

(三)多元主体协同治理模式

倡导基层各类社会组织开展多元主体协同治理模式,以法院为主体,让基层组织与司法机关有效共处,通力衔接,不仅可以满足对民众普法的需要,更可以满足司法资源有效利用的需求。因为普法仅仅依靠司法机关是不够的,基层组织的参与人口基数大,一传十,十传百,在活动的过程中可以无形地提高民众的法治意识,而且法院的办案压力也切实得到分流,提高了司法效率,促进社会秩序的稳定。

社会力量融入基层司法治理我们最要攻克的就是如何在多元治理的环境下保证依法裁判,这一问题的解决办法就是建立普遍的信任机制。因为法律是调整复杂多变社会关系的媒介,就这一点决定了法律的包容性,也正是因为多个治理主体都要依靠法律在其中进行协调,即使存在利益的冲突也能在法律中得到妥善的安置,所以法律程序本就置身于各种实质性价值之外。

治理主体的多元也就直接导致了治理层管理的混乱,我们要做到以法律为核心,在处理案件的过程中利用习惯、道德等非正式制度,让铁面无私的法律能得到社会的普遍接受,然后坚持将所有的利益交涉都放置在公开的司法过程中。程序在这其中绝对扮演着最重要的角色,杜绝走过场等形式主义影响民众对基层司法治理中融入社会力量的信心,建立起民众的普遍信任机制,而且也只有在公平正义的司法程序下,双方当事人才能正确评估自身所能获取的利益,进一步提升对基层司法治理的信心。法律程序的形式性和包容性为多元主体治理和法律规则的互动,以及多元利益的博弈和共识提供了基层司法治理的制度保障,而且普遍信任机制能让基层组织中的群众乐于进行集体活动,面对问题也能普遍达成共识,避免"一千个哈姆雷特"的出现,有效提升矛盾处理的效率,同时又降低了活动成本。[①] 因此在多元主体协同治理的模式下,我们要通过司法程序的公正性来加强基层民众的普遍信任机制,用正当的程序来隔离其他利益因素对基层司法治理的破坏。

# 六、结　语

从当下的社会现状来看,多元利益的格局已然形成,人民美好生活追求的实现需要国家、社会和个人三者的积极配合。在此过程中,需要象征公平的司法活动来支持社会稳定的发展,而在制度改革的背景下,习近平总书记重申的"矛盾不上交,就地解决"的"枫桥经验"为基层司法治理注入了新鲜的活力。将"枫桥经验"融入基层司法治理中也体现了在社会主义法治化进程中人民群众的首创精神,对社会力量中的每个个体的力量巧妙整合,实现了"1+1>2"的民间智慧,为多元主体参与治理和司法层面的政社合作提供了理论基础,不仅充分调动公权力和私权利在基层司法治理中从源头化解矛盾纠纷的积极性,而且利用民间资源来促进司法效用的提高。

---

① 杨建华.新时代"枫桥经验"与基层治理现代化探析[J].公安学刊(浙江警察学院学报),2018(5):32-36.

# 基层社会治理中的司法治理：
# 功能创新与价值取向

叶吉红*

摘　要：现代社会的多元性和利益纠纷的复杂性，使得司法治理越来越成为基层社会治理中的重要选择。顺应现代基层社会治理的需要，司法治理要积极推进基于司法权前移的程序创新，加强矛盾化解的司法多元工具协同，建立健全公正公开的个案裁决引导机制。司法治理参与社会治理必须把追求法律效果和社会效果的统一作为价值取向，即在司法治理中，要寻求将"治理性"纳入"司法性"的轨道，在"合法律性"中最大限度地彰显"合情理性"，构建司法主体与社会多元主体之间的协同治理机制。

关键词：社会治理；司法治理；价值取向；法治

党的十九大报告提出，要健全自治、法治、德治相结合的乡村治理体系，这是首次在党的重要报告中将自治、法治、德治相结合应用到乡村治理体系之中，同时也适用于中国基层社会治理模式。党的十九届四中全会再一次强调，要健全党组织领导的自治、法治、德治相结合的城乡基层治理体系。随着全社会法律意识的逐步增强和社会利益纠纷的复杂化，在基层社会治理体系中仅靠自治和德治，或是单向度的行政调节，已经越来越无法适应复杂社会治理的新挑战，法治尤其是司法治理在基层社会治理中的地位和作用愈发凸显。在现代法治社会中，相对于行政治理等治理方式而言，司法治理无疑是一种治理成本相对最低、治理风险相对最小、具有制度长久自我生产能力的一种基层社会治理方式。因此，司法治理是现代基层社会治理及其法治化的内在发生逻辑。

---

　*　作者简介：叶吉红，法律硕士，杭州市余杭区人民法院民三庭副庭长、一级法官，主要研究方向：民商法。

# 一、司法治理的兴起：基于现代基层社会秩序的制度建构

实现有效的社会治理，建构和谐有序的社会关系，是人类社会发展中永恒的追求。在古代中国，基层社会的基本特征是自治。皇权基本局限在县级以上行政管理和行政的治理中，县以下官僚机构的影响力十分有限，费孝通先生将这种治理格局称为"双轨政治"。20世纪末，温铁军进一步将之概念化为"皇权不下县"。温铁军认为，历史上由于政府征收农业税费的成本太高，自实施郡县制以来，政权只设到县一级，农村基层长期维持"乡绅自治"。秦晖进一步将这种治理格局完整概括为"国权不下县，县下惟宗族，宗族皆自治，自治靠伦理，伦理造乡绅"。实际上，自秦以降，地主和农民都成为统一的"编户齐民"，家户成了主要生产单位，农民和政府的主要联系就是税收，所谓"纳完粮，自在王"。

随着中国缓慢进入现代社会，现代性的侵蚀导致基层社会逐渐从"固态的现代性"过渡到所谓"流动的现代性"。社会结构中的高度平衡，即人们居住在一套规范、传统和制度相对稳定环境中的状态被打破，人们生活在碎片化的、离散的、不稳定的，且往往充满矛盾的社会中，这就是"流动的现代性"的世界。[①] 人力资源和社会保障部发布的《2020年度人力资源和社会保障事业发展统计公报》显示，在2020年全国就业人员中，第一产业就业人员占23.6%，第二产业就业人员占28.7%，第三产业就业人员占47.7%；2020年全国农民工总量28560万人，其中外出农民工16959万人。如此庞大的数字足以证明，当代中国事实上已经处于一个流动性增强的"动态社会"之中。

从历史角度看，对于社会秩序与社会关系的管理，在不同的历史时期以及不同国家或地区都存在一定程度的差别，但总体而言，"从'统治'走向'治理'，是当前世界各国公共事务治道变革的总体趋势"[②]。现代化总是意味着复杂性的增生。"当前我国社会所处时代的复杂性与整体发展的不确定性在以指数的形式不断增大，我们正处在时代变革的前沿，社会所面临的问题是一种在全球大环境下产生的复杂系统

---

① 郁建兴,任杰.中国基层社会治理中的自治、法治与德治[J].学术月刊,2018(12):65.
② 南方日报社.治理创新:广东的实践与探索[M].广州:南方日报出版社,2012:5.

性,各种各样的问题前仆后继地到来,无时无刻不在变化之中,并且相互联系、彼此缠绕。"①面对此种复杂化情境,现代社会的治理结构也必须采取开放而非封闭的形态,一个去中心化的、多元主体平等的合作治理时代正日益呈现在我们面前。与传统社会相比,无论是在广大乡村社会,还是在城市社区社会,基层社会纠纷的数量持续增长,且纠纷的类型具有鲜明的多样性和复杂性的特点。在社会纠纷爆发的领域,基层社会纠纷具有鲜明的多样性,既包括婚姻、家庭、继承、赡养、土地、房屋、民间借贷和侵权等传统社会纠纷,还包括恋爱、交通事故、相邻关系、意外事件和工伤等具有鲜明城市化特征的纠纷,甚至还包括互联网金融、劳资、物业、医疗、环境和校园伤亡等不断凸显的新型社会纠纷。在这样的时代中,司法尤其是基层司法在社会治理中必将扮演越来越重要的角色。"司法机关作为社会治理主体中发挥巨大作用的一环,司法机关对案件的审判活动从其所发挥的作用上讲就是一个解决社会矛盾、恢复社会秩序、调整经济关系、在微观上进行社会管理的过程。从宏观层面上来讲,司法判例具有树立导向、明确规则的作用,同时也引导群众依法、合理、理性地表达诉求,促进、示范、保障社会行为的发生。"②司法所具有的这种角色与作用,与治理所蕴含的多元合作共治的内涵无疑是相呼应的。

在这样一个全新的社会环境中,人们的观念发生了明显变化,"诉讼不再被人们藏着掖着,也不再被认为是一种不道德的行为,相反它被定义为是'权利的主张',得到赞许与鼓励。更有进步意义的是,依法治国被视为治国的基本方略,法律与诉讼也被看作是促进社会文明、推动社会进步的工具,正义的实现似乎也被法律所垄断"③。最高人民法院2019年2月发布的《中国法院的司法改革(2013—2018)》白皮书显示,人民法院立案登记制改革以来,截至2018年底,全国法院登记立案数量超过6489万件,当场登记立案率超过95%。而在诉讼数量日益增长的现实表象之下,隐藏的则是社会中日渐繁杂的冲突与矛盾。这种日渐发展的社会冲突与矛盾,反过来也对司法的社会治理功能提出了挑战。有学者指出:"复杂性往往不会自己去揭示,治理模式的适应性调整更不可能被动地等待由复杂转变为简单,是现实逼迫治理主

---

① 柳亦博.由"化繁为简"到"与繁共生":复杂性社会治理的逻辑转向[J].北京行政学院学报,2016(6):76-83.

② 王静.通过司法的治理——法治主导型社会管理模式刍论[J].法律适用,2012(9):38.

③ 姜涛.诉讼社会视野下中国刑法的现代转型[J].云南师范大学学报(哲学社会科学版),2010(6):99-108.

体必须在混乱的情形下学会与复杂性共同存在、共同发展。"①司法治理正是对这种复杂性增生的社会现实的制度性回应,"通过司法活动能够发挥积极能动的作用,促进对社会的管理,填补法律规范与社会现实之间的鸿沟,落实法治的目标与价值"②,这对于现代化转型中的基层社会治理具有十分重要的价值。

## 二、回应现代基层社会治理的司法治理创新

针对基层社会中各种利益矛盾和纠纷,传统治理中的行政治理、"信访—维稳"治理和自我治理,正在不断朝向司法治理方向整体转型。正因为如此,针对基层社会所发生的纠纷,以基层法院为核心的基层司法部门,自然就构成了具体承载和推动基层社会实现司法治理的最为关键的部门甚至是最为核心的部门。③ 在基层社会治理的制度背景之下,司法治理也必须进行适应性的功能创新,主要表现在以下方面。

(一)基于司法权前移的程序创新:平衡司法的被动性和能动性

被动性是司法的基本规律之一。司法权的被动性要求法院的所有司法活动只能在当事人提出申请以后才能进行;没有当事人的起诉、上诉或者申诉,法院不应当主动受理案件。换言之,法院不能主动干预或介入社会生活。司法的被动性也就是我们通常所说的"不告不理"。100 多年以前,法国学者托克维尔通过考察美国司法制度的运作情况,对司法权的被动性做出过形象的描述:"司法权是一种消极性权力,只有在请求它的时候,或用法律的术语来说,只有在它审理案件的时候,它才采取行动……从性质来说,司法权本身不是主动的。要想使它行动就得推动它。向它告发一个犯罪案件,它就惩罚犯罪的人;请它纠正一个非法行为,它就加以纠正;让它审查一项法案,它就予以解释。但是,它不能自己去追捕罪犯、调查非法行为和纠察事实。如果它主动出面以法律的检查者自居,那它就有越权之嫌。"④在美国学者格雷看来,"法官是一种由某一有组织的机构任命,并应那些向其主张权利的人申请

---

① 柳亦博.由"化繁为简"到"与繁共生":复杂性社会治理的逻辑转向[J].北京行政学院学报,2016(6):76-83.
② 徐霄飞.司法治理与社会管理创新[J].前线,2012(1):29-30.
③ 王国龙.基层社会治理中的司法治理[J].渭南师范学院学报,2018(7):11.
④ 托克维尔.论美国的民主(上)[M].董果良,译.北京:商务印书馆,1991:110-111.

而确定权利和义务的人。正是由于必须有一项向他提出的申请他才采取行动这一事实，才将法官与行政官员区别开来"①。

司法的被动性划定了司法机关行使其审判权的界限。提起诉讼即成为司法机关行使管辖权的起点，也是司法权在程序上的界限。而在社会治理的背景下，司法治理则需要积极平衡被动性和能动性之间的关系，在很多情形之下，司法权需要超出案件起诉这一起点，发生以审判为中心的前移。以审判为中心的司法权前移是指司法权在立足于审判职能的前提下，对于可能引起诉讼的事务，采取非审判的方式提前干预。② 目前，各级人民法院设立的诉讼服务制度即是司法权前移的典型代表。依据《最高人民法院关于全面推进人民法院诉讼服务中心建设的指导意见》的规定，诉讼服务中心建设的目标在于构建人民法院面向社会的多渠道、一站式、综合性诉讼服务中心，方便当事人受尊重地集中办理除庭审之外的其他诉讼事务，构建开放、动态、透明、便民的阳光司法机制，深化司法公开，扩大司法民主，努力实现司法为民、公正司法，提升司法公信力。诉讼服务中心的主要功能包括诉讼引导、法律宣传、登记立案、先行调解、受理申请、材料收转、查询咨询、联系法官等，其中的诉讼指引、先行调解、受理申请等功能使司法权的行使超脱了不告不理规则的约束，使司法得以提前接触案件及其当事人。简言之，司法参与社会治理在程序上表现为司法机关在一定程度上突破了司法被动的禁区，司法权发生了以审判为中心的前移，体现出司法能动性的一面。

值得指出的是，浙江首创的"共享法庭"是在数字化背景之下，司法主动融入基层社会治理、彰显司法主动性的治理实践。2021 年 9 月，浙江省委全面深化改革委员会决定在全省全面加强"共享法庭"建设。"共享法庭"是继浙江杭州互联网法院、移动微法院之后，浙江法院推出的又一个重大改革创新。它"不增编、不建房"，以"一根网线、一块屏"为标准配置，以高质量、高效率履行司法服务、化解矛盾纠纷为目标，以资源共享、功能集成、能力共建为核心，以大数据、云计算、互联网等数字化技术为支撑，全量动态归集各层级、各条线、各领域基层法治业务，综合集成浙江解纷码、人民法院在线服务、庭审直播系统、裁判文书公开平台等业务模块，一体融合调解指导、网上立案、在线诉讼、普法宣传、基层治理等功能。每个"共享法庭"配备一名联系法官和一名庭务主任，为人民群众提供更加优质高效、普惠均等的司法服

---

① 陈瑞华.司法权的性质——以刑事司法为范例的分析[J].法学研究,2000(5):30-58.
② 陈星儒,周海源.司法参与社会治理的正当性进路分析[J].湖北社会科学,2018(4):171.

务。可以说,"共享法庭"是基层社会治理法治化的基本单元,是基层法院的数字化智能化工作平台,是习近平法治思想在基层法院的生动实践。

### (二)基于矛盾化解的司法多元工具协同

基于人民法院的审判机关属性,我国三大诉讼法所建构的司法手段主要为判决和调解,其中判决是司法机关处理案件的主要方式,调解则是辅助性手段。而在基层社会治理的背景下,面对复杂的矛盾纠纷,多元化的司法治理工作必须协同运用、综合施策。

#### 1.诉调对接机制

调解在诉讼中本是辅助性手段,亦即理论上,除民事案件中当事人自愿达成和解协议之外,调解结案方式并非"必须的",而是可选择的。而在强调大调解背景下,法官需要在审判中通过调解减少上诉率,为此诉调对接机制就应运而生。诉调对接机制是指诉讼解决纠纷和非诉解决纠纷这两种途径和方法之间的沟通、衔接与互动,是一种以法院为主导,多元主体参加构建的诉讼与调解互相作用、司法调解和综合性的社会大调解有机衔接的机制。它通过人民调解、行政调解和司法调解的有机结合,充分发挥诉讼调解与大调解机制各自的优势,使司法审判与社会力量优势互补,形成合力,促使纠纷以更加便捷、经济、高效的途径得到解决。① 法院通过立案前的建议调解,审理中的委托调解和协助调解,充分发挥大调解机制的优势,并以此增强司法机关公正司法、高效司法的能力。如在审理婚姻家庭、劳动争议、道路交通事故、相邻关系纠纷等类型的案件时,法院通过委托调处中心、人民调解组织、村民委员会、居民委员会、基层派出所、交警大队、工会以及双方当事人的共同亲属等一切有利于案件调解的组织和个人进行调解,或邀请其协助法院调解,充分利用社会资源化解矛盾纠纷。

#### 2.司法建议的有效运用

司法建议将人民法院纳入社会治理整体格局中,通过延伸人民法院审判职能,充分发挥法院在化解基层矛盾纠纷、防控社会风险方面的重要作用。尤其重要的是,司法建议还被运用于行政诉讼过程,在对规范性文件予以修改的司法建议中,"司法建议制度本身经过创造性的制度转化,从一种规范层面最初设定的督促执行

---

① 张吉喜.能动司法创新社会管理的两种类型[J].法学杂志,2011(S1):43.

装置,逐步衍变为一种对规范性文件的审查装置"①。如诸暨市人民法院2012—2018年间共发出75份司法建议。司法建议的接收机关和部门(主发单位)及数量分布如下:针对政法机关(公安局、司法局、检察院)的有25份(占33.3%),针对市政府及市政府所属部门的有30份(占40%),针对基层镇乡街道办党委、政府的有13份(占17.3%),针对社会组织的有1份(占1.3%),针对企业的有6份(占8%)。据统计,75份司法建议大致可分为四类,指出管理疏漏类的21份(占28%),建议风险控制类的14份(占18.7%),规范程序、执法类的29份(占38.7%),建议立案侦查、违纪处理的11份(占14.7%)。② 总之,通过解决纠纷来实现或恢复法律秩序是人民法院工作的核心目标。司法建议能够从源头上减少社会矛盾纠纷数量,既从源头上预防纠纷,又在个案处理中依法实现公平正义,提升公信力,实现法律设定的秩序。

### 3.案件风险评估预警制度

案件风险评估预警制度要求承办部门和承办人对所办案件或所受理的来信来访是否会引发当事人上访、缠访等不稳定因素进行分析、预测和判断,提前采取必要措施。接到通报预警的部门,应当及时安排人员了解案情及上访人申诉的理由和要求,并通知可能涉及的人员,做好启动处理信访紧急事项预案的准备。如杭州市近年来大量的P2P案件进入司法程序,由于涉及群众众多、涉案金额巨大,极易引发群体性事件,必须建立健全案件风险评估预警制度。

## (三)基于公正公开的个案裁决引导机制

戈尔丁认为:"理想的正义是形式要素与实体要素之和。"③司法权的法律属性要求公正是司法权运行的主线,公正是法律制定和实施所应当坚守的根本准则。在能动司法的时代背景下,司法权的社会属性要求在治理层面上对自身运行的空间予以拓展,价值判断在司法过程中潜在地影响着裁判结果,它是司法经验的集中体现且能够对公正价值进行最具感染力的诠释。

树立个案中的司法权威,让司法理性"看得见"和"摸得着",在个案正义中实现社会治理的有效性,是建立司法信仰并获得人民拥护的重要方式。通过司法来化解社会纠纷体现着双赢的理念,它不仅能够让国家、个人、司法参与人员(如律师、证

① 卢超.行政诉讼司法建议制度的功能衍化[J].法学研究,2015(3):19-30.
② 褚宸舸,王桥波,柯德鑫.通过司法建议的社会治理[J].人民法治,2019(4):64-70.
③ 戈尔丁.法律哲学[M].齐海滨,译.北京:生活·读书·新知三联书店,1987:237.

人)在同一个"场"内进行沟通,表达自己对法律的理解和夙愿,还能够促使司法者秉持法律之威严、通过法律之理性对社会矛盾进行系统化的处理,将裁判的过程以及结果变为经验并内化到治理过程中,以此指引人们的行为迎合法律的希望而做出行动安排。① 如有学者言:"判例法则沿袭了从个案到个案的路线,它直观、生动的特点为司法者适用带来便利,'同案同判'的原理胜过抽象的说理,并且能够灵活及时地回应社会的需求。从这一点上看,判例法内在机理无疑具有更符合司法内在逻辑的一面。"②一般而言,通过树立个案中的司法权威有以下几方面优势:第一,让案件所有的参与者切身感受到司法的威严,并促使自己和带动他人形成行动的自觉;第二,案件向社会的公布对整个社会产生指引作用,诉诸法律将会成为人们渴求公正时的第一选择,有助于形成遵法守法的社会氛围;第三,权威性裁判对司法人员也会产生指引作用,在今后此类案件的裁决中形成具有权威和标准意义的示范。值得注意的是,近年来案例指导制度的设立和完善逐渐成为构建司法权威的重要手段,它不仅能够提升法官、检察官运用指导案例处理法律事务的能力,更能够丰富法律权威的内涵。

## 三、司法治理的价值取向:追求法律效果和社会效果的统一

在传统司法观中,司法的作用在于决断案件,即法官对当事人的诉讼请求和证据进行审查,在建立证据与事实之间联系的基础上,寻求事实与法律的对应关系,通过法律涵摄推导裁决结果。而在现代社会治理的语境下,司法的社会效果开始凸显。正如江必新所言:"社会效果在所有的国家,都是司法必须考虑的重要因素,对所有司法机关来说都是必须高度重视的一个要素。尤其是在我们这样一个转型国家,在法律制度还不完善、司法的公信力还不够高的情况下,更应该强调社会效果。"③因此,在基层社会治理的制度背景之下,司法治理从价值取向上要追求法律效果和社会效果的统一,以此为导向建构相应的制度基础。

---

① 王孟嘉.通过司法理性的社会治理——基于社会内部秩序引导下的思考[J].社会科学辑刊,2019(3):173.

② 李拥军.司法文明化的内在逻辑——一个制度发生学的视角[J].河北法学,2017(10):58.

③ 江必新.在法律之内寻求社会效果[J].中国法学,2009(3):6.

（一）在司法治理中，要寻求将"治理性"纳入"司法性"轨道

在整体基层社会治理体系中，基层司法部门首先是一个"司法"部门，通过司法权的运行来解决纠纷，司法治理必须体现"司法性"，这是不可偏倚的特质。但在党委领导下的"政法"治理的架构中，司法部门自然就需要在承担诸如纠纷解决、社会控制和发展法律等基本"司法性"的功能之外，承担诸如落实国家法律、执行政策和落实上级下达的各种社会发展目标等"治理性"的基本社会功能。正如马丁·夏皮罗指出的，当我们从作为争议解决者的法院转向作为社会控制者的法院时，它们所具有的独立性和社会逻辑甚至被更大程度地削弱了。① 在日常的基层司法活动当中，基层司法部门对某一具体纠纷的审理，往往并不会直接受到来自法院系统之外因素和非法律因素等的制约或影响，但在贯彻上级部门下达的相关可类型化问题的治理任务中，日常的基层司法活动就需要集中通过"个案司法"来具体落实和配合。② 为此，在司法治理过程中，必须寻求"司法性"与"治理性"的统一，将矛盾纠纷问题纳入法治的轨道，通过法治方式和法治思维实现纠纷解决，集中以证据思维和尊重诉讼程序思维来保障权利或实现对权利的有效救济，努力将纠纷转化为一个"法律问题"，从而无限贴近于法律规范的范畴。

（二）在司法治理中，要在"合法律性"中最大限度地彰显"合情理性"

在司法实践中，纠纷解决"合法律性"和"合情理性"的双重要求，是司法追求法律效果和社会效果的集中体现，其中，"合法律性"是司法权威的基本依托。鉴于法律规则的"边界"特性和刚性约束，其引导社会秩序的良性发展成为可能。通过法律思维的传输使人的社会行动趋向于符合法治社会的行为模式，并逐渐形成对法律的信任感和依赖感，这是当前所有社会所追求的治理目标。司法参与社会治理的过程就是法律规则不断型构以实现其有效性的过程。法律规则与社会内部秩序之间进行互通的媒介是法律理性，而法律理性的外在表现则是法律表征出的一般性规则或合乎道德性，通过这些普遍性的规则或原则来影响人们的习惯，使人们产生对法律的信仰。与此同时，法律之治不仅要在既成规则之下做出合理的设计或安排，更需要在实践中发现并遵循社会内部秩序规则并进行引导以达到社会秩序与法治的良

---

① 夏皮罗.法院:比较法上和政治学上的分析[M].张生,李彤,译.北京:中国政法大学出版社,2005:53.
② 王国龙.基层社会治理中的司法治理[J].渭南师范学院学报,2018(7):17.

性互动。在基层社会中,基层法官首先要搞清楚乡民的权利诉求在何种意义上具有合理性,这是正确处理案件的关键,否则,教条式地理解和适用现代性的法律条规,效果只能适得其反。①

（三）在司法治理中,要构建司法主体与多元主体之间的协同治理机制

社会治理的核心要义之一在于多元主体的合作共治。司法固然能够在社会治理过程中发挥其独特作用,但这种作用必须与其他社会治理主体的作用实现有机融合,才能形成最大合力。现代社会的复杂性和多元性,决定了个案司法总是处于各方利益激烈博弈的焦点之中。尤其是在自媒体时代,法院对任何一个"常规性"案件的审理,都可能被无限放大。因此,通过司法改革实现社会治理能力的提升,需要我们关注司法机关与其他社会主体之间的结构性、系统性的协调与配合问题。而这就需要引入系统结构的基本理念。换言之,在基层司法创新与社会治理能力提升过程中,既要深刻认识司法主体与其他社会主体在参与社会治理方式与进路上的差异,也要寻求司法与其他社会治理主体之间的有机耦合,从而建构一种更具适应性的、对外开放对内无界的复杂系统,在共生共在协同运作的过程中,形成相互补充、相互配合、相互联系、协调共存的社会治理格局,实现司法治理功效的最大化。

---

① 丁卫.秦窑法庭:基层司法的实践逻辑[M].北京:生活·读书·新知三联书店,2014:231.

# 网络犯罪共犯规制独立化治理模式论

刘三洋　秦　策[*]

**摘　要:** 司法领域倾向于将帮助信息网络犯罪活动罪视为其他犯罪适用不能时的补充罪名,从而引发了适用中的一系列问题。学界主流看法虽将帮助信息网络犯罪活动罪视为网络帮助行为被正犯化的产物,但由于脱离了对立法目的的考察,这种独立性的认识偏于形式。故应当从双层次的立法目的出发,将帮助信息网络犯罪活动罪视为规制网络犯罪共犯行为的独立化的立法设计,以明确本罪与其他犯罪的适用界限。借助对刑法规范的目的探讨,明确有关帮助信息网络犯罪活动罪与非法利用信息网络罪的界限问题、帮助信息网络犯罪活动罪中"明知"的认定问题、帮助信息网络犯罪活动罪中"情节严重"的标准问题以及"从一重处罚"的适用问题。

**关键词:** 网络犯罪;共犯;帮助信息网络犯罪活动罪;目的解释论

## 一、问题的提出

信息时代,网络共同犯罪出现了传统理论无法应对的问题,从而引发对共同犯罪治理模式的深度变革。《中华人民共和国刑法》(以下简称《刑法》)第二百八十七条之二中的帮助信息网络犯罪活动罪就是这一变革的立法产物。《中华人民共和国刑法修正案(九)》颁布以来,尽管学界对本罪的学理探讨已经十分丰富,但司法适用问题仍屡见不鲜。

首先,帮助信息网络犯罪活动罪中技术帮助行为的界限不明。第二百八十七条之二第一款规定,为明知系实施网络犯罪活动的人员提供互联网接入、服务器托管等技术支持,或是广告推广、支付结算等技术帮助的,以帮助信息网络犯罪活动罪认

---

　　* 作者简介:刘三洋,江苏南京人,江苏师范大学法学院讲师,主要研究方向:中国刑法与比较刑法;秦策,江苏如皋人,上海财经大学法学院教授、博士生导师,主要研究方向:犯罪学与刑事政策学。

定。实务领域,许多不法人员因受雇佣而向实施网络犯罪的人员提供网络软件链接、不法信息的广告推广、网络服务器租赁业务以及资金转账服务等,司法人员既有对这些行为以帮助信息网络犯罪活动罪论处者,也有以非法利用信息网络罪等论处者,故如何明确这两种新型网络犯罪的界限有待探索。

其次,对帮助信息网络犯罪活动罪中"明知"的认定过于宽泛。实务领域,司法人员不仅将对犯罪事实的明确认知认定为明知,还将为他人实施信息网络犯罪提供帮助者的"应知"(应当知道)①甚至"或知"(可能知道)②也涵摄于"明知"。这就使帮助信息网络犯罪活动罪主观要素的界定不太清晰。引发的问题是,对于为网络犯罪人员提供信息网络技术支持的行为,有时被认定为诈骗罪、赌博罪,有时被认定为帮助信息网络犯罪活动罪,因而对其行为的评价就完全取决于犯罪作用。

再次,帮助信息网络犯罪活动罪中"情节严重"的要素常被架空。第二百八十七条之二第一款规定,实施帮助信息网络犯罪活动行为,达到"情节严重"标准才能定罪处罚。实务领域,一旦接受信息网络技术帮助的不法人员被刑事追诉,或是其所实施的不法活动符合构成要件的规定,即对提供信息网络技术支持的人员以帮助信息网络犯罪活动罪论处,至于是否情节严重则不再判断。这无形中将对"情节严重"这一要素的认定归入了"明知他人利用信息网络实施犯罪"这一要件,从而不当地扩大了本罪适用的范围。

最后,对"从一重处罚"规定的理解失之片面。第二百八十七条之二第三款规定,实施帮助信息网络犯罪活动行为,同时构成其他犯罪的,从一重处罚。司法人员普遍将其理解为想象竞合犯。在判断为意欲实施不法活动的人员提供信息网络技术支持者的行为是成立帮助信息网络犯罪活动罪还是其他犯罪时,完全按照信息网

---

① 例如冷景高案,被告人冷景高为了牟利,将上海铁通等固定电话号码出租给他人。在接到被害人关于有人利用该条线路实施诈骗的举报后仍未终止业务,故被人民法院认定为明知。但从被害人的举报行为来看,只能推定冷某对他人的犯罪事实存在应知。参见绍兴市上虞区人民法院(2016)浙0604刑初1032号刑事判决书。

② 例如胡四平案,被告人胡四平明知他人利用虚假的"中华人民共和国最高人民检察院网站"等非法网站实施不法活动而为其提供网络设立、维护等服务。司法人员认为,从网站设立的非正常性、该网站在截获个人私密信息方面的隐蔽性以及对网络杀毒软件的规避性,被告人能够意识到其所提供的信息网络技术服务极有可能被用于犯罪活动,故将胡某以帮助信息网络犯罪活动罪认定。参见北京市海淀区人民法院(2016)京0108刑初2019号刑事判决书。

络帮助人员在共同犯罪中的地位、作用认定。[①] 然而,仅以技术帮助行为的功能、作用划分帮助信息网络犯罪活动罪与其他犯罪的界限,这忽视了本罪主观构成要素的意义,使行为人对其所不能预见的犯罪后果承担责任,有客观归罪的嫌疑。

归结起来,之所以帮助信息网络犯罪活动罪在司法适用中问题重重,其根本缘由是:不能明确帮助信息网络犯罪活动罪作为规制网络犯罪中共犯行为的独立罪名地位。当对某一不法事实进行规范涵摄时,司法机关在认为符合《刑法》第二百八十七条之二第一款的规定时,便适用第一款;在认为根据犯罪后果等因素,应当适用其他刑法条文规定时,便按照第三款的规定适用其他条文。这就导致对为他人实施网络犯罪提供信息技术帮助的行为的认定不是迎合刑法规范的自身目的,而是迎合司法者对该现象的刑法性质的某种先见。为了明确帮助信息网络犯罪活动罪的适用边界,必须先明确其作为独立个罪的犯罪性质,再根据这一性质确定罪与非罪、此罪与彼罪的界限。因此,笔者将对学界关于帮助信息网络犯罪活动罪的犯罪属性的探讨进行分析和评判,并在此基础上提出自己对该问题的认识以及针对本罪构成要件的具体化的司法适用标准。

## 二、帮助信息网络犯罪活动罪的规制:非实质的独立性观点及其思考

围绕帮助信息网络犯罪活动罪的犯罪属性问题,我国学界存在帮助犯的量刑规定、中立帮助行为的正犯化与帮助犯的正犯化三种观点。其中帮助犯的量刑规定的观点是一种将帮助信息网络犯罪活动罪作为其他犯罪的从属性罪名的观点,而中立帮助行为的正犯化与帮助犯的正犯化均是承认其独立性的观点。

### (一)帮助信息网络犯罪活动罪独立性观点的各种样态

关于帮助信息网络犯罪活动罪的犯罪属性,学界存在三种观点。第一种观点认为,帮助信息网络犯罪活动罪是一种帮助犯的量刑规定,即"指帮助犯没有被提升为

---

① 例如在侯中杰、高领案中,人民法院认为,所谓帮助信息网络犯罪活动行为只是作用于他人犯罪活动中某一环节的行为,而当被告人的行为不仅在形式上为他人提供了技术支持,在实质上对他人的犯罪活动具有引导、肇始性的作用时,应当以其他犯罪的共犯进行处罚。参见广东省深圳市宝安区人民法院(2016)粤 0306刑初 350 号刑事判决书。

正犯,帮助犯依然是帮助犯,只是因为分则条文对其规定了独立的法定刑,而不再适用刑法总则关于帮助犯(从犯)的处罚规定的情形"①。主张该观点的学者认为,如何区分这一立法是属于帮助犯独立化还是帮助犯量刑规则,不能通过形式进行判断,而必须结合法益侵害后果进行实质判断。而之所以《刑法》第二百八十七条之二第一款的规定属于帮助犯的量刑规定,其根本原因有二:一是不借助其他犯罪活动,单纯提供信息网络技术支持的行为不能引起法益侵害的后果;二是根据共犯从属性原理,如果信息网络技术所支持的犯罪活动没有引起法益侵害后果,则对这一行为同样不能处以刑罚。② 这是一种十分重视犯罪本质的结果无价值论的主张。诚然,这一解释方法的益处是,将一些对社会利益妨碍较小、程度轻微的行为排除出刑罚处罚的范围,避免因刑罚手段的强行应对而产生在民众的现实生活中所不欢迎的结果,体现谦抑主义。③ 可是,一方面,《刑法》第二百八十七条之二第三款规定:实施帮助信息网络犯罪活动的行为,同时成立其他犯罪的,依照处罚较重的犯罪论处。这表明,立法者是将帮助信息网络犯罪活动罪作为一个不同于其他犯罪的独立个罪予以规定的。并且,"在考虑刑罚法规所欲实现的最终目的时,必须对这一目的的妥当性做出合理的解释……极力主张对刑法进行目的论的解释的人,多次仅对犯罪的处罚/预防这一个层面给予重视,对所谓的刑罚法规的'保护法益',也就是它所欲保护的利益的侵害/危险行为应当进行处罚的解释倾向也就存在了。有时,根据'解释上的无限存在',超出法律字面含义的解释也会被主张"④。另一方面,尽管信息网络帮助行为不具有法益侵害危险,但是借助这一支持,其他犯罪人实现法益侵害的概率被显著提升,或者能够实现比预计更大程度的法益侵害后果,只不过这种后果不限于具体的刑罚法规的规定。

第二种观点认为,本罪属于将中立帮助行为正犯化的主张。所谓"中立帮助行为",是指那些"'中性的'行为,就像在日常生活中——大多是在正常的职业实践范围之内——无数次出现的那样,在个别案件中助长了一个犯罪性举止行为时"的情形。⑤ 不过对将这一类行为纳入刑罚处罚范围,学界褒贬不一。⑥ 该理论优势在于,

---

① 张明楷.论帮助信息网络犯罪活动罪[J].政治与法律,2016(2):2-16.
② 张明楷.论帮助信息网络犯罪活动罪[J].政治与法律,2016(2):2-16.
③ 宫本英修.刑法大纲[M].东京:弘文堂,1935:16.
④ 町野朔.刑法総論講義案 I[M].东京:信山社,1995:68.
⑤ 罗克辛.德国刑法学总论(第 2 卷)[M].王世洲,等译.北京:法律出版社,2013:155-156.
⑥ 支持的观点参见刘夏.双层社会背景下刑法思维之转型[J].时代法学,2016(4):30-38;反对的观点参见马荣春.中立帮助行为及其过当[J]. 东方法学,2017(2):2-16.

立足于本罪看似中立的行为外观,主张对信息网络服务经营者以及公民信息网络发展权益的保障。不过,中立帮助行为引发争议之处,不在于行为外观上的中立性,而在于行为价值意义上的中立性。① 而行为价值中立性的评价,无非取决于帮助行为是否具有引起法益侵害后果的盖然性,或者是否具有帮助的故意。② 因此,在看似日常的商业经营活动中,在帮助者事先无犯罪意图的情形下,确有争议的必要。但是,《刑法》第二百八十七条之二第一款已经规定,成立帮助信息网络犯罪活动罪需要具有对他人实施犯罪的明知。因此,受其行为意图的影响,信息网络技术帮助的行为并不是价值中立的。例如甲为乙的盗窃行为实施望风,如果不过问甲的行为目的,那么甲在行为外观上只是四处看看街道上有没有人。因此,将这一行为界定为中立帮助行为值得商榷。

第三种观点认为,本罪属于帮助犯的正犯化,即"指直接将特定共同犯罪中的帮助行为予以单独犯罪化,使其独立成罪,成为新的、独立的犯罪实行行为"③。例如胡云腾认为,考虑到网络犯罪跨区域性以及获利性大等特点,有必要将信息网络帮助行为作为正犯行为处罚。④ 这是从信息网络服务提供者与其他犯罪活动实施者之关系上做出的论断。可是,帮助犯之正犯化的前提是,被正犯化的行为与该行为所帮助的行为应当成立共同犯罪。而信息网络帮助行为与所帮助的行为却未必成立共同犯罪。成立共同犯罪,不仅需要各犯罪人之间行为上的关联性,还需要行为人之间存在现实的意思联络。而正如有立法机关的人员所言,在信息网络背景下,网络犯罪被无声地切割为各个环节。不同环节上的行为人,如域名的出租人、私密信息的非法获取人、信息网络诈骗的实施者等可能彼此互不相识。⑤ 而我国又不承认片面的共犯概念,故将帮助信息网络犯罪活动罪界定为帮助犯之正犯化的观点有待商榷。并且,不同于传统共同犯罪中"一对一"的对应关系,网络犯罪视域下的共同犯罪呈现"一对多""多对多"的对应关系;考虑到信息网络服务提供者有时会成为犯罪活动中获利最大的一方,故有必要给予单独的立法规定。⑥ 这就是说,帮助信息网络犯罪活动罪所要规制的,并非与正犯人员存在意思联络的共犯人员,而是与其不存

---

① 有学者曾正确地指出:"技术中立并不包含价值中立的含义。因为一旦主张技术的价值中立,那么就阻断了技术价值和法律价值之间的碰撞和互动。"郑玉双.破解技术中立难题——法律与科技之关系的法理学再思[J].华东政法大学学报,2018(1):85-97.

② 佐久間修.刑法総論の基礎と応用——条文・学説・判例をつなぐ[M].東京:成文堂,2015:326.

③ 刘宪权,房慧颖.帮助信息网络犯罪活动罪的认定疑难[J].人民检察,2017(19):9-12.

④ 胡云腾.谈《刑法修正案(九)》的理论与实践创新[J].中国审判,2015(20):16-23.

⑤ 郎胜.中华人民共和国刑法释义[M].北京:法律出版社,2015.505-506.

⑥ 胡云腾.谈《刑法修正案(九)》的理论与实践创新[J].中国审判,2015(20):16-23.

在意思联络的独立的、不法信息网络服务提供者。

## （二）对形式的独立性观点的思考

学界主流观点认为，帮助信息网络犯罪活动罪属于中立帮助行为的正犯化或是帮助犯的正犯化，这是将帮助信息网络犯罪活动罪作为独立个罪理解的观点。从这种观点的结论来看，它是一种重视帮助信息网络犯罪活动罪独立性的观点；从立论的前提看，这是一种形式地看待其独立性的观点，因为其是以帮助信息网络犯罪活动罪的帮助犯形式来立论的。

第一，两种均是基于帮助行为本身来把握其犯罪属性的，帮助犯的正犯化更加突出信息网络技术活动在共同犯罪中的作用、地位；中立帮助行为的正犯化则强调信息网络技术活动的中立化外观。基于帮助犯的形式，二者没有本质差别。具体而言，一是当行为人为他人提供互联网接入、服务器托管等行为时，若行为人不具有对他人利用信息网络实施犯罪的具体认知，即便无意促成了他人的犯罪后果，也不可能成立犯罪。这是根据中立帮助行为正犯化与帮助犯正犯化观点都能推导出的结论。二是当行为人作为共同犯罪中的一员，或是以信息网络技术服务助力他人的犯罪活动，此时，犯罪人成立犯罪。这也是根据中立帮助行为正犯化与帮助犯正犯化观点均能推导出的结论。三是当信息网络服务提供者对他人所欲实施的犯罪活动不存在共谋，但具有认识的可能性时，则中立帮助行为的正犯化似乎可以进行归罪，如果这种认识的可能性是较为清晰的，并且与法益侵害的风险的关联是较为紧密的话。而在帮助犯的正犯化语境下，当司法适用不认可片面共犯时（一方认识到自己正助力于他人的犯罪活动，另一方未意识到），似乎无法适用。此时两种观点的差异方显现出来。四是在实务领域，信息网络服务提供者为不法人员提供的技术支持的情况包括违规软件的设立与维护、不法款项的周转与结算、不法广告信息的发送等，在这些活动中，要么行为人所提供的网页或广告本身存在违规的性质，要么与犯罪人事先达成了某种默契，即使这些情境可能属于第三种的情形，但行为外观上也不再是中立的了。

第二，立足于帮助犯的属性，所谓"正犯化"不过是立法者单独为这种信息网络技术行为规定了独立的法定刑，至于本罪的犯罪性质仍根源于该罪与其他犯罪的共同犯罪关系。这可能使帮助信息网络犯罪活动罪的实行行为与其他犯罪的界限处于不明朗的状态。例如意图实施网络诈骗活动的 a 联系网络服务提供者 b，要求 b 为其提供信息网络技术支持，b 同意并为其提供。对此，b 对 a 所欲实施的网络犯罪活动是认识到的,假如 b 的行为在外观上是中立的,(不考虑其主观动机)则无论依照中立帮助行为的正犯化还是帮助犯的正犯化观点,似乎将其认定为帮助信息网络犯罪活动罪均是可行的。至于是否还成立诈骗,则完全取决于帮助的程度了。

# 三、目的解释论下的帮助信息网络犯罪活动罪:实质独立性观点的提倡

应当立足《刑法》第二百八十七条之二的立法目的,实质地理解帮助信息网络犯罪活动罪作为独立个罪的鲜明意义。新型网络犯罪都是双层次立法目的的产物,直接层面上规制着网络生活的安全与稳定秩序,间接层面上防范其他犯罪后果的发生。帮助信息网络犯罪活动罪也是这种双层次的立法目的的产物,其所规制的行为类型是以往传统共犯理论无法规制的、对网络犯罪活动提供信息技术支持的行为。

（一）目的解释论的理论内涵与功能定位

"所谓目的论的解释,通过对关于立法当时的事情、立法的动机、立法后的经过等的根本资料的把握得出的立法者的真意以及立法目的作为解释刑法的方法。"[1]可以说,我国对目的解释论的提倡源于学界对于形式解释论与实质解释论的学理争议。关于形式解释论与实质解释论的范畴,学界存在主观解释论与客观解释论[2]、预测可能性解释优先论与处罚合理性解释优先论[3]、法条文义解释论与刑法目的解释论[4]、制定法立场优先论与自然法立场优先论[5],以及认识论诠释学立场下的解释论与本体论诠释学立场下的解释论[6]等多种观点,纷繁复杂。尽管学界对于形式解释论的立场尚存在争议,但是,实质解释论主张从犯罪的本质（法益侵害）来理解犯

---

[1] 莊子邦雄.刑法總論[M].東京:青林書院,1996:18.
[2] 梁根林.罪刑法定视域中的刑法适用解释[J].中国法学,2004(3):122-133.
[3] 刘艳红.走向实质解释的刑法学——刑法方法论的发端、发展与发达[J].中国法学,2006(5):170-179.
[4] 吴林生.罪刑法定视野下实质解释论之倡导[J].中国刑事法杂志,2009(7):3-14.
[5] 周详.刑法形式解释论与实质解释论之争[J].法学研究,2010(3):57-70.
[6] 欧阳本祺.走出刑法形式解释与实质解释的迷思[J].环球法律评论,2010(5):33-42.

构成要件的规定①,强调罪刑法定主义的实质侧面②,关注刑罚法规的目的,侧重于考察刑罚处罚的必要性与合理性③,以及更倾向于以刑法解释的方法弥合刑事立法的不完备性④等,这是学界的共识。实质解释论重视对刑罚法规内涵的目的性适用,主张对合乎刑罚法规处罚必要性的行为在不违背法律条文字面含义的范围内予以扩张适用,对不合乎刑罚法规处罚必要性的行为限缩适用,故目的解释论是实质解释论的核心。

在对刑罚法规的解释中,对刑罚法规目的的考察与适用应当贯穿于两个方面。第一个方面是对案件事实的认定方面。在这一方面,通过刑罚法规的寻找,需要对考量的案件事实做出合理的定性。刑事案件的定性将决定犯罪人是有罪抑或无罪、重罪抑或轻罪,故对刑罚法规目的的把握决不能做过于单一的把握。"由于在法官做出判断时被委托了把握立法者的真意(的职责),对法官而言,应当将法秩序维持的机能与公民自由的保障的机能的彼此调和作为刑法的最高原理予以考虑而由之推导出合适的解释结论。虽然将犯罪的抑制与刑法谦抑性的追求作为刑法自身的较高的合目的性进行目的论的解释是必要的,但是也不能忘记法秩序的维持这一机能。"⑤因此,对某一刑罚法规的目的的判断,必须结合刑罚法规所保护之法益、所维护之秩序与刑法谦抑性的考量进行质与量的评价。

第二个方面是对刑法解释的论证方面。此点正如日本学者町野朔所言:"在对刑法做出解释时,最终的时候,必须考虑这一法律规定所要实现的是怎样的目的,必须做出合乎这一目的的合理的解释。文理解释、体系解释,或者主观的解释,当然不可能存在仅仅得出一种解释含义的场合,在对刑罚法规的解释予以启示时,目的论

---

① 例如徐岱和李佳欣指出,实质解释论认为,刑法总是将具有法益侵害性的行为类型化为构成要件的行为,构成要件包含了立法者的实质评价。徐岱,李佳欣.犯罪本质下的三大关系论[J].吉林大学社会科学学报,2011(5):96-103.

② 例如在张明楷看来,实质解释论既维护罪刑法定的形式侧面的作用(成文法主义、刑法不溯及既往、反对不利于犯罪人的类推解释、禁止绝对不确定刑),也维护其实质侧面的意义(保障刑罚法规的明确性与合理性),实质解释可以运用除类推解释以外的其他方法减少刑法典的漏洞。张明楷.实质解释论的再提倡[J].中国法学,2010(4):49-69.

③ 苏彩霞.实质的刑法解释论之确立与展开[J].法学研究,2007(2):38-52.

④ 不少学者认为,实质解释论可以给予刑罚法规在立法之外的新的解读空间,可以避免"恶法亦法"的现象在司法领域出现。赵运锋.刑法实质解释的作用、适用及规制[J].法学论坛,2011(5):119-126;葛丽明,侯丽艳.裁判客观性视域下刑法形式解释研究[J].河北法学,2014(6):120-126.不过,反对的观点则针锋相对地指出:其一,形式解释论强调正当程序和法律与道德等的界限,具有内在逻辑和品质,可以避免"纳粹之治"的出现;其二,"恶法之治"是特定的社会历史环境的产物,而不可能受制于刑法解释论立场的影响。周详.刑法形式解释论与实质解释论之争[J].法学研究,2010(3):57-70.

⑤ 莊子邦雄.刑法総論[M].東京:青林書院,1996:18.

的解释经常起着最终的决定作用。刑法解释的这一方面,使其与其他的法律解释之间产生了差异,刑法的目的,正是刑法与其他法领域的差异所在。"①

（二）对新型网络犯罪的理解应适用目的解释论

信息背景下,传统犯罪在网络空间中呈现异化的状态,从而使网络犯罪的刑事立法被赋予特殊的立法目的。网络空间中,网络运作的开放性、即时性、扩散性、虚拟性特点,均呈现出引发法益侵害的风险的面向。② 首先,信息网络的开放性为不法行为的实施提供了技术条件。信息网络从来不是以一种局限的、狭隘的事物存在,它是一种"部分—整体"信息交流与传输系统,它可以使不法信息同时可见于信息所覆盖的所有场域。其次,信息网络的即时性使不法信息的传播脱离了时间与人力的犯罪成本制约,极大促进了犯罪活动的开展。再次,信息网络的扩散性使传统犯罪所引发的不法后果具有了无限放大的特征。只不过这种放大效应的呈现是区分不同犯罪的基本类型的。最后,网络平台的虚拟性并不是指现实主体本身的虚拟性,而是网络主体之间相互交流、结伙的虚拟性。而这些特点引起了犯罪组织形式的"异化"。借助网络犯罪的立法,不仅能使网络空间内的安全和秩序得到保障,还能使其他犯罪所保护的法益免受网络不法活动的侵害。

基于网络不法活动的风险性,网络犯罪的刑事立法被赋予了层次性的规范目的。网络犯罪的刑事立法,不仅是为规制与保障平稳、安全的网络生活秩序,还为防范侵害其他社会法益的不法活动。借助网络空间的便利条件,犯罪活动随时可能因"异化"而难以控制,故网络犯罪的刑事立法力求通过规制公民的网络行为,对可能引发风险的各种渠道给予制度性的堵截。因此,《中华人民共和国刑法修正案（九）》新增的三种网络犯罪罪名都蕴含着一种层次性的立法目的。直接意义上,三种罪名从不同的角度规制信息网络服务提供者的网络行为。例如《刑法》第二百八十六条之一的拒不履行信息网络安全管理义务罪为网络服务提供者设定了积极义务,督促其在发现不法事实后及时采取防范、补救措施。第二百八十七条之一的非法利用信息网络罪为网络服务提供者创设了消极义务,规制其直接利用信息网络实施违法活动的行为。而第二百八十七条之二的帮助信息网络犯罪活动罪为网络服务提供者创设了另一种消极义务,防范其利用信息网络助力他人的犯罪行为。间接意义上,

---

① 町野朔.刑法総論講義案 I[M].東京:信山社,1995:69.
② 徐然,赵国玲.网络犯罪刑事政策的取舍与重构[M].北京:中国检察出版社,2017:115.

通过对网络不法活动的规制,从而使网络空间内实施的侵害公民财产权、名誉权、个人信息利益等法益的犯罪也得到抑制和预防。

理解刑事立法目的的层次性对于把握新型网络犯罪而言意义重大。借助规范目的的层次,网络刑法规范的地位得以划分,并被置于不同的规范体系中加以比较。从形成与保障稳定、安全的网络秩序层面看,三种新型网络犯罪被置于社会管理秩序类犯罪一类。这是为了明确,尽管网络不法行为本身并不总能直接引起对公民人身、财产法益的侵害,但离开和谐、法治的网络生活秩序的保障,这些法益面临着严峻的刑事风险。从刑事风险引发的不同途径看,三种刑法规范规制彼此独立的领域,这既有利于堵截网络犯罪活动的发生,避免刑罚处罚漏洞的形成,又有利于明确其各自主管的范围,为厘清三种罪名之间的界限提供标准。

(三)对帮助信息网络犯罪活动罪应当适用目的解释论

帮助信息网络犯罪活动罪是双层次立法目的下网络犯罪共犯规制独立化的刑事罪名。之所以说其独立化,不仅仅是法定刑的独立化,更是规制领域、规制模式与司法认定的独立化。当行为人对他人将要利用信息网络实施犯罪活动存在认知可能性,却未与其达成共谋,并为其提供信息网络技术支持,此时依照传统的共同犯罪理论,不能对其按照其他犯罪的共犯予以处置时,便只有依照帮助信息网络犯罪活动罪的规定定罪处罚。这是帮助信息网络犯罪活动罪所要规制的典型的犯罪样态,是本罪实行行为的体现。

# 四、实质独立性下帮助信息网络犯罪活动罪适用边界的再明确

在明确应当以层次的立法目的论作为实质地把握帮助信息网络犯罪活动罪的独立性的进路后,笔者将运用这一进路重新审视帮助信息网络犯罪活动罪的适用边界,并对司法适用中的一系列问题做出回应。这些问题分别是:①如何认定受雇佣为他人设立不法的网站或通讯群组的行为? ②如何明确帮助信息网络犯罪活动罪中"明知"的范围? ③如何把握帮助信息网络犯罪活动罪中"情节严重"的内涵?④如何理解帮助信息网络犯罪活动罪中"择一重处罚"的意义?

(一)对帮助信息网络犯罪活动罪实行行为的限定

实务领域,不少犯罪人受他人雇佣为其设立用于实施诈骗等违法犯罪活动的网

站、通讯群组;或是主动联系意图实施诈骗活动的人员,向他们出售自己制作的不法网站。这些制作不法网站的人员并不过问他人实施的具体的犯罪活动,而仅是制作、出售或维护网站以获利。有的司法人员将其认定为帮助信息网络犯罪活动罪[1],有的认定为非法利用信息网络罪[2]。这就涉及帮助信息网络犯罪活动罪与制作网页型非法利用信息网络罪之间的区别。

帮助信息网络犯罪活动罪与非法利用信息网络罪的差异在于其直接层次的立法目的。帮助信息网络犯罪活动罪直接规制着对意图实施网络犯罪的人员进行信息网络帮助的行为;而非法利用信息网络罪直接规制创设用于实施违法犯罪活动的网页的行为。为何《刑法》第二百八十七条之一第一款第一项规定的行为对象是"用于实施违法犯罪活动的网站、通讯群组",而第二百八十七条之二第一款规定的是"互联网接入、服务器托管、信息存储、通讯传输等"价值较为中立的行为对象呢? 只能推测,其意图是明确两种罪名在规制途径方面的重要区别。非法利用信息网络罪的行为对象是能够直接用于实施违法犯罪活动的网页、通讯群组;帮助信息网络犯罪活动罪中规定的网络技术服务则是日常性的、公共性质的技术服务,该罪名的违法性根据主要在于行为人协助他人实施犯罪活动的目的。因此,如果网络服务提供者向不法人员直接提供能够用于实施违法犯罪的网站或是网络软件,即便其系受人雇佣,将其认定为非法利用信息网络罪更为合适。如果网络服务提供者只是受雇佣为其提供网站维护、网站信息存储等日常性质的技术帮助,则应当认定为帮助信息网络犯罪活动罪。

(二)对帮助信息网络犯罪活动罪中"明知"的界定

前文论及,帮助信息网络犯罪活动罪的违法性根据源于网络服务提供者对他人犯罪活动的主观明知,故"明知"对于本罪罪与非罪、此罪与彼罪的界定十分重要。

一方面,此处的明知并非具体的、明确的知悉。帮助信息网络犯罪活动罪的直接目的是规制公民网络不法行为本身,至于对其他犯罪所侵害之法益的保护则属于间接目的。当网络服务提供者以实现他人追求的具体的犯罪后果为目的时,这一行为实际已经突破《刑法》第二百八十七条之二第一款的规范目的,而进入了其他犯罪的立法目的的范围。尤其是考虑到共同犯罪视域下,作为共犯存在的不法行为并不

---

[1] 参见浙江省绍兴市越城区人民法院(2017)浙 0602 刑初 293 号刑事判决书。
[2] 参见福建省龙岩市新罗区人民法院(2017)闽 0802 刑初 422 号刑事判决书。

具有明确的行为样态,而只要是对正犯的行为具有心理上或是物理上的强化/促进作用即可①,对帮助信息网络犯罪活动罪中"明知"本身就更不宜采取包括明确、具体的认知的场合的观点。而应当是一种具有高度认知可能性的概括的明知。在冷景高案中,被告人接到被害人关于有人利用其出租的电信线路实施网络诈骗活动的举报后仍不终止这一业务,可以认定其对这一不法事实具有帮助信息网络犯罪活动罪意义上的、概括的明知。

另一方面,此处的明知不能包括或知。所谓或知,是指根据网络服务提供者在提供信息网络服务时的推测,被服务的不法人员可能会实施犯罪活动,也可能不会实施犯罪活动。从立法表述上看,第二百八十七条之一第一款第一项的规定中包括"违法犯罪活动",而第二百八十七条之二第一款的规定却只有"实施犯罪",这种表述上的差异绝非偶然。正是帮助信息网络犯罪活动罪与非法利用信息网络罪在直接立法目的上的差异,决定了二者在违法性根据上的不同。帮助信息网络犯罪活动罪的"明知"只能限于对犯罪活动的明知。而对他人是否实施犯罪活动主观不明的或知,则达不到这一标准。故在胡四平案中,人民法院根据网站设立的非正常性、对杀毒软件的拦截性质等推定被告人对他人犯罪活动的明知,这一认定是不合理的。

## (三)对帮助信息网络犯罪活动罪中"情节严重"的理解

实务领域将因网络服务提供者的信息网络技术支持而产生了既遂的犯罪后果的情形一律认定为"情节严重",从而将"情节严重"要素的认定纳入"明知他人利用信息网络实施犯罪"的要素之中。学界则不采取这一立场。对于本款"情节严重"的理解,学界大致分为两种进路。第一种是确立"情节严重"的行为标准(多次实施、对多人实施)、结果标准(造成人身、财产损坏或致使不法信息大量传播),以及兜底标准。第二种是将其分为两种情形:一种是行为人对他人实施犯罪属于确知且追求状态时,则一旦他人犯罪得逞,行为人即构成"情节严重"②;另一种是行为人对他人犯罪属于应知且放任的状态,则当行为人帮助行为造成严重后果(侵害秩序、引发大量损害事实),即构成"情节严重"③。

既然帮助信息网络犯罪活动罪的直接立法目的是规制公民的信息网络技术行

① 林幹人.刑法総論[M].東京:東京大学出版会,2008:376-378.
② 陈伟,谢可君.网络中立帮助行为处罚范围的限定[J].上海政法学院学报(法治论丛),2018(1):68-79.
③ 张春.法条和罪名下的犯罪若干问题研究——基于《刑法修正案(九)》第二十九条[J].预防青少年犯罪研究,2016(2):55-62;黎宏.论"帮助信息网络犯罪活动罪"的性质及其适用[J].法律适用,2017(21):33-39.

为,那么,除非行为人有意将网络技术服务行为分割为数个活动,或是必须实施数个活动方能实现对他人的信息网络技术服务,否则不宜将实施数个行为的情境理解为一个帮助信息网络犯罪活动的行为。也就是说,"情节严重"标准不应当包括网络服务提供者实施数次信息网络技术支持的行为。此外,将对他人所欲实现的不法后果的具体明知和追求作为认定"情节严重"的因素,这同样与本文立场不符,不能支持。帮助信息网络犯罪活动罪的立法目的是非常特定的,这决定了该罪所规制的行为(行为样态、行为目的)也是特定的。本罪实行行为下,行为人的主观要素只能是对他人将要实施犯罪活动的概括的明知,而不能是对具体法益侵害事实的明知。故将"情节严重"认定采取一种法益后果的标准是合适的。这包括行为人(在一个行为下)同时对数个不法人员提供技术网络技术帮助,或是因网络服务提供者的技术支持或帮助行为造成了严重的网络秩序混乱,或是法益侵害事实等。

### (四)帮助信息网络犯罪活动罪中"择一重处罚"的把握

对于帮助信息网络犯罪活动罪的罪数问题,应当采取主客观相一致的原则。这又可以分为两个层面。

第一个层面,行为人实施的帮助信息网络犯罪活动行为与对其他犯罪的帮助行为彼此交叉的场合。既然帮助信息网络犯罪活动罪的"明知"只能是对他人将要实施犯罪活动的概括的认知,那么一旦行为人对他人所欲实施之犯罪活动产生了具体的认识或明确的意图,他同时实施了帮助信息网络犯罪活动罪与其他犯罪共犯两种犯罪行为。并且,当行为人意图以信息网络技术支持的形式加功于他人的犯罪活动,那么行为人可能成立帮助信息网络犯罪活动罪与其他犯罪共犯的牵连犯,因为在行为人看来,他在帮助信息网络犯罪活动行为与对其他犯罪活动的共犯行为之间是手段与目的的关系。至于是否从一重处罚,取决于这种牵连关系是否有力。

第二个层面,行为人实施数个帮助信息网络犯罪活动行为的场合。实务领域,网络服务提供者先后为多名不法人员提供信息网络技术支持,或是为网络犯罪人员多次提供信息网络技术支持的情况比比皆是。例如在侯中杰、高领案中,被告人侯中杰、高领利用钓鱼网站先后为以被告人刘某、被告人陈某、被告人夏某某、被告人刘某某为首的网络盗窃团伙提供网站技术帮助,后四个团伙在其技术帮助下共作案424次。从坚持帮助信息网络犯罪活动罪的实行行为的稳定性出发,不妨将两名被告人多次提供、先后为多人提供信息网络技术支持的活动理解为数个帮助信息网络犯罪活动行为,一旦有数个这样的行为达到"情节严重"的标准,则可以按照数个帮助信息网络犯罪活动罪并罚。

# 五、结　语

　　帮助信息网络犯罪活动罪是双层次立法目的下网络犯罪共犯规制独立化的立法设计,具有鲜明的时代特点与层次化的立法目的。对帮助信息网络犯罪活动罪的适用不能拘泥于《刑法》条文的形式规定,而应当结合其立法目的进行扩张或限缩。只有坚持层次性的目的适用,才能明晰帮助信息网络犯罪活动罪的实行行为,明确本罪与其他犯罪的差异所在,实现本罪打击网络犯罪领域"异化"的共犯组织形式的使命。

# 论强制医疗解除程序的完善

张子潺[*]

**摘　要**：2012 年《中华人民共和国刑事诉讼法》(以下简称《刑事诉讼法》)规定了依法不负刑事责任的精神病人(以下简称病患)的强制医疗程序。在该程序的具体落实过程中，强制医疗解除难问题日益突出，应对其进一步完善。首先，强制医疗解除的核心要件是被采取强制医疗措施的精神病人的人身危险性，对于该标准的界定，应采取"择一即可"的模式，即若病患达到精神疾病已经治愈或人身危险性丧失两个条件之一，则可解除强制医疗措施。在人身危险性认定上，只要没有实施暴力或以暴力相威胁的严重危害公民人身权利的犯罪行为的极大可能，便可综合考虑病患"出所"后所处环境对其接纳程度及诱发其再次"肇事""肇祸"的可能性大小，安排其"出所"。其次，针对强制医疗解除程序启动难的问题，应明确强制医疗所的职责，明确救治责任，积极治疗病患，减轻病患及其近亲属的看护负担，提高监护人监护意愿。再次，针对强制医疗解除决定难的情况，应提高法官的专业能力，通过近亲属监护和社会救助等方式减少病患"肇祸"风险，以减轻法院的决定压力。最后，人民检察院应加强对强制医疗机构和法院的司法监督，明确近亲属的复议权利，实现监督职责。

**关键词**：强制医疗解除程序；人身危险性；解除程序启动；法院决定；检察监督

刑事强制医疗程序是指对依法不负刑事责任且具有人身危险性的精神病人采取强制救治措施的特别诉讼程序。刑事强制医疗程序的设立是公共安全与病患权益平衡的结果。然而，刑事强制医疗程序自设立以来，理论研究颇多，但主要集中在启动程序，学界对强制医疗解除程序的关注较为缺乏。实践中病患"出所难"问题也较为突出，导致病患的基本人权遭受了于法无据的限制。目前，病患出所主要面临的问题有"丧失人身危险性"的审查、解除程序的启动、解除程序的决定以及解除程序的监督。因此，对强制医疗解除程序的研究有其理论和实践的必要。

---

　*　作者简介：张子潺，法律硕士，山东大学法学院学生，主要研究方向：刑事诉讼法。

# 一、问题的提出

近年来,精神病人"肇事""肇祸"案件多发。2010 年,公安部会同中央综治办、卫生部等开展了排查行动,结果显示:截至 2014 年,我国各类重性精神病人已达 210 万余人,全国累计筛查出危险等级在三级以上的精神障碍者有 30 多万名,其中有 5 万多精神病人曾"肇事""肇祸",轻微滋事的精神病人近 6 万名。①

为了将《中华人民共和国刑法》(以下简称《刑法》)第十八条第一款配以具体的程序性规定,2012 年《刑事诉讼法》设专章规定了"依法不负刑事责任的精神病人的强制医疗程序",但仅有六个条文。2016 年施行的《人民检察院强制医疗执行检察办法(试行)》、2018 年施行的《人民检察院强制医疗决定程序监督工作规定》、2019 年施行的《人民检察院刑事诉讼规则》(以下简称诉讼规则)第十二章第五节、2021 年施行的《最高人民法院关于适用〈中华人民共和国刑事诉讼法〉的解释》(以下简称适用解释)第二十六章陆续细化了强制医疗的实施程序。但强制医疗程序仍旧存在一些问题,尤其"出所"难的问题十分明显。

强制医疗所的环境相对封闭,病患仅能无选择地接受强制医疗所的治疗。但强制医疗所在对病患进行管理时,关注更多的是如何使病患更少"肇事""肇祸",而非病患如何更快康复、"出所"。短期来看,注重监管确实使"肇事""肇祸"率下降,但是只要病患未消除人身危险性,就要一直被强制医疗,监管只是"治标不治本"。因而实践中被采取强制医疗措施的病患的治疗周期偏长。数据显示,截至 2018 年 11 月 17 日,湖南省强制医疗所共收治涉刑事犯罪精神疾病患者 456 名,关押时长 8 年以上的 40%,5 年以上的有 60%,最长达 37 年,历年来康复后回归社会和家庭的病患只有 80 多人,从强制医疗所康复出院的病人每年只有个位数,有人称强制医疗所为"强制养老所"。② 同时,据湖南省强制医疗所工作人员估计,一个病患维持病情稳定和满足基本生活需求的年成本在两万元左右,由此带来的财政压力可想而知。

病患"出所"难带来的问题不仅仅是财政压力,更重要的是对病患人身自由的不定期限制。相较于有期徒刑时长的确定性,强制医疗虽有治疗之意但未必有治疗之

---

① 参见公安部办公厅于 2015 年 2 月 2 日印发的《关于〈强制医疗所条例(送审稿)〉的说明》。
② 参见湖南省程序法学研究会第二届理事会 2018 学术年会暨强制医疗法律问题研讨会中提供的数据。

实,监管时间长且不确定,加之解除程序于 2012 年才出现,历史不久、缺乏实践,因此漏洞频现,病患"出所"更是难上加难。

# 二、人身危险性判定标准之精确化

人身危险性作为判断病患能否"出所"的核心要件,其标准存在模糊性,对人身危险性判定标准的精确化与否将直接影响病患出所的难易程度。明确人身危险性界定标准、审查范围以及调低证明难度成为强制医疗解除程序改革的重点。

## (一)人身危险性判定存在的问题

### 1.人身危险性界定标准不明

在强制医疗的法定解除要件中,人身危险性的认定是一个核心问题。

在理论研究中,人身危险性在学界有狭义说、广义说、再犯可能与初犯可能统一说三种学说。狭义说仅指已犯罪的罪犯的再犯可能性;广义说还包括了依法不负刑事责任的犯罪人的再犯可能性和未犯罪但有极大犯罪可能的人的犯罪可能性;再犯可能与初犯可能统一说在广义说适用主体的基础上还包括守法人的犯罪可能性、被害人报复性犯罪的可能性等。因犯罪学侧重从存在论的角度揭示人身危险性在客观上是什么以及其形成的原因,从而采取相应措施,将这种可能性消灭,达到预防犯罪或再次犯罪目的,因而广义说是保安处分适用的基础,保安处分范畴的人身危险性即犯罪人实施犯罪的可能性或再犯可能性。[1]

在我国强制医疗解除程序的特定背景下,人身危险性即病患再次"肇事""肇祸"的可能性。但因精神疾病痊愈难度大且易复发,病患再次"肇事""肇祸"的可能性的范围不应该包括一切违法犯罪行为,应有所限制。《加拿大刑法》第 672.54 条规定,如果犯罪行为人对公众安全没有重大威胁,就应当无条件释放。在 1999 年的"温可诉英属哥伦比亚精神病院案"中,加拿大最高法院认为:"重大威胁"是指犯罪行为人重新进入社会后,所存在的严重危害个人身体或精神的现实危险,即危害的严重性和危害发生的高度盖然性缺一不可。[2] 易言之,人身危险性要求病患有极大可能暴

---

① 赵永红.人身危险性概念新论[J].法律科学,2000(4):75-82.
② 倪润.强制医疗程序中"社会危险性"评价机制之细化[J].法学,2012(11):89-99.

力或以暴力相威胁实施严重危害公民人身安全的犯罪行为。在《德国刑法典》中,严重危害社会的犯罪行为指最低法定刑在一年或一年以上的重罪。虽然在我国,一年以上的自由刑并不是重刑且我国《刑法》对轻刑和重刑的划分并不明确,但至少可以得出结论,再次"肇事""肇祸"的危险应限定在最低程度社会保障需求上,只要病患"出所"后没有实施暴力或以暴力相威胁的侵犯公民人身权利的严重违法行为的极大可能,即可综合考虑其他因素,安排"出所"。

2. 人身危险性审查范围有限

因病患较普通罪犯有其特殊性,病患"出所"后的再犯可能性如何衡量,是否以康复为标准,是否需要有其他因素以供参考,都是值得思考的问题。

在强制医疗程序中,精神疾病康复也可能复发而再次引发病患"肇事""肇祸"。康复并不意味着不会再犯,而是指已经没有了治疗的基础。有些难以治愈的精神疾病更难以确定其有没有再犯的可能性。那"精神疾病康复"与"不具备人身危险性"的关系究竟是什么? 即使精神疾病康复,病患仍可能因有精神疾病复发伤人的潜在风险而具有人身危险性,但其现已康复,已没有治疗的必要,是否可以释放? 有些病患的精神疾病难以治愈但是已经没有了较强的人身危险性,是否可以释放? 中国的强制医疗解除程序条件是病患不具备人身危险性,精神疾病本身不易康复且易复发,如果以"不具备人身危险性"作为解除强制医疗措施的标准,则增加了病患"出所"的不确定性。

病患的人身危险性是环境中的利益相关人对其感知的情况,而不仅仅是依靠司法鉴定得出的结论。病患再次"肇事""肇祸"的诱因可能是其"出所"后所处的环境对其的刺激。如果出所后病患能被社会接纳,生活环境相对稳定,则其再次"肇事""肇祸"伤人的可能性也大大降低。正如学者提到的,"强制医疗制度中对人身危险性的考量需要关注行为人当下以及将来的精神状态"[①]。但是在实践中,一般在监狱服刑后回归社会的人经常会因为其原有的生活环境中的人知晓其曾有犯罪前科而遭到隐形歧视。由于个人档案中有刑事犯罪记录,其在就业、生活以及社会保障方面受到极大的影响。根据调研,上海 C 区五年期在册刑释解教人员 1176 人,其中,刑释 981 人,解教 195 人。1172 人被安置就业,561 人实际就业,实际就业率为47.70%,已就业人员的就业岗位(多为保安、保洁、协管等)较为单一。[②] 据此我们可

---

① 李伟. 精神病人刑事强制医疗制度研究[J]. 中州学刊,2012(3):97-99.
② 王瑞山. 论刑释人员回归社会的制度困境[J]. 河南警察学院学报,2015(4):69-74.

以推断,有曾"肇事""肇祸"且患有精神疾病的双重标签的病患在回归社会时也会遇到类似的问题。另外,尽管依法不负刑事责任的精神病人其本身无刑事责任能力,不是罪犯,但在社会认知中,病患毕竟有"肇事""肇祸"行为,其虽"肇事""肇祸"却不担责,反而被"公费医疗",因而公众可能产生不理解甚至是不平情绪,如果有不恰当行为,则会导致患者再次"肇事""肇祸"。

### 3.人身危险性证明难度较大

人身危险性的界定标准不明,"丧失人身危险性"的证明也就相应地存在很大的困难。根据适用解释第六百四十五条及第六百四十六条的规定,解除强制医疗的案件中,由强制医疗机构或被强制医疗的人及其近亲属负举证责任,证明病患无人身危险性,不需要继续强制医疗。但依据现行法律规定,病患及其近亲属并没有对病患病情的知情权,病患进入了强制医疗所,其与近亲属的接触频率大大降低,让病患及其近亲属承担没有社会危险性的举证责任不合理,且证明没有人身危险性需要穷尽一切可能,比证明有人身危险性更难。[①]

## (二)人身危险性判定之完善

### 1.明晰人身危险性界定标准

综上所述,病患"不具备人身危险性"和病患"精神疾病康复"并不能画等号。"不具备人身危险性"和"精神疾病康复"可能存在两种搭配:一是病患丧失人身危险性但是精神疾病尚未康复,但其已经没有再次"肇事""肇祸"的极大可能,因而其对社会无害,并不需要被继续采取强制医疗措施;二是病患精神疾病康复但是仍具有人身危险性,这种情况下再对其进行强制医疗并不会对其精神健康造成任何益处,反而限制了其人身自由,其需要的是一系列外部的教育措施。

因此,强制医疗的解除条件可设置为"不具备人身危险性"与"精神疾病康复"择其一,如若病患精神疾病已康复但仍具有人身危险性,可选择以"精神疾病康复"为解除条件,后续可采取专人教育改造,以减轻其人身危险性;若病患丧失人身危险性先于精神疾病康复,因其再次"肇事""肇祸"的可能性已经大大降低,此时配合后期监护可以极大降低再犯的危险,则可选择以"不具备人身危险性"为解除条件。

### 2.增加人身危险性审查内容

在强制医疗程序的解除过程中,应拓宽人身危险性的审查内容,从两方面对病

---

① 张吉喜.中美刑事强制医疗制度相关问题比较研究[J].环球法律评论,2014(5):141-156.

患是否丧失人身危险性进行审查。

一方面,人身危险性中再次"肇事""肇祸"应限定为实施暴力或以暴力相威胁的严重违法行为的极大可能。这意味着,病患的人身危险性不仅要求极大可能实施犯罪,更要求是实施暴力或以暴力相威胁的严重违法行为,二者缺一不可。

另一方面,审查人身危险性时,不仅要审查申请"出所"时的病情状况,还应将审查的时间点延长到"出所"后,预审"将来状态"。故除常规医疗鉴定外,作出解除强制医疗措施的决定时应补充考虑病患出所后周遭环境对其产生的影响是否会造成该病患再次"肇事""肇祸",如果周遭社会环境良好并且人们对其接纳程度高,再犯可能性低,可准予出院;如果周遭社会环境不适合病患的居住,可考虑住所迁移或者其他方式或者不予出院。故为了促进程序能够高效有序运作,社会也应积极采取配套措施,组织心理专家以及社会志愿者等对病患进行心理疏导;民政部门、社区共同协作消除社会大众对于这类群体的不认同和不信任;通过立法反对就业歧视等。通过减少社会环境中刺激病患再次"肇事""肇祸"的诱因,降低其人身危险性。

3.变更人身危险性证明主体

为了缓解病患"出所难"的问题,人身危险性的证明应适用"存疑有利于被告"的原则,即将举证责任赋予更了解病患病情的强制医疗机构,证明责任的内容为病患仍旧具有人身危险性。如若强制医疗机构不能证明病患具有人身危险性,则需要承担证明失败的后果,即需让病患"出所"。这样一来,可以降低病患及其家属的证明难度,也可以促进强制医疗机构积极作为,实现资源的有效利用。

# 三、强制医疗解除启动程序之具体化

《刑事诉讼法》第三百零六条规定,有权申请解除强制医疗程序的主体为强制医疗机构和被强制医疗的人及其近亲属。但实践中,往往出现"两头堵"的现象。强制医疗所和病患家属作为强制医疗解除程序启动的两方主体在申请解除强制医疗时,面临着申请解除强制医疗意愿低下、不愿承担风险的问题。

(一)强制医疗解除启动程序存在的问题

1.强制医疗机构承担风险大

作为申请解除强制医疗程序的主体之一的强制医疗机构,其本身有治疗职责,应对病患定期进行诊断评估,以便对适合"出所"的病患提出解除申请。但是因为法律缺乏具体规定、强制医疗机构承担风险较大和费用问题,可能影响其履行职责。

《刑事诉讼法》第三百零六条规定了对病患的"定期"诊断评估制度,但期限是多长,并未明确规定。① 2016年,公安部起草的《强制医疗所条例(送审稿)》第三十四条将时间间隔细化为半年,起始时间为强制医疗执行期满一年之日起三十日内。其于2016年6月8日已公开向公众征求意见,但至今仍未发布。由于强制医疗机构的管理往往较为封闭,病患的健康恢复状况只有强制医疗机构知晓,如果缺乏监督,可能不能使病患及时出院。而实际上,对强制医疗机构不及时解除强制医疗程序的监督缺失显而易见。虽然《最高人民检察院关于印发〈人民检察院强制医疗执行检察办法(试行)〉的通知》第十五条规定了人民检察院对不及时提出解除意见的强制医疗机构应当及时提出纠正意见,但由于缺乏具体的配套实施方案,于法无据,实践中当然难以开展。

强制医疗机构可能因为承担责任大或费用不足而不为病患申请出所。一方面,没有标准来确定病患已不具有人身危险性,即使强制医疗机构进行了几年甚至几十年的治疗,病患状况确实已经持续稳定好转,但因为精神疾病本身难治愈且易复发,病患有再次"肇事""肇祸"的风险,人身危险性是否丧失难以确定。此时,如果强制医疗机构提出申请,可能会承担病患再次"肇事""肇祸"导致的舆论压力或政治压力,如果不提出申请,强制医疗机构仅需要承担来自病患及其家属的谴责而没有具化的责任。但因病患及其家属本身即为申请解除的主体,可自行提出解除申请,强制医疗机构承担的风险较小。两相对比,强制医疗机构往往不主动申请解除。② 另一方面,部分强制医疗机构的治疗费用来自病患自主缴纳,个别强制医疗机构因病患交不起相关费用,借故认定病患仍具有人身危险性,不提出解除意见,造成病患难以"出所"。③

### 2.病患近亲属解除意愿低

申请解除强制医疗的另一主体为病患及其近家属。被害人与解除强制医疗决定有直接利害关系,且解除决定存在违法或者违规的可能性,故被害人方参与强制

---

① 施鹏鹏,周婧.强制医疗程序适用中的疑难问题及对策[J].人民检察,2015(7):24-30.
② 胡嘉金,刘志军.解除强制医疗程序实务探析[J].法律适用,2018(13):86-92.
③ 刘小红,李晓兵.强制医疗执行监督问题研究——以广东省检察机关的司法实践为例[J].人民检察,2017(22):38-40.

医疗解除是实现公共利益与基本人权平衡的重要一环。① 但是,我国法律未明确赋予病患及其近家属对病患病情恢复状况的知情权,可能使病患近亲属不能及时启动解除程序。另外,部分病患的家属因为病患有前科、社会评价低、工作能力弱、没有生活来源、后期监护难度大,需要承担的家庭负担和社会责任沉重,不愿意提出解除申请。有学者对此进行调查,结果显示,家庭成员的阻力因素是病患回归社会难度大的一个重要原因。② 相比较而言,强制医疗机构环境优良,有国家财政的支持,病患自己或者其亲属也不愿意申请解除,导致解除程序不能启动,病患难以"出所"。

## (二)强制医疗解除启动程序之完善

### 1.明确强制医疗所职责

强制医疗所不仅是对病患进行治疗和监管的主体,也是掌握病患健康恢复状况的直接主体。这就意味着,强制医疗所的责任既包括积极对病患进行治疗,也包括为不具有人身危险性的病患积极提出解除申请。此外,强制医疗所的费用来源问题也值得讨论。

在治疗积极方面,首先,强制医疗所应摆脱"重在监管"的思维,积极采取多种方式对病患进行治疗。湖南省强制医疗所开设有唱歌、运动课、手工课等活动,有音乐治疗、香薰治疗等多种治疗方法。这有利于病患在相对稳定温馨的环境下恢复,更有利于其康复。其他强制医疗所可以学习借鉴,为病患更快"出所"创造条件。其次,根据适用解释第六百四十五条之规定,病患及其近亲属申请解除被驳回六个月后可以再次申请且申请时要提交病患的诊断报告,强制医疗所对病患的定期诊断周期可与此相结合定为六个月,以便病患近亲属及时有依据地提出解除申请,也可以使强制医疗所对病患的健康状况有基本的把握。最后,组织培训鉴定人员提高职业能力和职业素养,规范并统一鉴定人员的考核标准,以此来降低司法鉴定错误的可能性。

在及时提出申请方面,人民检察院应当对强制医疗所是否为不具有人身危险性、不需要继续进行强制医疗的病患及时提出解除申请进行监督,可以定期(建议每一年)派遣水平高于强制医疗所的司法鉴定人对病患的健康状况进行检验,促进符合"出所"条件的病患及时取得"出所"的机会。另外,法律应明确规定强制医疗所因

---

① 艾新平.强制医疗程序中被害人权益保护的不足与强化[J].人民检察,2016(1):76-77.
② 李军,袁有才.长期住院精神病人回归家庭困难的原因分析[J].西部医学,2009(11):2007-2008.

怠于提出申请而造成病患长期滞留强制医疗所的,将对强制医疗所的主要负责人员或直接责任人员进行追责,责任期间可以确定为一年以上,以促进强制医疗所积极履责。

在强制医疗的费用来源方面,鉴于强制医疗的功用为病患病情的恢复和维护社会公共安全,故承担费用的主体也应包括病患近亲属和社会。社会方面,应实行财政支出和社会保险相结合的模式,每年年初由强制医疗所结合近三年来的强制医疗费用开支情况报送预算报告,该年度内,对病患进行强制医疗时,先用财政拨款垫付强制医疗费用,然后按季度参照医疗保险报销政策,报销治疗费用。年底对强制医疗所的经费使用状况进行审核,以防止经费的滥用。为了缓解财政压力,也避免出现近亲属因病患"在所"不承担费用、病患"出所"承担费用而不愿接收病患"出所"的情况,病患近亲属也应承担部分费用,共同促进病患康复。

2.减轻病患近亲属负担

为解决近亲属因监护难度大不愿提出申请的情形,可参照湖南省强制医疗所的实践。现阶段,湖南省强制医疗所积极组织病患在良好的香薰环境下进行手工制作,这一方面有助于恢复,另一方面其手工取得的报酬可用于补贴家用,有利于实现病患的社会价值。鉴于这种情况,可以在病患的人身危险性降低到在可预见的期限内有望出所的程度时,储存其手工制作取得的报酬以作为其"出所"后满足自身生活的基本生活款,以此来实现其自身价值,减缓其近亲属的监护压力。监护人因经济原因无力照管时,也可向民政部门及残联申请救助,残联可采取向患者免费发放巩固治疗的基本药品等措施。对于无理由拒不承担照管义务的监护人,可赋予强制医疗裁决法院扣押监护人部分财产的权力,由法院有偿选任他人照管患者。

# 四、强制医疗解除决定之科学化

法院是解除强制医疗的唯一决定者,病患是否可以出院取决于法院的决定,法院的压力可想而知。实践中,一方面,迫于外部压力,法院往往不敢或不愿作出解除决定,强制医疗解除的困境在法院决定阶段也较为明显。另一方面,法官作为司法工作者,缺乏相关专业知识,难以作出解除决定。针对这个情况,应当提升法官专业素质,减少其面临的外部压力。

### (一)强制医疗解除决定存在的问题

#### 1.法官相关能力不足

法官不作出解除决定的重要原因之一是法官缺乏精神疾病相关的专业知识且精神疾病鉴定标准不一,法官难以达到内心确信。

依据《刑事诉讼法》规定,人民法院是解除强制医疗的唯一决定者。实践中强制医疗解除案件的审理通常是依据强制医疗所出具的诊断评估报告等材料,组成合议庭,结合病患及其家属的意见,以不开庭审理为主,开庭审理为辅,进行形式审查。在没有专家辅助人的参与下,法官是法律专家但非精神疾病鉴定专家,对专业性较强的诊断评估报告可能缺乏准确的理解,这可能导致法院因为担心专业水平不够不敢贸然决定,也增加了误判的可能性。

法官判断是否达到解除条件的一个重要依据即为强制医疗所出具的解除意见。解除意见中的一个重要组成部分即为病患的病情状况。暂且抛去强制医疗所水平参差不齐的因素,即使强制医疗所在同一较高水平,因我国目前通行的精神疾病鉴定依据的是中国精神障碍分类与诊断标准第3版、国际疾病分类第10版及美国精神障碍诊断和统计手册第4版三个诊断系统,不同的诊断系统侧重点不同,通过不同的诊断系统可能得出不同的结论,本身鉴定人适用不同的诊断系统就极容易对病患是否在医学上仍具有精神疾病及其严重程度得出不同诊断结果。

法官缺乏实质审查诊断评估报告的专业知识,诊断评估报告本身也并不能高度准确,加之对人身危险性是一个不确定、不可量化的指标体系,仅能借助就诊期间患者病情的进展、定期诊断评估的情况以及就诊前其一贯的行为表现等相关因素进行盖然性判断,具有不确定性。[①] 精神疾病痊愈可能因复发而具有"肇事""肇祸"风险,精神疾病持续稳定好转但不痊愈更有再次"肇事""肇祸"的风险。由于缺乏绝对准确的依据,法院往往因达不到内心确信,不敢贸然决定。

#### 2.法官承担压力较大

法官作出解除强制医疗的决定时,承担病患"出所"后因精神疾病复发再次"肇事""肇祸"而产生的舆论谴责和潜在压力。这是因为,人民法院进行审查时,重点审查被申请人当时是否有人身危险性,并未考虑到病患被解除强制医疗后的一段时间

---

① 潘侠.破解暴力型精神病人管束刍议——基于三部法律联动的视角[J].法学论坛,2016(3):112-118.

内的人身危险性问题。从司法实践和社会情感来看,病患工作能力较低,"出所"后难以得到稳定的收入来源,而且极易被社会排斥从而产生抵触情绪,加之精神疾病本身易反复,病患容易再次"肇事""肇祸"。因最后的把关者是法院,一旦病患在"出所"后再次危害社会,社会舆论将全部倒向人民法院,法院必然要承担某些责任。故某些法院可能会本着"不做事就不会错"的态度或者从保护社会公共安全的角度不愿作出解除刑事强制医疗的决定。

故在司法实践中,部分法院接收解除建议书后,往往会做出不理睬不回应、超时间超期限办案、笼统回复病人还具有人身危险性、以非法定理由拒绝解除的反应。刑事执行检察部门不能进行有效的监督,使一些符合解除条件的病人长期被限制自由,难以"出所"。①

## (二)强制医疗解除决定之完善

### 1.提高法官专业能力

病患的再犯可能性是医学与法学相结合的问题,因此法院应自身培养具有司法精神疾病知识的人才或与司法精神疾病鉴定机构保持固定的合作关系,使其自身能够理解强制医疗所出具的诊断意见。法官在对严格遵照规定制作的诊断评估报告书进行审查时,如有任何疑问,可质询诊断评估人或病患,或引入专家辅助人就报告书的内容向诊断评估人或病患质询。② 通过庭审过程中的质询,听取强制医疗所对病患强制医疗期间的外在表现,综合决定是否作出"予以解除"的决定。

### 2.减少病患肇祸风险

为减少病患"肇事""肇祸"的风险,在近亲属监护人方面,保障病患及其近亲属的知情权,确保在其启动申请解除强制医疗程序时已经掌握了病患的基本情况,并且主观上愿意监护病患,客观上具备满足病患生活的充分且必要的监护条件。在申请时,应同时提交强制医疗人员的评估诊断报告等能够确定监护人监护能力的证明材料。如果病患"出所"后再次"肇事""肇祸"是由监护人故意放任造成的,应由监护人承担责任。病患"出所"后,由负责各片区的民警为被解除强制医疗的人建档,在较长的期限内定期跟踪、随访,及时掌握其动向,同时辅助医疗复查,也可以设立刑事强制医疗救助热线,当病患监护人发现病患动态异常时,及时反馈辅助得到相应

---

① 杨有鹏.强制医疗执行检察监督强化路径[J].人民检察,2016(9):53-55.
② 潘侠.刑事强制医疗解除研究——基于患者再社会化的进路[J].贵州社会科学,2016(7):76-81.

的援助。同时鼓励社区或者社会中的民间热心团体针对"出所"的病患给予帮助。

# 五、强制医疗监督救济之规范化

检察院的职能是提供司法监督,但是在强制医疗解除的过程中,检察院的监督职责并不到位,病患"出所难"的问题也较为突出。

## (一)强制医疗监督救济之立法困境

强制医疗解除决定的监督者是人民检察院和病患及其近亲属。适用解释第五百四十三条规定人民检察院可以对解除强制医疗的决定进行检察监督,但法律未赋予解除强制医疗措施的申请人复议的权利。即便检察院可以进行监督,但是具体监督的方式是怎样的却没有详尽规定。诉讼规则仅规定,人民法院对强制医疗案件开庭审理的,人民检察院应当派员出席法庭。对于解除强制医疗的案件,是否可类推适用?[①] 检察机关也非专业人员,即使有《刑事诉讼法》第三百零七条、适用解释第六百四十八条和诉讼规则第五百五十条的规定,检察机关可以进行监督,但其是否能及时有效地进行检察纠正?[②] 如果法院作出不予解除强制医疗的决定时,检察院不能有效监督,申请人没有复议途径,病患的人身自由可能长时间被限制,这造成的危害也不亚于有期徒刑。

## (二)强制医疗监督救济之完善途径

### 1.加强检察院司法监督

检察机关的监督主要体现在强制医疗所是否适时提出解除申请和法院审查是否程序合法、决定是否不当。故检察机关的检察监督能力应从强化对强制医疗所的监督和强化对法院的监督两个角度来加强。

一是强化对强制医疗所的监督。可以分情况实行常驻检察或巡回检察,检察室成员内应至少有一名具有较高的司法精神疾病专业知识,采用流动式,每2～3年进行人员更换,职责主要有把握病患恢复情况、监督强制医疗所的救治和管理行为是

① 高祥阳,王景亮.北京市强制医疗执行检察监督中的问题和对策[J].河南社会科学,2015:17-21.
② 王君炜.我国强制医疗诉讼救济机制之检讨[J].法学,2016(12):126-133.

否合法有效、强制医疗所是否为符合"出所"条件的病患提出解除申请、强制医疗所的申请是否有合法有效的依据等。

二是强化对法院的监督。监督内容包括参与法庭庭审和对决定的监督。在强制医疗解除案件中,派驻的检察室应派代表参与庭审,最好是具有精神疾病专业知识的成员,以解决检察员不具有专业能力而无法实施有效监督的问题。人民检察院应主动监督人民法院解除强制医疗案件的决定;经病患、近亲属申诉、控告,及时纠正法院错误行为。同时应监督法院是否有未组合议庭、应回避不回避、徇私舞弊、贪污受贿等不法行为,以促进决定合法有效。如果法院不能对不认同诊断意见的决定进行说理并提供证据,刑事执行检察部门可提出纠正意见,以便对解除活动进行完全监督。

2. 明确近亲属复议权利

申请人不服法院继续接受强制医疗的决定的,可以提起复议,由强制医疗所另组评估鉴定专家委员会重新出具诊断意见交于上一级人民法院,由上一级人民法院对强制医疗解除案件进行再次审理,此次决定为最终决定。具体程序,参照适用解释第六百四十二至六百四十四条对强制医疗决定的复议程序之规定。

# 六、结　语

自 2012 年《刑事诉讼法》以专章设定强制医疗程序以来,强制医疗程序的相关配套规定陆续颁布,理论研究也颇多,但大多集中于强制医疗的适用条件、启动程序等内容。实践中,解除难问题较为突出。病患被决定予以强制医疗后即身处强制医疗所接受强制医疗,与外界隔绝。在现行强制医疗所注重监管而不注重治疗的背景下,病患长时间以接受治疗的名义接受强制医疗所的监管,疾病得不到有效治疗,被长时间限制自由无法"出所"。病患"出所"要考虑社会公共安全与病患自由权的平衡,在不危害公共安全的最低标准下,应允许病患"出所",使其更快融入社会,同时促进医疗资源和财政支出的有效利用,使有限的资源为更多的人有效使用。如此不枉不纵,才能达到社会与个人的和谐,公共安全与个人人权的统一,促进法治中国的建设。

行政与治理

# 论行政争议诉源治理机制的构建

## ——行政诉讼的视角

殷　勤　魏佳钦*

**摘　要**:诉源治理体现了党的社会治理政策的深刻转变。《中华人民共和国行政诉讼法》(以下简称《行政诉讼法》)修改实施以来,"争议实质性解决"成为评价行政审判成效的最主要标准,从源头上减少诉讼增量成为行政诉讼制度改革的主要目标。行政争议诉源治理,既指向行政案件数量的减少,也指向行政争议本身的消弭,指向"官""民"关系的和谐。在坚持前端治理、综合治理、治理法治化以及司法最终原则的基础上,行政诉讼可在观念上确立一次性解决纠纷的审判理念,建立梯度性的行政案源治理机制,形成分层递进式的多元解纷格局,完善以"有特定内容的责令履行"为核心的行政判决方式,围绕"行政复议化解行政争议主渠道"定位衔接行政诉讼与行政复议制度。

**关键词**:行政诉讼;行政争议;诉源治理;实质化解

## 一、问题的提出:行政诉讼权利救济模式与争议解决的张力

"提起行政诉讼—合法性审查—判决结论"是行政诉讼救济权利的规范结构。权利需要救济源于特定行政行为的侵害,即行政机关通过设定义务、否定请求权等方式创设、变更或消灭行政实体法律关系。权利救济意味着对行政实体法律关系的调整,而救济的深度可视为调整的界限。

在《行政诉讼法》制定的 1989 年,全国法院受理一审行政案件不到 1 万件,1990 年 10 月《行政诉讼法》施行后,1991 年全国法院受理一审行政案件达到 2.5 万件,到 2014 年达到 14 万件。《行政诉讼法》修改和立案登记制实施后,全国一审行政案件

---

　　* 作者简介:殷勤,法律硕士,江苏省南通市中级人民法院行政庭审判员,主要研究方向:行政诉讼法学,具体研究方向:行政判决方式研究;魏佳钦,法学硕士,浙江省绍兴市中级人民法院研究室二级法官助理,主要研究方向:民商法学。

的数量大幅增加,至 2021 年达到近 29.8 万件。与此同时,立案登记制实施前的 2010—2014 年,全国行政诉讼一审驳回起诉的案件数量为年均 1 万件,2015 年以后增长至年均 6 万件,增长了 5 倍,近四分之一的案件以裁定驳回起诉的方式结案。行政案件数量大幅增长,数量众多的案件又经上诉、申诉等途径寻求更高级别的法院解决,上、下级法院法官人均办案量呈"倒立的金字塔"。最高人民法院公开的该院行政裁判文书从 2016 年的 4885 份增长到 2020 年的 14397 份,过重的案件负担也让上级法院倾向于"尊重"而非"改变"下级法院的裁判。

第一,行政诉讼并不受理所有行政机关作出的对公民、法人或者其他组织有影响的行政行为,而只受理特定范围内的行政行为。诸如特别权力关系、规范制定行为等,仍不属于行政诉讼的管辖范围。虽然行政诉讼的受案范围呈不断扩大趋势,但由于行政行为概念本身的不确定性,以及受限于以撤销诉讼为主的既有诉讼结构①,实际能纳入司法审查的行政行为仍受到颇多限制,行政诉讼对私权的保护总体仍不尽全面。

第二,行政诉讼对当事人诉求进行回应的深度有别且总体较浅。除法院通过撤销行政行为,直接消灭行政机关给行政相对人设定的义务或负担以外,其他诸如"撤销+重作"判决、"确认违法"判决、"履行法定职责"判决等主要判决类型中,行政相对人的基础地位仍由行政机关处置。虽然基于实践的需要,司法解释创设了法院可以直接判决行政机关作出含有特定内容的行政行为,但仍受到判决时机、司法权与行政权的固有界限等限制,与人民群众对基础权利能够得到救济的期望尚有落差。

第三,行政诉讼主观诉讼的启动方式与客观诉讼的审理裁判方式存在内在的紧张关系。撤销之诉作为行政行为合法性审查的核心内容,在诸如行政不作为、民行交叉、征收补偿等行政案件中,无法或者难以触及案件的实质争执点,行政诉讼程序终结后,行政争议并未得到解决。当事人持续启动、引发后续法律程序,这既包括一审程序结束后启动二审程序、再审程序,也包括法院判决作出之后行政机关再次启动行政执法程序,行政执法程序的再次启动很可能又会引发新一轮行政复议与行政诉讼,导致"程序空转"。②

第四,现行行政争议解决机制整体向处于后端的行政诉讼施压,不利于争议的有效解决。不可否认,行政诉讼在现阶段已经成为行政争议解决的主渠道,且行政

---

① 付荣,江必新.论私权保护与行政诉讼体系的重构[J].行政法学研究,2018(3):7.
② 王万华.行政复议法的修改与完善——以实质性解决行政争议为视角[J].法学研究,2019(5):104.

案件向上级法院集中的趋势日益明显。由于相关的各种行政争议解决制度缺少配合,相互之间脱节现象严重,对所有行政争议的处理缺乏通盘考虑,未能发挥制度群体的组合优势。有的行政争议长期不能得到解决,没有一种最终的争议解决机制为争议的处理画上圆满的句号,行政争议解决机制整体的制度性权威不足。

## 二、诉源治理观的嵌入

行政案件"程序空转"现象成为困扰行政诉讼的突出问题,致力于行政纠纷实质性解决被视为行政审判工作的职能定位。作为党的十八大以来的一项社会治理新政策,诉源治理被频繁写入权威政策性文件[①],诉源治理观强调矛盾纠纷源头预防、前端化解、从源头上减少诉讼增量,与行政争议实质性解决具有高度同构性,并迅速成为引领性的司法政策。

（一）实质性解决行政争议作为引领性司法政策

《行政诉讼法》颁行时,解决行政争议并非行政诉讼制度的法定功能,维护与监督并举、支持与制约并重,一度是行政审判基本的指导思想。中共中央办公厅、国务院办公厅于 2006 年 9 月印发的《关于预防和化解行政争议、健全行政争议解决机制的意见》,首次在中央文件层面提出"注重运用调解手段化解行政争议",最高人民法院之后在 2007 年 4 月印发《关于加强和改进行政审判工作的意见》,将"化解行政争议"明确为行政审判的主要任务之一,并在 2009 年 6 月印发《关于当前形势下做好行政审判工作的若干意见》,提出以"争议的实质性解决"回应行政案件"上诉率高、申诉率高、实体裁判率低、原告服判息诉率低"的"两高两低"问题,行政争议实质性解决正式成为促进行政审判科学发展的长效机制。

2014 年修正后的《行政诉讼法》第一条将解决行政争议新增为一项立法目的,置于保护公民权利和监督依法行政之前,体现了"立法机关进一步强化行政诉讼制度化解行政纠纷功能的明显意图"[②]。这一修订得到了广泛认同,认为此举是对行政诉

---

① 中央全面深化改革委员会于 2021 年 2 月通过的《关于加强诉源治理推动矛盾纠纷源头化解的意见》强调,法治建设既要抓末端、治已病,更要抓前端、治未病。要坚持和发展新时代"枫桥经验",把非诉讼纠纷解决机制挺在前面,推动更多法治力量向引导和疏导端用力,加强矛盾纠纷源头预防、前端化解、关口把控,完善预防性法律制度,从源头上减少诉讼增量。

② 章志远.行政争议实质性解决的法理解读[J].中国法学,2020(6):123.

讼功能的理性回归和正本清源,其积极意义"远不仅仅是宣示,还起到了对总体架构的整备和对具体制度的完善的统领作用"①。

实质法治主义之下的行政争议解决,意即"一是案件已经裁决终结;二是当事人之间的矛盾真正得以解决;三是通过案件的审理,明晰了此类案件的处理界限"②。在立法修改的基础上,最高人民法院于 2019 年 2 月出台了《人民法院第五个五年改革纲要(2019—2023)》(以下简称《纲要》),在顶层设计层面形成和确认了"诉源治理"司法政策。《纲要》提出"完善'诉源治理'机制,坚持把非诉讼纠纷解决机制挺在前面,推动从源头上减少诉讼增量",围绕推进行政诉讼制度改革,《纲要》提出"改革完善行政审判工作机制,依法保护行政相对人合法权益,推动行政争议实质性化解,监督和支持行政机关依法行政"。2020 年以来,最高人民法院先后出台了《关于行政机关负责人出庭应诉若干问题的规定》《关于正确确定县级以上地方人民政府行政诉讼被告资格若干问题的规定》《关于办理行政申请再审案件若干问题的规定》《关于推进行政诉讼程序繁简分流改革的意见》等司法文件,完成了行政机关负责人出庭应诉、行政案件繁简分流、行政诉讼管辖改革等举措与实质性解决行政争议的功能衔接,以"更好满足人民群众多层次、多样化的解纷需求,推动在发生地对行政争议进行诉源治理"③。

## (二)现代行政法关系结构下的诉源治理

现代行政法关系结构中,行政主体和行政相对人之间的关系是行政法关系的核心,并且行政主体的强制性逐步弱化,行政相对人的参与度逐渐提升,行政管理体制已由等级金字塔逐步趋向于扁平化的多元治理,行政相对人从间接、浅层参与,逐渐发展为趋向合意的直接、深度参与。预防和化解行政争议应当以行政主体和行政相对人为主,向前端的行政程序聚集,通过强调行政主体和行政相对人的自律和自我规制,使更多的行政法关系在法治框架内自我维持和存续。同时,更加强调双方平等的法律地位,强调公民对行政过程的靠前、深度参与,以及合作、同意、协力等非强制性的纠纷解决方式,体现一种"协商—合意"的纠纷解决思路。

诉源治理既包含面向诉讼的源头治理,也包含面向争议的源头治理,前者旨在

---

① 李广宇.新行政诉讼法逐条注释[M].北京:法律出版社,2015:12.

② 江必新.论实质法治主义背景下的司法审查[J].法律科学(西北政法大学学报),2011(6):54.

③ 刘婧.严格正确贯彻行政诉讼法,切实保护当事人诉讼权利——最高人民法院相关负责人就《关于正确确定县级以上地方人民政府行政诉讼被告资格若干问题的规定》和《关于办理行政申请再审案件若干问题的规定》答记者问[N].人民法院报 2021-03-28(4).

行政案件"减诉少讼",后者旨在行政争议"化讼止争"。就"减诉少讼"而言,其一,通过诉讼与非诉讼程序的衔接,引导适宜通过非诉方式解决的纠纷在诉前向诉外分流,减少纠纷进入诉讼;其二,通过梯度性的分层治理机制,科学配置审判资源并高效化解诉讼纠纷,减少二审、执行、涉诉信访等诉内衍生案件。就"化讼止争"而言,其一,通过推动行政系统内部自我纠错,促进已经形成的行政争议在萌芽和形成阶段能得到有效解决,促进纠纷通过前端防线有效解决和过滤;其二,通过重大行政决策以及行政立法活动的实质参与,非强制性行政执法方式的推介和运用,以及引领性判决对法律规则的重申,推进基层善治、全民守法,从根源上避免行政争议的发生。

## 三、行政争议诉源治理的法理逻辑

行政审判因应党政主导的诉源治理,既是坚持党对人民法院工作绝对领导的政治体现,也反映了行政管理模式和监督救济方式的变迁,同时也是行政审判纾解困境和实现发展的现实需求。

### (一)党的社会治理政策的变迁

诉源治理是创新社会治理理念在社会矛盾预防和化解领域的具体体现,契合了新时代政法工作维护国家政治安全、确保社会大局稳定、促进社会公平正义、保障人民安居乐业的任务定位。立足新发展阶段、贯彻新发展理念、构建新发展格局,行政审判既要努力减少案件存量,也要缓解案件增量,使案件数量保持在合理的区间范围;既从内部挖潜提高审判质效,也善于借助外力协同化解。[①] 在迈向国家治理现代化的征程中,主动融入党委领导的诉源治理格局,是行政审判坚持党对人民法院工作绝对领导的诠释,也是诉源治理存在的政治逻辑基础。

### (二)行政管理模式从管制向治理、善治的转变

在治理模式下,政府与公民之间的关系正在向沟通、协商与合作转变,政府不再单纯依靠强制力,而是与行政相对人互相合作,反复比较和试错,相互批评和协助。行政相对人的参与也不是形式上的,而是能够实际表达主张或异议,并能够获得体

---

① 章志远.新时代行政审判因应诉源治理之道[J].法学研究,2021(3):199.

现和回应。① 不仅通过协商对话解决行政争议应当成为常态,由于具有较为畅通的信息交流和反馈机制,双方也容易搁置争议,继续在行政管理的其他环节进行合作,以此减少"高权强制"和"私力救济"发生的概率。

### (三)行政监督救济理念和救济方式的更替

古典行政法将行政机关设想为一种纯粹的"传送带",认为行政机关的职责就是对立法指令严格而准确地执行。② 现代行政法以"社会本位"为人文精神,"最少干预最好政府"的自由法治国理念为"最多给付最好政府"的社会法治国理念代替。③ 现代行政任务的转变,为构建新的行政监督救济方式提供了思路。"公法必须对国家管理模式中的监督救济机制加以改造,建构一套与行政法自身发展相匹配的监督救济机制。"④伴随着公共权力主体的多元化和运作方式的多样化,单一的权力制约体系难以实现权力结构的均衡,行政监督救济的关注点需发生转移,即把回溯式的行政行为合法性审查"控制",替换为基于行政规则所形成的有计划的服务,建构起一种行政任务导向、多方参与、前端、面向行政争议解决、诉讼与非诉讼机制相衔接的、更为广泛的公共权力监督网络,并体现服务与合作、信任与沟通精神。

### (四)新时代行政审判模式和法律程序的变革

诺内特和塞尔兹尼克将国家和法律程序划分为压制型法、自治型法和回应型法,压制型法是作为压制性权力的工具的法律;自治型法是作为能够控制压制并维护自己的完整性的一种特别制度法律;回应型法是作为回应各种社会需要和愿望的一种便利工具的法律。⑤ 面对社会转型所引发的一系列问题,行政审判需主动回应各种社会需要和愿望。"必须在更普遍的意义上把握合法性的理想……在目的型组织里,权威必须是开放的和参与性的:鼓励协商;说明决策的理由;欢迎批评;把同意当作是对合理性的一种检验。"⑥行政诉讼需要坚持现实问题和社会需求双重导向,

① 耿宝建.行政纠纷解决的路径选择[M].北京:法律出版社,2013:13-14.
② 姜明安.新世纪行法发展的走向[J].中国法学,2002(1):68.
③ 章志远.中国行政诉讼中的府院互动[J].法学研究,2020(3):12.
④ 罗豪才,宋功德.公域之治的转型——对公共治理与公法互动关系的一种透视[M]//罗豪才,等.软法与公共治理.北京:北京大学出版社,2006:31.
⑤ 诺内特,塞尔兹尼克.转变中的法律与社会:迈向回应型法[M].张志铭,译.北京:中国政法大学出版社,2004:19.
⑥ 诺内特,塞尔兹尼克.转变中的法律与社会:迈向回应型法[M].张志铭,译.北京:中国政法大学出版社,2004:111.

更具开放性和灵活性,更加注重实质正义,借助更多法治力量,疏导和实质性解决行政争议,营造一种化解矛盾、促进发展、实质正义的法治氛围。

（五）行政审判纾解困境实现科学发展的策略选择

行政诉讼在现阶段遇到了很多问题和挑战。如一些当事人非理性行使诉权,形成所谓"泡沫争议"①,征收补偿安置等时间跨度长的行政争议多发、易发等②。为了有效弥合法律文本与审判实践之间的缝隙,行政诉讼制度改革从"以审理判决为中心"移向"审理判决与协调化解并重"。行政审判面对自身资源有限和负载期望过重的挑战,对内挖掘行政诉讼制度本身的潜力,对外健全行政争议多元解决机制,创新行政案件诉前调解机制,并成为推进行政争议实质性解决的系统化机制。③ 在寻求争议解决的过程中,人民法院主动向党委、人大汇报工作,积极回应创新社会治理、建设法治社会的政策主张,帮助行政权防范风险,更有利于寻找和获得政治体制支持,促进司法环境优化和司法公信力提升。

# 四、分流与解纷:行政争议诉源治理的实践逻辑

现阶段,法院推进行政争议诉源治理机制主要源于诉讼案件的压力过大,意在通过分流与解纷调控诉讼案件增量,缓解办案压力。

（一）多中心主义的行政审判

达玛什卡构建了两种理想型国家及其司法程序,在以维持社会平衡为己任的国家,司法的主要目标是解决纠纷,而在以按照政治理想改造社会为己任的能动型国家,司法的主要目标是实现政府的规划和政策。④ 其中,纠纷解决型程序居于传统定位,其方法是坚持法条主义⑤,政策实施型程序则具有多中心主义特征,不仅立法在

---

① 浙江省高级人民法院联合课题组.关于"三改一拆迁"行政诉讼案件有关问题的调研[J].行政执法与行政审判,2019(72):226.

② 章志远.新时代行政审判因应诉源治理之道[J].法学研究,2021(3):200.

③ 侯丹华,孙焕焕.行政争议实质性解决机制实证研究[J].行政执法与行政审判,2019(72):209.

④ 达玛什卡.司法和国家权力的多种面孔:比较视野中的法律程序[M].郑戈,译.北京:中国政法大学出版社,2015:92.

⑤ 阿列克西.法律论证理论:作为法律证立理论的理性论辩理论[M].舒国滢,译.北京:中国法制出版社,2002:311.

引导社会变迁,司法也积极参与社会变迁的过程①。

我国的市场化是由政府推动的改革,政府的作用依旧非常突出,政府从计划经济下的管理者转变成市场经济下的管制者。在社会生活的诸多领域中,法律都是一种重要的革新工具,国家模型经历了"全能行政—有限行政—有为行政"的嬗变,体现了达玛什卡所说的国家类型的双重面向。② 承载权利保护和权力监督理想的行政诉讼制度,既有纠纷解决的功能,又有政策实施的目标,同时还是公民谋求与行政机关负责人积极对话、表达利益诉求的合法场所。表面来看,行政审判对内表现出对待法律文本、法律规则、法律制度和法律解释方法的谦抑态度,对外表现出对其他权力机关的尊重、恪守权力边界。③ 但事实是,行政审判经常超越单一的法律维度,把追求外部社会目标作为重要考量,合理平衡各种诉求和利益关系,恰当解决各种规则及价值的冲突,甚至对社会和政治过程深度干预,形塑新的制度结构,促成社会的重大变革,进而"在法律与变幻不定的社会事实中搭建起一架不离不弃的浮桥"④。因此,行政审判在社会生活,尤其是在国家的政治生活中正扮演着更为重要的角色,具有裁判者、协调者、建议者、释明者、沟通者、教化者等多重身份。

(二)诉讼导向的分流与解纷

诉讼导向的诉源治理观主要遵循"分流"和"解纷"两条路径,其目的在于调控诉讼案件增量,缓解办案压力。

其一,诉前分流。通过建立立案前的委派或者联合调解机制,固定化专门平台,对行政案件予以诉前化解和分流。如山东省高级人民法院于 2019 年 6 月印发《关于建立行政争议审前和解机制的若干意见》,推动在省内市县两级建成行政争议审前和解中心,将"委派和解案件数占一审行政案件收案数 50% 以上"作为主要标准之一,推动审前和解中心实体化运行。⑤ 浙江省于 2019 年 12 月实现法院与行政机关共同设立行政争议调解中心的省市县三级全覆盖,将非诉讼纠纷解决机制挺在行政诉讼之前,由行政争议调解中心诉前过滤,实现行政诉讼案件同比下降和协调化解

① 章志远.中国行政诉讼中的府院互动[J].法学研究,2020(3):10.
② 汪庆华.中国行政诉讼:多中心主义的司法[J].中外法学,2007(5):531.
③ 李清伟.司法克制抑或司法能动——兼论公共政策导向下的中国司法能动[J].法商研究,2012(3):86.
④ 顾培东.能动司法若干问题研究[J].中国法学,2010(4):12.
⑤ 山东省高级人民法院行政庭.山东省高级人民法院多措并举提升行政审判质效[J].行政审判通讯,2020(5):4.

率持续领跑全国。①

其二,诉中解纷。借助行政负责人出庭应诉、府院联席会议、重大事项专报等工作机制,充分发挥党委政府的力量,通过多样化的协调和解,实质性解决行政争议。如最高人民法院在提审林建国诉济南市住房保障和房产管理局房屋行政管理一案中,时任行政审判庭庭长亲赴当地公开为双方当事人主持调解,首次依据修正后的《行政诉讼法》以行政调解书方式结案,对各地法院产生了良好的示范效应。该案作为实质性化解行政争议方面的典型案例入选了 2017 年 6 月发布的最高人民法院行政审判十大典型案例。上海、安徽、吉林高级人民法院分别在 2019 年发布"行政争议实质性解决十大典型案例",释放出通过府院联动促进行政争议实质性化解的改革信号。最高人民法院还在郴州饭垄堆矿业有限公司与中华人民共和国国土资源部等国土资源行政复议决定再审案的判决书中,载明"本院审理期间,曾多次组织各方当事人并邀请湖南省国土厅、郴州市政府、前期曾经签订整合并购协议的单位参与协调整合事宜"的事实②,代表了"诉源治理观嵌入行政争议解决过程后人民法院行政裁判文书发展的一种新模式"③。

其三,对诉权的引导与规制。针对实行立案登记制以来非理性诉讼和衍生性诉讼增多的态势,一方面,强化诉讼释明引导机制,如最高人民法院在多个《行政法官专业会议纪要》中均明确要求"立案或者一审审理期间对当事人的诉讼请求给予指导和释明,正确选择被诉行政行为、适格被告及有利于争议实质化解的诉讼请求"。另一方面,严格起诉条件审查机制,对于极个别当事人不以保护合法权益为目的,长期、反复提起大量诉讼,滋扰行政机关,扰乱诉讼秩序的,依法不予立案。在陈则东与浙江省人民政府不履行行政复议法定职责再审案中,最高人民法院进一步指出"对已经认定为滥用诉权的起诉,可以退回诉状并记录在册。坚持起诉造成诉讼对方或第三人直接损失的,人民法院可以根据具体情况对无过错方依法提出的赔偿合理的律师费用等正当要求予以支持"④。此举有助于阐明立案登记制的要义,减少大量不必要的"泡沫诉讼"和滥用诉权现象。

---

① 危辉星,管征.实质性化解行政争议的路径探寻[J].行政执法与行政审判,2019(75):266.
② 参见最高人民法院(2018)最高法行再 6 号行政判决书。
③ 章志远.新时代行政审判因应诉源治理之道[J].法学研究,2021(3):197.
④ 参见最高人民法院(2018)最高法行申 6453 号行政裁定书。

## 五、超越救济:建立行政争议诉源治理机制的构想

人民法院通过分流与解决纠纷追求对诉讼的源头治理,实现调控诉讼增量的目标,但此种功利性回应也存在治理碎片化、固有监督功能弱化、规范性依据不足等问题。需整合现有制度资源,突出争议解决方式的层次性,实现法治化治理。基于诉源治理的化讼止争面向,行政审判应当在一定程度上超越救济理念、超越"以审判为中心",通过回应基本权利保障、满足行政权行使的合法化诉求,减少行政争议的初生和复生。

### (一)确立一次性解决纠纷的审判理念

行政诉讼法将解决行政争议作为立法目的之一,旨在尽可能把有关的纷争在一个诉讼中一次、统一地予以解决。这需要当事人与法院共同努力。

其一,原告应当集中、适时提出诉讼资料,除非有正当理由,原告均应当在一次诉讼中提出与本案有关联的所有诉讼请求,全盘托出、不留后手。

其二,被告应当在作出行政行为的同时教示当事人救济途径,重在对行政行为合法性提供证据,支持、配合法院对实体问题进行审理和作出判决。

其三,法院应当均衡体现主、客观两方面诉讼构造,重点围绕原告的核心权利主张、结合行政行为的合法性与效力进行审理和裁判,注重化解纠纷和解决具体事,防止将一次诉讼、一并解决的问题分割成多个行为、多起纠纷、多件案件。

其四,应当明确四级法院审级职能定位,加强审级制约监督体系建设,实现依法纠错与维护生效裁判权威相统一。现代制度设计的一般原理是,越靠近塔顶的程序在制定政策和服务公共目的方面的功能越强,越靠近塔基的程序在解决纠纷和服务个体权利方面的功能越强。[①] 基层法院应重在准确查明事实,提高实体判决比例,实质化解纠纷;中级人民法院重在二审有效终审,精准定纷止争;高级法院重在再审依法纠错、统一裁判尺度;最高人民法院择案而审,监督指导全国审判工作、确保法律正确统一适用。

---

① 傅郁林.民事司法制度的功能与结构[M].北京:北京大学出版社,2006:5.

### （二）构建梯度性的行政案源治理机制

适度的纠纷是社会发展具有生机活力的体现。"一个没有冲突的社会将是毫无生机、沉闷乏味的社会。"[1]诉源治理并不排斥纠纷,其关注的是如何有效解决和防止纠纷。行政诉讼同样不排斥当事人积极行使诉权,但考虑到司法资源的有限性,需要根据不同情形,构建有梯度的诉权甄别保障机制。

其一,对理性行使行政诉权的当事人,行政审判应当体现精准保障,加强释明引导,对起诉条件做出相对宽容的解释,缓解"起诉高阶化"现象。[2]

其二,对精明行使诉权的当事人,应当体现适度容忍的姿态。行政争议的背后往往蕴涵着复杂的利益纠葛,折射出剧烈的时代变迁。站在民众维权的角度,无论是出于诉讼策略,还是基于法律规定的模糊,抑或对法律漏洞的利用,当事人行使诉权看起来像是故意"找茬",但其本身也具有社会监督、倒逼行政机关依法行政的溢出效应。[3] 应当塑造理性平和的诉权观,引导、提示当事人在一审中提出完全、充分、适当的诉讼请求。

其三,有的当事人不当行使行政诉权,不以案件的及时公正化解为目的、不积极配合人民法院正常审理,直接导致行政审判制度功能落空。[4] 新《行政诉讼法》和司法解释已经规定了诚信诉讼程序规则,包括针对重复起诉、执意缠讼的迳行裁定驳回起诉机制,针对明显不属于法定回避事由申请的当庭驳回机制,针对经传票传唤原告无正当理由拒不到庭,或者未经法庭许可中途退庭的按照撤诉处理机制,以及针对在庭审中拒绝陈述导致庭审无法进行的视为放弃陈述权利机制。[5] 对此,法院应当灵活大胆地解释适用。

其四,对于极少数构成恶意行使行政诉权的行为,应当建立差异化的立案审查机制,对认定滥诉行为者所提起的类似行政诉讼严格审查,一经核实直接退回诉状并记录在册。对滥诉行为人的信息,可以逐步开放给司法行政机关、公安机关等共享使用,在其接受法律援助、从事公民代理等活动时从严审核。

---

① 科塞.社会冲突的功能[M].孙立平,等译.北京:华夏出版社,1989:25.
② 高鸿.行政诉讼起诉条件的制度与实践反思[J].中国法律评论,2018(1):159.
③ 章志远.新时代我国行政审判的三重任务[J].东方法学,2019(6):103.
④ 梁凤云.行政诉讼法司法解释讲义[M].北京:人民法院出版社,2018:205,211.
⑤ 章志远.行政诉权分层保障机制优化研究[J].法学论坛,2020(3):40-47.

### (三)完善分层递进式的多元解纷格局

"有纠纷就应该有解决的途径,犹如堵塞的河流需要疏浚。"①行政争议产生的原因是多方面的,行政争议的类型也是多样的,行政争议的多样性决定了行政争议解决机制的多元化。

其一,在行政诉讼程序开启之前,人民法院应当利用自身的专业优势研判行政争议的可能走向,对符合社会自治优位、基层治理优位或者前端治理优位等规范性原理的案件,引导、鼓励和支持当事人选择行政复议、行政裁决、行政调解或者申请仲裁等非诉方式解决争议。② 同时,应当避免混淆立案调解与诉讼调解的界限。在立案阶段应强调诉讼服务的中立性和服务性,弱化其前置强制性,立案阶段释明的事项范围涵盖诉讼风险提示和非诉适宜机制提示。同时,探索建立行政争议诉前调解司法确认程序,实现诉调对接规范化和法治化。

其二,诉中繁简分流的分道。建立和完善简案速裁快审机制,在行政庭内部可建立"简案团队""普案团队"和"繁案团队",对案件基本事实清楚、法律适用明确的案件,均纳入简易程序审理。引入示范诉讼机制,对于多个当事人分别提起的同类型或系列性行政案件,如因土地房屋征收补偿等引发的系列、群体性案件,先行选取个别案件进行示范审理,其他类案直接参照示范案件批量办理,及时防范、阻却更多同类纠纷涌向法院。③ 通过诉讼程序流程再造实现行政案件的源头减量,有效回应"倒金字塔形"行政案件审理结构造成的上级法院法官办案工作量超饱和的现状。

其三,发挥典型案例示范规则、预防争议发生的治理效果。诉讼机制的社会价值,除通过解决社会冲突得以展示外,还在于为抑制后续冲突发生提供一种常规性手段。④ 当行政争议进入诉讼程序之后,人民法院既不能简单一判了之,使争议得不到实质性化解,也不能规避司法评判,漠视司法裁判对潜在行政争议发生的预防功能。考虑到行政案件实体裁判率仍然偏低,更要认真对待司法的过度谦抑倾向。通过个案公正裁判,树立法律规则,为行政机关和行政相对人的行为提供明确指引,从源头上防止类似行政争议的再次产生。

其四,完善府院联动工作机制。围绕化解行政争议本身,为化解争议创造必要

---

① 刘莘,刘红星.行政纠纷解决机制研究[J].行政法学研究,2016(4):6.
② 黄文艺.中国政法体制的规范性原理[J].法学研究,2020(4):14.
③ 俞惠斌.示范诉讼的价值再塑与实践考察[J].北方法学,2009(6):108.
④ 顾培东.社会冲突与诉讼机制[M].北京:法律出版社,2004:17.

的环境与条件,针对案情复杂、影响重大的涉众型行政争议,按照实质化解争议的要求,采取多种方式一次性解决纠纷。引入司法建议行政机关自我纠正机制,对经审查发现行政机关给当事人设定义务或者减少利益的行为明显违法,以及依法应当承担补偿或者赔偿责任的,在诉讼中发送司法建议督促及时改正,并纳入法治政府考核,倒逼依法行政和争议的及时有效化解。

### (四)行政诉讼判决方式的深入

在行政诉讼的判决类型中,亦存在一个"渐变色":一端是没有实质内容的责令履行,另一端是有特定内容的责令履行,采取光谱中的哪种形式,则完全由审判者自己裁量。为了实质化解行政争议,行政诉讼判决方式仍待进一步完善。

其一,行政判决救济权利的深入。从实践来看,法院基于对行政权的尊重,作出撤销判决、撤销并责令重作判决以及责令履行判决,往往将是否作出决定、如何作出决定交由行政机关自行判断裁量,但这也导致权利救济的不彻底。从诉源治理效果上看,行政判决在定纷止争上应当更具有终局性。其法理基础在于,行政诉讼与行政行为一样都是法律规范的具体化,在行政机关已经对法律适用作出判断和决定之后,法院基于司法最终原则和解决行政争议的需要,在判断行政行为是否合法的同时责令行政机关作出某一具体的行为,并未逾越司法权的固有界限。因此,应当以"有特定期限、特定内容的责令履行"为核心完善行政判决方式。在补充性判决类型中,变更判决和补救判决均具有权利义务指向性,对于实现当事人的诉讼目的和解决行政争议非常必要。应当适度拓宽变更判决的适用范围,依职权灵活运用补救判决,在裁判说理部分对为何变更、如何变更,以及为何补救、对谁补救予以释明,以此保证判决的实效性。[①]

其二,一并解决民事争议程序的扩容。随着行政活动越来越多地介入民事领域,民事与行政交叉问题由此成为一种常见的纠纷形式。《中华人民共和国民法典》中涉及行政性规范条款的实施,引发了新型行政不作为、行政登记和民事关系行政介入类争议,行政诉讼案件数量存在一定上升空间。[②] 但是,"大量民行交叉案件,人民法院民事审判和行政审判之间各行其是,或相互推诿,拒绝对各自领域之外的争议进行实质性审理,甚至民事、行政案件均以等待对方裁判结果为由中止审理,造成

---

① 陈思融.论行政诉讼补救判决的适用条件[J].政治与法律,2016(1):18.
② 章志远.《民法典》时代行政诉讼制度的新发展[J].法学,2021(8):96.

当事人之间的纠纷长期得不到有效解决;或各自为战,民事、行政判决相互冲突对立,无法执行"①。《行政诉讼法》第六十一条规定了"一并解决民事争议"制度,旨在从源头上一揽子解决行政、民事争议,并避免引发新的争议。行政附带民事诉讼的提起以不打破现有诉讼规则和架构为限,包括诉讼自愿原则、诉讼管辖原则、举证责任规则、诉讼权利规则、判决形式规则等。② 有必要对一并解决民事争议有序扩容,将因行政行为引发的行政与民事争议交织情形增列其中,使得行政审判能够掌握一并审理、解决民事争议的程序主导权。对实践中常见的不动产物权登记与真实权利义务关系不一致的情形,应综合运用变更登记、信赖第三人保护、信赖利益保护、行政行为存续力、行政违法性继承或斩断等学理或制度予以解决。

其三,行政赔偿诉讼结构和审理方式的完善。摒弃行政先行处理"门槛条款"观念③,充分发挥先行处理的争议过滤功能、事实固定功能和纠纷解决功能,先行处理与行政赔偿诉讼在诉讼衔接上遵循协商对等、证据开示、证据失权和适度惩罚等赔偿原则。将行政机关作出的赔偿决定、不予赔偿决定以及逾期不作出赔偿决定等纳入行政赔偿诉讼的受案范围,对其合法性进行审查和评判,体现全面、精准监督,避免赔偿程序的空转。④ 在举证责任分配上,原告应当对存在侵权以及具体的赔偿请求提供证据,被告主张侵权法律关系变更或者消灭的,也应当提供证据。因被告原因导致原告举证不能的,对于原告提出的合理损失,被告予以否定的,应当提供证据。不论是一并提起行政赔偿诉讼,还是单独提起的行政赔偿诉讼案件中,均应当尽可能作出明确、具体的赔偿判决,行政赔偿决定对赔偿数额的确定确有错误的,人民法院应当判决予以变更。⑤ 在行政补偿与行政赔偿责任竞合时,应当坚持全面赔偿原则。通过赔偿判决的明确和具体化,最大限度实现行政赔偿诉讼实质化解行政争议的功能。

---

① 郭修江.一并审理民行争议案件的审判规则——对修改后的《行政诉讼法》第六十一条的理解[J].法律适用,2016(1):75.

② 成协中.行政民事交叉争议的处理[J].国家检察官学院学报,2014(6):66.

③ 当事人在请求赔偿前先行申请行政机关处理,在大陆法系和英美法系国家均有规定.王名扬.美国行政法[M].北京:北京大学出版社,2016:554.

④ 于厚森,郭修江,杨科雄,等.《最高人民法院关于审理行政赔偿案件若干问题的规定》重点条文理解与适用[J].中国应用法学,2022(2):29.

⑤ 于厚森,郭修江,杨科雄,等.《最高人民法院关于审理行政赔偿案件若干问题的规定》重点条文理解与适用[J].中国应用法学,2022(2):35.

### （五）行政复议与行政诉讼的衔接

行政复议和行政诉讼并称为行政争讼制度,它们不仅共享重要的适法条件和法律标准,而且也服务于共同的目标:保障权利、监督行政、解决争议。《行政诉讼法》创设了复议维持"双被告"制度,这无疑对《中华人民共和国行政复议法》(以下简称《行政复议法》)的修改实施具有重要的牵引作用。行政诉讼与行政复议有效衔接,应体现复议主渠道的制度定位,将行政争议主要纳入行政复议管道,体现程序经济和迅速有效的权利保护。① 行政诉讼应定位于司法最终原则,通过个案裁判指导和统一行政复议、行政执法,既确立行为标准又解决个案纠纷。

其一,确立行政复议的准司法性和准一审性。行政复议既具有行政决定的性质,也具有争讼裁决性质,属于一类准司法性的行政行为。"行政复议的最大优势在于,复议机构具有主动、全面查明案件事实的层级优势和专业优势,可为直接调整行政实体法律关系创造条件。"②因此,复议审理模式需要围绕全面查明案件事实这一需求进行改革,应当以对席审理的直接言词审理方式为主,决定者在同时听取双方意见的基础上把握案件的实质争议点,进而作出裁断。考虑到行政处分的专门性、复杂性及技术性,对何项证据应予调查、何种对象应付检验、何处所及有关物体应实施勘验,应由复议机关视案情决定,不受申请人主张的拘束。③ 复议机关如认为有调查必要,应当自行组织调查后对案件所涉实体法律关系作出复议决定,而不得发还原行政机关重新调查,以体现程序经济。在"准司法性"的基础上,认可行政复议过程和行政复议决定具有类似于一审法院审理和裁判的效力。当事人在行政复议过程中的行为,在诉讼阶段同样具有拘束力。人民法院审理宜坚持卷宗审查主义,原则上除新证据以外,不再接受复议阶段未形成的证据。对复议阶段当事人均无异议的证据或者已经出示、质证过的证据,行政诉讼中可以仅要求当事人发表不同意见,不再逐一举证质证。

其二,现阶段应贯彻复议维持"双被告"制度。在行政复议机关是否要做被告的问题上,司法部于 2020 年 11 月 24 日公布的《中华人民共和国行政复议法(修订)(征求意见稿)》第十条规定:"公民、法人或者其他组织对行政复议决定不服的,应当就

---

① 耿宝建,殷勤.行政复议法修改如何体现"行政一体原则"?［J］.河南财经政法大学学报,2020(6):26.
② 王万华.行政复议法的修改与完善——以"实质性解决行政争议"为视角［J］.法学研究,2019(5):112.
③ 耿宝建."泛司法化"下的行政纠纷解决——兼谈《行政复议法》的修改路程［J］.中国法律评论,2016(3):236.

原行政行为向人民法院提起行政诉讼,但是法律规定行政复议决定为最终裁决的除外。"上述修法意见忽略了两法的协调关系,否定了《行政诉讼法》的改革成果。① 从立法沿革来看,1989 年《行政诉讼法》立法时,我国就确定了行政复议机关改变原行政行为时的被告资格;1990 年颁布的《行政复议条例》和 1999 年颁布的《行政复议法》均未触及行政复议机关的被告问题;2014 年《行政诉讼法》修正时,对行政复议机关的被告问题进行过一场严肃的讨论,《行政诉讼法》最终创制了"行政复议维持'双被告'"制度,"当时的社会大众和人大代表强烈要求复议机关当被告,并且法院也认为复议机关当被告有助于解决纠纷"②。行政复议机关的被告问题属于《行政诉讼法》的专属权限范围,在《行政诉讼法》未有新的修改前,也不宜由《行政复议法》直接加以否定。

其三,时机成熟时应确立复议前置原则。我国由于行政事权比司法权具有更多的解纷资源和监督行政的手段,应当考虑修改《行政复议法》和相关法律,确立行政复议前置原则,同时最大限度地取消复议终局,确立司法最终原则。"明确复议主战场地位,并不是不重视行政诉讼制度,而是为了更好地发挥行政诉讼在定纷止争、确立规则方面的作用,将其从大量没有法律适用争议的纠纷中解放出来。解决行政争议既要公正,也要考虑行政目的、专业性、行政效率等因素。"③复议主战场的合理性在于:有利于解决专业化问题;有利于实现行政目的;有利于当事人获得便捷的救济;有利于减轻法院负担。对复议机关不受理复议申请、不作出复议决定的,当事人可以直接提起行政诉讼。

其四,强化复议纠错功能。行政复议要成为化解行政争议的主渠道,应当体现出在争议化解方面有别于行政诉讼的特点。否则,"在复议和诉讼可以选择的条件下,行政相对人就可能不会主动选择复议后诉讼的路径"④。应当赋予行政复议机关更加独立的事实认定权、程序补救权、法律适用权和最终决定权,通过加大对规范性文件审查,对行政专门问题的合规性审查,以及对涉及行政裁量权的合理性审查,对行政实体法律关系进行调整,保障当事人获得实质救济。复议机关可以在复议过程中对原行政行为进行变更、补证和程序瑕疵的治愈。对原行政机关明显且严重违反法定程序不宜采取补救措施的,复议机关应当依法撤销。原行政机关程序违法能够

---

① 熊樟林.行政复议机关做被告的理论逻辑[J].法学,2021(7):185-186.

② 何海波.一次修法能有多少进步——2014 年《中华人民共和国行政诉讼法》修改回顾[J].清华大学学报(哲学社会科学版),2018(3):36.

③ 耿宝建.行政复议法修改展望[M].北京:法律出版社,2016:133-134.

④ 应松年.对《行政复议法》修改的意见[J].行政法学研究,2019(2):4.

补证或者治愈瑕疵的,或者通过复议程序能够完善的,复议机关可以作出相应的决定,而不撤销原行政行为。

# 六、结　语

诉源治理是新时代中国本土法治话语的集中表达,是社会治理领域一场广泛而深刻的革命。①《行政诉讼法》修正实施以来,"争议实质性解决"成为评价行政审判成效的最主要标准,从源头上减少诉讼增量成为行政诉讼制度改革的目标。推动行政争议诉源治理,具有深厚的政治逻辑、现实逻辑和制度逻辑。

理想的行政争议诉源治理,既指向行政案件数量的减少,也指向行政争议本身的消弭,指向"官""民"关系的和谐状态,而"欲达致理想的行政诉讼法,仍需更深刻变革"②。总体而言,鉴于既有举措还存在治理碎片化、诉讼监督功能弱化、规范性依据不足等问题,在坚持前端治理、综合治理、治理法治化以及司法最终原则的基础上,行政诉讼可从以下方面推进行政争议诉源治理,即在观念上确立一次性解决纠纷的审判理念,在诉权的保障上建立梯度性的行政案源治理机制,在纠纷解决方式的选择运用上形成分层递进式的多元解纷格局,在判决的类型和内容上以"有特定内容的责令履行判决"为核心完善行政判决方式,在法律程序的相互关系上围绕"行政复议解决行政争议主渠道"定位衔接行政诉讼与行政复议制度。

---

① 章志远.新时代行政审判因应诉源治理之道[J].法学研究,2021(3):207.
② 湛中乐.《行政诉讼法》的"变革"与"踟蹰"[J].法学杂志,2015(3):33.

# 短视频平台社会责任履行缺失的治理路径

陈晓燕*

**摘　要:**短视频平台的社会责任是指在平台的运营管理中直接影响企业可持续发展的责任,及对国家安全、社会和谐和用户身心健康等应承担的责任。通过对国内短视频平台的考察,发现其在履行社会责任时商业模式不完善导致经济责任履行能力降低,权利意识不强导致法律责任履行不力,缺乏优质内容导致文化责任履行不能,价值引导存在偏位导致道德责任履行错位,公共信任存在危机导致公益责任履行受阻。应从拓展平台多元化盈利渠道、加强平台发布内容审核力度、深耕垂直领域提升内容质量、强化对社会良好风尚的促进以及补齐短视频公益监管短板五个方面提升短视频平台社会责任的履行能力。

**关键词:**短视频平台;社会责任;治理路径

## 一、问题与概念的提出

短视频平台能够较为灵活地捕获和满足移动互联网时代人们的精神和物质需求,从服务用户娱乐到承担品牌营销再到公司生态布局,它所具有的价值逐步被挖掘放大,其运营发展已经渗透到人们日常的经济和社会活动中,具有强大的市场影响力。然而,随着短视频平台的迅猛发展,这种传播方式暴露出诸如内容低俗化、同质化、侵犯版权、未成年人沉迷、审核机制不完善等问题。当前短视频市场尚未完全成熟,使得其极易成为网络虚假信息、网络暴力和低俗色情等涉及信息伦理现象滋生的温床。在光鲜亮丽的外表下,短视频平台隐藏着不容忽视的威胁互联网市场甚至是整个社会健康稳定发展的风险。

2018年初,短视频行业被要求进行全面整改。经过一系列的加速整合,短视频

---

　*　作者简介:陈晓燕,工商管理专业硕士,上海市静安区就业促进中心科员,主要研究方向:企业社会责任理论,企业合规理论。

行业已经由野蛮生长阶段过渡到合规健康发展的新阶段。但行业的用户争夺进入白热化,5G等新兴技术的加速落地推动短视频行业进入下一个快速发展阶段,典型App用户独占率均有不同程度的下降,如何让用户在自己的平台上持续消费内容,成为各家短视频平台的运营重点,而留给短视频平台的时间窗口和机会窗口也已经越来越窄。针对短视频平台频出的治理乱象和日趋增多的侵权纠纷,短视频平台想要保证用户黏性的稳定性,得到持续的健康发展,就必须主动承担起相应的社会责任,对各利益相关者负责,进一步完善企业、行业协会、政府和社会全方位的监督机制。因此,分析短视频平台社会责任履行的现状,分析其中存在的问题并探寻治理路径至关重要。

短视频平台的社会责任,实际上就是指短视频平台在运营管理中直接影响企业可持续发展的责任,以及对国家安全、社会和谐和用户身心健康应承担的责任。根据短视频平台所承担的社会责任指向对象、责任内容和责任承担方式之不同,可以将短视频平台社会责任的主要内容分为:经济责任、法律责任、文化责任、道德责任和公益责任。短视频平台的经济责任是指其负有为社会提供优质的短视频作品和便捷的服务来满足市场需求,为股东和投资人盈利并尊重用户、员工、政府等利益相关者权益的责任;法律责任指短视频平台应是遵守法律的企业公民,要诚信守法经营、公平有序竞争,短视频及其相关的生产经营活动应在法律许可的范围内进行,自觉维护良好的市场秩序;文化责任指短视频平台在平台搭建和内容选择上都要传播和传承古今中外优秀的经典文化,弘扬社会主义核心价值观,积极参与网络生态治理,确保平台上的短视频内容既安全健康,又能满足用户对文化多样性的需求;道德责任指在履行基本的经济责任、法律责任的基础上,平台应遵循那些尚未成为法律却是社会公认的伦理规范,努力践行社会主义核心价值观;公益责任指短视频平台具有积极参与社会公益事业并公开公益项目信息,缩小数字鸿沟,促进社会和谐的义务与责任。

## 二、短视频平台社会责任缺失的表现

通过对国内短视频平台的考察,可以看到短视频平台多途径并举,已经初步探索出一条乡村振兴、精准扶贫、保护非遗文化、赋能大众教育的"互联网+"新途径,通过切实可行的落地项目在乡村振兴、青少年保护与教育、全民公益倡导领域产生了一定的影响力。但是,由于短视频平台是新兴产物,在追求高速发展的同时,忽略了一些重要的社会责任因素,导致短视频平台履行社会责任存在一定的问题,主要有五个方面。

### (一)商业模式不完善导致经济责任履行能力降低

短视频平台凭借庞大的用户数量,早就具备了流量变现的条件,其变现方式主要有三种,分别为信息流广告、直播和粉丝头条。以快手为例,其 2019 年总营收约 500 亿元,其中直播营收约 300 亿元,占比 60％。直播功能作为短视频的补充于 2016 年上线,用户可以开通直播功能,与粉丝进行直接、实时的交流与互动,粉丝可以给喜爱的主播打赏和送礼物,平台从中抽取一部分收入并替主播缴纳所得税。纵观短视频平台的盈利模式和营收构成,直播取得的流量和收入占据主力,这就造成了产品形态定位(即投资重心)和收益来源的错位,如何将短视频的注意力变现成为亟待解决的问题。①

短视频经济实际上属于注意力经济。注意力经济是指在信息过剩时代,注意力是一种稀缺资源,谁能把握住人们的注意力,谁就能留住用户并获得财富。我国移动互联网的用户规模超过 13 亿,快手和抖音的月活跃用户(MAU)加起来已经超过 9 亿,可见两者的用户重合度越来越高,而其他短视频平台在行业竞争中也呈现流量补给变弱的疲态。

此外,短视频平台的产业链条尚未形成,商业模式还有待完善。第一,短视频平台的用户习惯于享受免费的视频服务,对于付费内容的接受度不高。第二,平台上的广告形式多为信息流广告和贴片广告,缺乏更具吸引力的沉浸式软广告,对广告真实性、合法性缺乏良性的监管机制,因而不能适应商业伙伴的需求,也不能优化用户的体验。第三,短视频平台投入巨资冠名热门综艺节目或在其中植入广告,在品牌推广的同时吸引了更多流量,但成本回收的时长问题受到质疑。换言之,短视频平台并没有借助平台延伸其产业链结构,衍生产品的市场基本呈现空白状态,与实体经济嫁接的断层也难以弥补。②

吸引用户变现流量是一种普遍的盈利方式,但短视频平台目前主营业务与主要营收之间并不匹配,流量补给变弱,平台内充斥的劣质内容也大大破坏了用户在使

---

① 王小芬.从"快手"看短视频行业的机遇与挑战[J].传媒,2018(22):43-45.
② 王小芬.从"快手"看短视频行业的机遇与挑战[J].传媒,2018(22,)43-45.

用过程中的良好体验,导致用户减少使用平台的频率,不利于这一盈利方式的可持续化发展,因而短视频平台的商业模式还有待完善,产业链条需进一步延伸。

### (二)权利意识不强导致法律责任履行不力

部分短视频平台存在"误用或扭曲了自身的社会属性,利用自身的信息优势、产业生态链优势或者市场垄断优势,以不正当方式谋求企业私利"①之情况,目前短视频平台在法律责任的履行方面至少存在两方面的问题:

第一,平台版权侵权。短视频平台上的版权侵权主要有两种形态,一是当一个短视频成为热点后,其他用户争相模仿、复制,在本平台或其他平台进行搬运抄袭;二是短视频创作者在未经著作权人授权的情况下,随意复制、剪辑影视作品或进行二次演绎,并上传到短视频平台,以此获取商业利益。换言之,平台版权侵权主要有以下几种具体形式:其一,未经授权而使用他人享有著作权的各类素材。无论是个人还是专业的多频道网络服务(multi-channel network,MCN)机构,在创作短视频时如果对他人作品存在大量使用、用作商业用途、市场影响恶劣或给著作权人带来较大损失的情形则属于侵权。其二,未经授权而对他人享有著作权的作品进行改编和汇编。这种行为相较于直接搬运他人享有著作权作品的行为具有潜在性和混淆性,其在侵犯他人著作权时使用了规避手段,利用剪辑和拼接技术混淆视听,有的还加入了独创元素,进行了二次创作,这就使得这种行为很难被发现或者识别,即便被发现,原著作权人也很难进行维权举证,从而使得侵权人能够逃避制裁。② 其三,侵犯他人的邻接权,表现为未经同意对某演出、表演进行录音录像或翻录、翻拍已有录音录像。这些行为不仅严重损害了短视频创作者和著作权人的正当权益,还导致短视频平台深陷版权纠纷的困局,不利于其社会责任的履行。

第二,制作和售卖"三无"产品。电商平台市场已趋于饱和,短视频平台聚集了庞大的用户群体,逐渐开始了"电商化"的探索。一方面,基于短视频平台的流行度和使用便捷度,大批商家选择入驻,企图抓住"短视频"这一风口实现业绩增长;另一方面,短视频平台也需要吸引大批商家,进而带来更多用户,实现流量变现。但短视频平台并没有形成严格的商家入驻审核机制,无法保证用户取得媲美电商平台的服

---

① 郭毅,吴霞.互联网平台企业履责须正视自身公共属性[EB/OL].(2019-12-23)[2022-03-30]. http://www.infzm.com/contents/172942.

② 尽管2018年发布的《关于进一步规范网络视听节目传播秩序的通知》第一条即指出,"不得截取若干节目片段拼接成新节目播出",且强调"严格管理网民上传的类似重编节目",但实施效果并不佳。

务。部分平台商户为牟取商业利益,违规售卖"三无"产品,还有虚假宣传、刷单、货不对板、兜售假货、销售违禁商品等行为。一些电商广告代理公司以高流量、高业绩为噱头,诱导商户缴纳高额保证金和广告费,却没有兑现业绩承诺,反而使商户蒙受不小的损失。对此,短视频平台的售后处理机制并不完善,损害了消费者的合法权益,而不良商家则可能改头换面,换个账号继续坑害消费者。

### (三)缺乏优质内容导致文化责任履行不能

平台媒体具有两大性质,一是商业性质,二是媒介内容经营者和审核者的身份。[①] 因而必须关注企业的文化责任和经济属性如何达致完美的融合,只关注经济利益而忽视文化责任的企业,不可能获得长足的发展,也无法具备强劲的竞争力。因此,短视频平台文化责任的履行对其自身发展的作用是不可忽视的。

短视频具有超强的传播能力与广度,然而其所承载信息品质不高的问题也随之而来。"用户原创内容(UGC)语境下的现实困境是,知识信息所占权重不升反降,有效用和价值的知识传播行为相对减少;相反,非知识类信息的生产与传播异常发达和活跃。"[②]社会公众一直存有疑虑,短视频平台到底对社会产生了积极影响还是消极影响? 到底使得有效用和价值的知识传播行为增加还是减少了?

从当下的实践来看,短视频平台的文化责任履行情况并不佳,其履行文化责任方面存在的突出问题是缺乏优质内容,短视频承载信息品质不高、对优秀文化传承不足。绝大多数短视频属于轻松愉快的"快餐文化",虽然占据了用户的碎片时间,但其承载的信息品质却不高,只能作消遣娱乐之用。另外,短视频平台在经典文化的传承方面也有所欠缺,活动举办的形式单一且举办频率较低。

### (四)价值引导存在偏位导致道德责任履行错位

短视频平台"一定程度上掌握着舆论宣传的导向权力"[③],应当对平台上符合道德的内容进行有效传播推广,对与主流道德观念相违背的内容进行严格的审查,断绝其自由传播的路径,从当下短视频平台道德责任履行的情况来看,平台显然没有做到这一点。

短视频平台上的创作者囿于文化水平和创作能力,为了迎合受众猎奇的心理需

---

① 梯若尔.共同利益经济学[M].张昕竹,马源,译.北京:商务印书馆,2020:380-383.
② 熊茵,韩志严.UGC 语境下知识传播的困境与出路[J].现代传播(中国传媒大学学报),2014(9)71-74.
③ 余歌.互联网企业舆论危机及其社会责任初探[J].新闻研究导刊,2015(3):105-106.

求,制作的短视频作品内容单一,存在虚假信息横行、三俗信息居多、同质化倾向严重等几个通病。① 2018 年 3 月,短视频平台上频繁曝出"14 岁早恋生下儿子""全网最小二胎妈妈"等话题,"踩踏警车""直播殡仪馆火化"等挑战法律与公序良俗的事件也层出不穷。此外,一些炫富、恶作剧等"三观不正"的短视频在平台上传播,助推了社会不良风气,没有履行短视频平台有效传播正能量的道德责任。

同时,短视频低俗化的后果是过分消耗用户的时间,容易造成沉迷现象,即令用户沉迷导致休闲娱乐的碎片化时间"反客为主"的现象。短视频时代下,信息内容更加多元化,原本应当分享"美好生活"的记录平台成了炒作的无下限秀场,这对青少年自身的价值观教育提出了更高的要求。虽然各个短视频平台均上线了"青少年模式",开启后每天使用时长不得超过 40 分钟,无法进行直播、打赏、充值等操作,但这些限制只要输入 4 位数字的密码即可被轻松破解,频发的"未成年人打赏"现象正是一个例证。青少年的人生观、价值观、审美观尚未形成,极易被环境所影响。短视频平台中"炫富""恶作剧"等视频也会影响青少年的思维方式、价值观念和日常行为,对原有的价值标准产生冲击。消极的短视频内容将会摧毁青少年正确的价值立场,腐坏青少年的心灵,诱使他们消沉堕落,进而丧失健全的人格,在人生价值的思考中迷失自我。

(五)公共信任存在危机导致公益责任履行受阻

在短视频飞速发展的同时,公益信息公开、慈善监管等一系列公共信任危机不断凸显,影响着短视频平台"短视频＋公益"的健康有序发展。互联网信息所具有的共享性特征使得其在发展过程中表现出强烈的公益性、慈善性②,这使得公益责任在短视频平台层面显得更为明显且重要。短视频平台的公益活动是组织主导型和个人自发型的结合,不仅是扶贫,还涉及教育、科学、文化、卫生、体育、环境等领域,充分发挥了平台的影响力优势。但从整体情况来看,仍存在信息披露与反馈不完善、缺乏慈善监管等问题。

一是信息的披露与反馈不完善。主要表现为公益信息公开透明度不足。一方面,公益入口不明显,在短视频平台中需要先点击菜单按钮,再进行多次点击选择,才能找到平台组织的公益活动,且"官方活动"中还有广告等其他内容;另一方面,短

① 白洁.移动社交短视频的问题与治理[J].新闻研究导刊,2018(9):46-47.
② 金碧华、陈苗青.慈善 3.0 时代:"互联网＋慈善"面临的困境及其破解[J].行政与法,2020(4):43-50.

视频平台对公益项目信息公开不及时。短视频 App 及其母公司官方网站中没有披露其组织公益活动的后续数据,公众无从知晓参与效果。

二是平台上的慈善活动缺乏监管。比如 2016 年快手的"大凉山假慈善事件"就引发了网络热议。两名男子在快手平台上直播,安排四川省凉山州某村村民站成两队,随后给村民发钱,名为"慈善"活动,直播结束后,他们又从村民手中把钱拿回来。两名涉事主播借此吸引粉丝,获得礼物提现共计 40 余万元。最终,两名涉事主播因犯网络诈骗罪而获刑。近年来网络慈善的诈捐事件频频发生,此类个人自发的慈善活动往往缺乏平台的有效监管,消耗着公众的善心,容易引发信任危机,使"短视频＋公益"的发展受到阻力。

## 三、短视频平台社会责任缺失的原因

短视频平台社会责任履行存在上述多方面的问题,但这些问题的成因是复杂多样的,有企业自身的管理因素也有外部环境因素,有产品因素也有组织因素,总体来讲主要包括以下几点。

### (一)无法回避算法经济的驱使,公司生产链条也不够完整

经济效益与社会责任不可避免地存在矛盾,无论是快手、抖音,还是其他的短视频平台,都是算法中心论的拥趸[①],它们为推进用户数据增长,应用算法推荐模型,让用户在平台上不断接受算法推送的机械内容,营造一个沉浸媒介的氛围环境。分发算法通过强化用户对新奇事物的需求度,同时降低对文字的需求度与耐心度,让用户迷失自我,不断地"杀时间",同时建立一种"准社会关系",使用户越来越丧失深度思考能力。另外,公司生产链条也不够完整。目前短视频平台只是依靠"生产内容—赢取流量—反哺内容"的生产链条,但无论是技术发展还是盈利模式都处于探索阶段,无法为平台提供一个可借鉴的完整产业链,虽然有部分短视频内容符合定位特色,但市场上粗制滥造的内容仍居多。

### (二)未能设置一定的产品门槛,平台自身监管不力

我国网民基数庞大,短视频技术门槛和制作成本低,现在只需一部手机就能在

---

① 陈晔.2018 年我国短视频监管与治理[J].新闻爱好者,2019(6):36-40.

短视频平台上发布视频、参与互动,普通人参与网络文化构建变得愈发容易,但因用户受教育程度和媒介素养的局限,短视频内容更加倾向于流量化、低俗化,甚至还可能出现导向不正的情况,缺乏对于主流价值观的承载,平台管理充满了不确定性、风险性和不可控性。短视频平台上每天都有海量的内容输入,平台对于短视频画面的抓取和辨别难度比起其他平台对于文字内容的关键词筛选更具有技术性的难度,因此长期以来存在的短视频审查和监管的问题都难以得到有效解决,除了机器审核,人工审核的人员数量也难以匹配海量的内容规模。

### (三)相关人员权利意识不够,责任履行意识不强

权利意识和责任意识不强不仅表现为用户的媒介素养参差不齐,维权意识淡薄,还表现在短视频平台员工的权利意识和责任意识也不够强。短视频用户的文化层次、受教育水平不同,难免存在猎奇、窥私、娱乐化的心理需求,常表现出盲从性和冲动性,往往无法有效识别短视频中的低劣内容和虚假信息,当出现侵犯著作权、隐私权的行为时,也无法有效维权。但是短视频平台应当确保内部员工具有较强的权利意识和责任意识,这和短视频平台的企业文化不够鲜明,社会责任导向较为缺乏也存在联系,间接导致了公司相关人员权利意识不够,责任履行意识不强。

### (四)短视频平台的企业文化不鲜明,价值导向不明确

短视频平台的企业文化品牌并不鲜明,特别是在社会责任导向方面,缺乏明确和具体的内容指向,这直接导致了短视频平台的社会责任保障部门力量不够强大。尽管不少短视频平台成立了企业社会责任相关部门,以更好地发挥技术、产品和社区优势,进行创新技术公益实践,支持个体和组织。但是,社会责任部门的人员保障、资金保障和制度保障仍不够充足。

### (五)短视频平台发展的外部环境不够良好

一方面,短视频行业的外部监督机制并不完善。短视频行业的运营逻辑实际是媒介的二次售卖原理,以追求受众注意力为核心,但行业内未形成统一的监督规范,政府缺乏全面系统的监管制度和监管标准,其他监督部门履行监督职责不到位。并且短视频是互联网的新兴产物,相关立法还处于探索阶段,相关立法的滞后,对短视频平台的规范效力有限,对于短视频平台传播低俗信息、破坏传播环境的行为的惩罚力度也不足。另一方面,资本的大量涌入让人们只重视平台带来的经济效益,而

忽视其潜在的社会风险。短视频行业是具有旺盛生命力的新兴领域,互联网巨头纷纷投资入局,希望在该领域的投资能为自己带来丰厚的经济收益和稳定的用户群体。短视频创作者增加,其中不乏传统媒体人才,短视频行业的内容呈现方式和传播机制减轻了其对内容推广和宣传的负担,增加了人气和收入,他们在享受流量红利的同时对短视频平台的社会责任关注较少。

## 四、提升短视频平台社会责任的治理路径

提升短视频平台的社会责任,需要从管理角度出发,优化运营管理流程,提高平台市场效果。笔者试从拓展平台多元化盈利渠道、加强平台发布内容审核力度、深耕垂直领域提升内容质量、强化对社会良好风尚的促进、补齐短视频公益监管短板五个方面提出对策,以期提升短视频平台的社会责任感。

### (一)拓展平台多元化盈利渠道

短视频平台当下的盈利模式实际上就是通过广告植入和用户打赏抽成获取收入,平台本身的所有短视频都属于免费观看。这种"免费视频＋广告＋打赏"的商业模式也确实获得了利润。但是这种模式发展到一定的阶段,用户绝对增长数的红利会消失,其很难再通过这种模式取得长久的盈利,也很难在同业竞争激烈的情况下保持行业的领先地位,一旦这种垄断地位遭到挑战,其盈利能力将衰弱,因此须对短视频平台当下的主要盈利模式进行结构性调整。

第一,构建良好的商业生态体系,为短视频平台履行社会责任提供厚实的商业生态土壤。短视频竞争进入下半场,仅仅凭借纯娱乐内容促进用户增长已然缺乏动力,短视频平台的当务之急是打造对商业伙伴具有吸引力的良性商业生态,以此借力达到用户增长和服务的目的。正如有学者所指出的,实现"以商家和行业为中心构建短视频平台商业产品体系"存在三条路径:一是明确通过广告手段来连接生态各环节;二是借助创作者的私域流量触达用户;三是帮助商家沉淀私域流量。[1] 短视频平台有意向明星带货方面发展,当务之急是需要更快争取到品牌方的认可和投

---

① 刘宇豪.快手是怎么做商业化的?[EB/OL].(2020-06-02)[2022-03-30]. https://baijiahao.baidu.com/s? id=1668341976164225213&wfr=spider&for=pc.

放。短视频平台上的商业生态体系类似于现实生活中的营商环境,只有良好的商业生态环境才能吸引优质品牌方的入驻。

第二,探索直播带货新方式,挖掘营收新增点,为短视频平台履行社会责任提供新动力。不管是短视频平台还是电商平台,带货类直播数见不鲜。直播带货发展到现在,不同的主播叫卖相同的商品,呈现的画面和模式也愈加趋同,围观人数造假、先刷量后退货的问题也逐渐显现。如果直播带货继续保持当前的内容和形式,不思创新,用户的注意力会很快转移,这一重要的盈利方式不仅难以为继,而且终将被新形式、新内容所取代。以前抖音仅依靠广告收入就在行业中处于领先位置,但 2019年之后抖音不断提高直播能力,改变了快手在短视频平台直播领域一家独大的局面。激烈的竞争之下,短视频平台需要探索直播带货的新方式,比如引入流量明星、与热门综艺 IP(Intellectual Property)开展合作等。

第三,整合盈利资源,为短视频平台履行社会责任探索新模式。短视频平台可以与其他行业实现跨界合作,以多种形式获得平台收益。比如"短视频+电商"的盈利模式,就是这方面成功探索的典型案例。"短视频+电商"即电商导流,是指短视频创作者通过短视频使用户感受商品的各种属性,激发其购买欲望,进而实现变现。这种运用品牌 IP 进行电商导流的模式有效地向粉丝传达产品细节信息,同时提高了流量的变现效益。短视频平台与电商平台合作,而不是直接做电商有几大优势:一是国内电商平台已然成熟,有一整套完善的供应链,做自营电商竞争激烈;二是节省成本支出,避免在宣传推广、售后保障等方面投入过多的人力和财力。另外,短视频游戏也可以成为流量增长的新动力。2018 年 1 月,快手公司为补齐产品矩阵,推出了主打社交和游戏的"短视频平台小游戏",仅三个月,月活跃用户便达到两千万。可见利用短视频平台强大的用户基础进行引流,短视频游戏必将大有可为。

第四,举办线下活动,促进用户增长,为短视频平台履行社会责任夯实群众根基。虽然短视频行业近年来发展很快,但其目标群体大部分还是年轻用户,没有充分吸收中老年用户群体,他们甚至不知道"快手""抖音"是什么。随着生活质量和水平的提高,中老年人使用智能手机的现象已比较普遍,短视频平台可以通过举办线下活动的方式走进社区,吸引更多中老年群体的关注,扩大品牌的知名度和用户数量。短视频平台还可以接入明星生态,吸引年轻群体。线下活动可以将明星和粉丝集中到一起,增强互动,助力明星打造线上线下 IP 联动,并产出能够深度触达用户和粉丝的优质内容,吸引广泛用户的关注,为以后的品牌营销打下坚实的基础。

短视频平台要积极进行自我驱动,拓展盈利渠道,利用多种方式实现多元化的商业模式,从而形成自身的盈利优势,锻造强大的吸金能力,持续吸收大量资本进入短视频行业,为企业所用。

### (二)加强平台发布内容审核力度

短视频平台提供服务的同时也承担预防和控制侵权行为发生的法律责任[①],平台上那些低俗化、同质化、过度娱乐化以及侵犯版权的短视频影响着短视频平台法律责任、文化责任和道德责任的履行效果,严重降低了企业责任竞争力。拉斐尔认为企业有责任保障信息的处理措施透明公开,并有效地传达给公众。[②] 短视频能够形塑人们的认知观念,短视频平台有责任对平台上传播的信息进行审核监管,以促进人们接受正确的价值观。以快手为例,平台的主要用户低龄化、底层化,他们很难辨别短视频内容传递价值的优劣,因此改善快手社群生态的重心就必然要转移到内容引导和平台审查上。[③] 因此,短视频平台应承担起适配提供短视频产品和服务之权利的社会责任,加强平台内容的审核力度。

短视频平台对平台内容的管理有事前监管和事后监管两种。事后监督即在短视频发布并产生消极社会影响后,对发布者给予通知、删除视频直至封号的处理,相比于事前监督,具有被动性、滞后性的特点,但是事前监督也存在成本加大的问题。随着短视频平台的发展速度放缓,企业升级难度加大,即便是需要付出一些成本,也要排除压力加强事前监管,以换取平台的发展后劲。

短视频平台可以借助大数据、人工智能等先进技术,完善对短视频平台的监控体系,对平台进行 24 小时不间断的监管。严格落实国家互联网信息办公室出台的《互联网用户公众账号信息服务管理规定》,完善身份认证系统,全面落实用户实名注册制度,打破用户的匿名性,并对同一主体在同一平台注册账号的合理数量设定上限。对短视频内容进行分级管理,严格清理用户上传的不适宜的内容,部分限制未成年用户的社区权限。同时,建立内部的信息监控和纠错机制,对于用户所发布的信息科学地进行把控,对可能涉及暴力、低俗、扭曲主流价值观等不良信息的短视频进行有效的判断评估,并及时予以调整或清除。

对待侵犯版权的行为,短视频平台要建立起原创内容版权登记证书、识别系统、

---

① 胡荟集.短视频侵权与平台责任再思考[J].出版参考,2019(3):8-11.

② Raphael Cohen-Almagor. Freedom of expression, Internet responsibility and business ethics:The Yahoo! Saga and its aftermath[J].Journal of Business Ethics,2012(106):353-365.

③ 王小芬.从"快手"看短视频行业的机遇与挑战[J].传媒,2018(22):43-45.

即时投诉反馈、侵权黑名单等功能和制度,形成一套版权认定、维权绿色通道、侵权惩处等完善的版权保护机制。版权保护机制在于平台应具备准确、高效的全网视频搜索和查重引擎,通过人工智能与人工相结合的方法,审核用户上传的短视频是否存在抄袭、复制、剪切等侵权行为。当短视频创作者或著作权人提出侵权反馈后,应立即履行"通知—删除"义务,对于多次侵权且屡劝不改者可以列入黑名单甚至永久封号。

短视频平台中的违法违规内容,囿于短视频平台审核人员与海量内容规模的不匹配,以及网络本身隐蔽性的特点,很难被全部发现,所以短视频平台需要搭建高效的全民举报投诉平台,将公众力量聚集起来,发展普通用户成为审核团队的成员,赋予他们监督举报短视频内容的权利。同时建立奖罚制度,对能够真实有效举报违法违规内容的用户给予奖励,对恶意举报的用户实施禁言、列入黑名单等惩戒措施。短视频平台对政策执行、处罚情况等的通报应当形成常态,用户在规定时间内可以提出异议。只有增强双向交流,避免平台"过度执法"的现象,才能提高用户忠诚度,获得社会认可及更加长久的发展。

### (三)深耕垂直领域提升内容质量

深耕垂直领域指的是在短视频平台上对某一特定领域进行专业、深入的细分,是提高企业责任竞争力的必要手段。与传统领域比较来看,垂直领域来源于用户的需求,内容越优质,用户群体越稳定。短视频平台可重构平台内容布局,在内容生产上注重特色化,在垂直领域加大投入,平衡新闻、科普、娱乐、公益等不同主题的视频,创新短视频表现形式,满足不同层次用户的文化需求。

短视频平台深耕垂直领域具有以下几方面的优势:第一,深耕垂直领域可以通过整合某一特定领域的资源和优势,更加精细地贴合用户需求,形成具有特色的品牌形象。第二,深耕垂直领域内容将打破短视频平台过去大而杂的局面,针对不同的用户群体深挖不同的领域,提升用户体验感的同时也使短视频平台的内容更具专业性和竞争力。第三,深耕垂直领域可以促进短视频平台深入转型,形成差异化优势,大大改善短视频平台内容低俗化、同质化的现状,保持用户数量稳定增长。

短视频行业从"吸睛"向"吸金"进行转变,这就对内容创作者的变现能力提出新的要求。单纯依靠 UGC 无法保证短视频作品的质量,目前大部分短视频创作者仍旧面临资源信息不对称、变现能力不足等问题,在交易过程中处于弱势地位,这时可以与专业 MCN 机构合作。这种机构是平台与创作者之间的中间商,其本身并不生产内容,而是与创作者签订合约,帮助他们精准定位、拍摄制作、营销推广,进而实现商业变现。这种集约化的创作生产形式可以保证内容输出的稳定性和盈利的持续性。特别是头部的 MCN 机构,旗下网罗了自带流量的头部主播,还有普通创作者望尘莫及的成熟团队,因而能够精准定位用户需求和热点事件,对于产出优质短视频作品有着天然的优势。一些 MCN 机构向垂直型发展,在深挖用户需求、深耕特色领域方面成果丰硕。短视频平台可以与这些 MCN 机构合作,依托科学的数据和方法,促进短视频创作者内容制作和变现能力的发展,并形成平台的独特竞争力。

垂直短视频并不完全是做内容本身,其核心是内容积累 IP 以达到变现,从而成为一个稳定持续的商业。[①] 短视频市场竞争激烈,平台只有深耕垂直领域,不断提升内容质量,鼓励各领域优质内容创作者,才能有效避免平台被低俗内容充斥,最终在激烈的行业竞争中取得胜利。

### (四)强化对社会良好风尚的促进

短视频平台在 2016 年迎来了爆发式增长,这几年短视频平台在政府监管和市场竞争中,逐渐向好发展,但其构建的网络生态尚未完全成熟,一些用户在使用过程中缺乏判断力,盲目接收一些是非不分、违法违规的信息,甚至转发这些信息进一步传播,造成恶劣的社会影响,在一定程度上影响了社会良好风气的培育。用户媒介素养的高低,是短视频平台能否健康、可持续发展的重要因素,培养用户良好的使用观念和习惯、提高媒介素养与版权保护意识,是整个短视频行业的当务之急,也是营造良好信息传播生态的关键所在。

短视频平台应着力提高用户的媒介素养,使其能够自觉抵制平台上的不良信息,并鼓励用户的创新精神,引导用户创作内容优质的作品,采用有奖征稿、创意排行榜等方式,使平台上有内涵深度和创新能力的短视频蔚然成风,培育和引导用户传播符合社会主义核心价值观的视频内容。短视频平台应帮助用户了解《中华人民共和国著作权法》等相关法律法规的规定,可以发布具体的行为规范和维权指南,也可以在官方短视频号中开辟"普法专栏",通过新颖的形式向用户普及相关法律法规和平台准则,并且告知用户相关行为后果,为用户营造良好的版权法律学习环境。除了普通用户,短视频平台还需强化针对平台主播等头部用户的素质培训,使其成为专业的传播者、社会良好风尚的维护者、社会主义核心价值观的践行者。短视频

---

① 于烜,黄楚新. 从本土 MCN 看中国移动短视频的商业化[J]. 传媒,2019(21):55-58.

平台还应当对头部主播进行专业技能培训,并且通过适当的奖惩机制,发掘其中具备传播素养和社会责任感的优秀人员,对其进行奖励并形成示范效应;发现其中违规甚至违法的短视频传播者,对其进行处罚。奖惩并举才能够形成正确的价值观引导,促进短视频平台的良性发展。

### (五)补齐短视频的公益监管短板

公益责任的履行存在短板既不符合社会的道德与责任期待,也阻碍了短视频平台竞争力的提高,短视频平台应当从以下方面着手,补齐短视频公益的监管短板,为互联网时代"短视频＋公益"的健康有序可持续发展创造一个良好的公益生态环境:

第一,及时跟进公益项目的进行情况,加大信息公开力度。慈善的社会公信力强弱与其透明度高低有着密切联系,提高慈善组织透明度的重要途径则是提高其信息公开程度。① 短视频平台开展的公益活动很多,种类也很丰富,但新项目会很快覆盖旧项目,公众无法知道所参与的公益项目的进行情况。因而,短视频平台要落实《中华人民共和国慈善法》关于"信息公开"的法律规定,及时、规范、全面地公布有关信息,保障公众的知情权。

第二,要加强对平台公益活动的监管,同时要畅通社会监督渠道。一方面,短视频平台要加强对平台上个人自发慈善活动的监管,避免出现类似"大凉山假慈善"的闹剧;另一方面,应当通过一定的技术手段,保障平台上捐款使用去向及时向社会公开,让公众知晓捐款的用处,并对其进行动态监管。同时应当构建意见反馈机制,接受社会公众的监督和质询,对社会公众的关切事项进行限期回复,形成有效的常态化机制。

---

① 金碧华,陈苗青.慈善 3.0 时代:"互联网＋慈善"面临的困境及其破解[J].行政与法,2020(4):43-50.

# 新技术时代影视短视频剪辑侵权行为的多维度治理

张俊发<sup>*</sup>

**摘　要**：新技术时代，随着移动通信技术的发展，影视短视频应运而生，其在丰富人们娱乐生活的同时，也引发诸多版权纠纷。合理使用与侵权使用边界模糊、规模化使用与授权交易成本高、权利保护与文化参与冲突是引发影视短视频版权纠纷的重要原因。对此，需要法律、管理、技术层面等多维度加以治理。在法律层面，运用转化性使用规则划定合理使用与侵权使用边界；在管理层面，将短视频平台作为集体授权主体，避免规模化的非法剪辑行为，此外，版权人适时地调整版权策略，避免作品推广受到不利影响及保障受众对影视作品的文化需求；在技术层面，通过技术支持，有效防范侵权的发生并制裁侵权行为。如此一来，既能有效保护影视长视频权利人的利益，也能够促进短视频内容产业的良性发展，保障社会公众的文化参与。

**关键词**：影视短视频；剪辑行为；合理使用；多维度治理

## 一、问题的提出

新技术时代，随着 5G 技术等无线通信技术的快速发展，以短视频为代表的新技术不断涌现，利用用户碎片化时间鼓励习惯和个性化内容消费需求的碰撞融合，使得网络短视频行业应运而生。以抖音、快手为代表的短视频平台已成为大众不可或缺的社交 App。凭借时长短、碎片化、易生产、快分享以及及时出入私密空间等特征①，短视频迅速获得广大网友青睐。据统计，截至 2020 年 12 月，我国短视频用户

---

　　\* 　作者简介：张俊发，法学博士，景德镇陶瓷大学法学系讲师，主要研究方向：知识产权。
　　基金项目：江西省高校人文社会科学研究课题"国家陶瓷文化传承创新试验区建设背景下陶瓷知识产权服务业发展政策研究"，项目编号：JC21225。
　　① 刘磊，王也.短视频热播的冷思考［J］.传媒，2021（20）：62-64.

规模已达 8.73 亿,短视频已经成为公众生活中不可或缺的一部分。[①]

然而,短视频快速发展的同时,随之而来的侵权、低俗粗劣信息的大量出现,以及易成瘾等现象,也暴露出短视频传播的伦理"破限"问题。[②] 涉及短视频的版权纠纷也日益增多,特别是涉及影视剪辑短视频版权纠纷。2018 年,针对影视短视频制作者以合理使用为名对他人作品删减或改编制作作品的现象,国家版权局、国家互联网信息办公室、工业和信息化部、公安部四部委联合开展"剑网 2018"专项行动重点整治这一现象。[③] 2021 年 6 月 5 日,国内六大影视公司,分别在各自官方微博发声,公开表达反对短视频侵权盗版的鲜明态度。[④] 影视短视频的非法剪辑行为,无疑会对影视行业的发展造成较大的影响。这也是为什么诸多影视公司平日里激烈竞争,如今竟然为了这件事携手发文,可见同仇敌忾的决心之深,也可见短视频侵权对行业的冲击或许已经动摇影视业发展的根基,甚至成为行业难以承受之重。

为此,人们不禁要问:影视短视频剪辑行为,缘何成为行业不能承受之重? 影视短视频剪辑行为面临哪些版权问题? 如何有效治理影视短视频剪辑盗版侵权现象?

为了回答上述问题,需要界定什么是影视短视频剪辑行为。本文认为,所谓影视短视频剪辑行为是指将他人的影视长视频内容,通过视频剪辑技术,剪辑为短视频的现象。本文按照影视视频被剪辑后所呈现的内容作为标准,将其划分为以下三种类型。

第一种类型:搬运式剪辑。搬运式剪辑行为是将影视长视频,不加编辑、不加说明、不加额外内容,仅简单将影视长视频剪切为多个短视频内容。搬运式剪辑行为的特点在于其并没有对原影视内容进行编辑,而是直接搬运,剪切。例如,将一部 90 分钟的电影,剪切其精华内容,分为多个较短的视频内容,无任何评论、说明等。

第二种类型:解说式剪辑。解说式剪辑行为是将影视长视频内容,加入编辑内容、加入制作者的解说与解说字幕等。其特点在于,短视频内容仍然保留影视视频的连贯性,是单一影视短视频,是对一部电影内容进行选取剪辑,保留原视频的部分内容,再加入制作者的个人语言解说。例如,将一部电影进行剪辑,剪辑的画面内

① 影响人物派.新鲜出炉! 2021 中国网络视听发展研究报告(完整版)[EB/OL].(2021-06-05)[2021-10-30].https://www.sohu.com/a/470596893_100065199.

② 周洁.短视频传播的伦理"破限"与治理[J].传媒,2021(18):56-59.

③ 中国新闻网.四部委:整治自媒体通过洗稿抄袭剽窃原创作品行为[EB/OL].(2018-07-16)[2021-10-30].https://baijiahao.baidu.com/s? id=1606154275165750539&wfr=spider&for=pc.

④ 和讯网.六大影视公司再次发声态度坚决:反对短视频侵权关系整个行业[EB/OL].(2021-06-06)[2021-10-30].https://baijiahao.baidu.com/s? id=1701800238461476917&wfr=spider&for=pc.

容,既有影视视频内容角色声音,也有制作者的解说声音。

第三种类型:主题评论式剪辑。主题评论式剪辑行为是将多个不同的视频片段组合在一起,形成一个关于某个主题的短视频。例如关于影视人物主题的短视频或者关于某个电影主题的短视频。前者将某一位演员所参与的电影进行整合评论式制作,后者是将关于某个主题的相应影视片段进行剪辑,进行制作。主题评论式剪辑行为的特点包括,一是短视频内容并不是完全搬运影视内容,而是有其他的内容存在;二是剪辑行为所形成的短视频加入了制作者大量的评论内容,可能完全覆盖了影视片段里面的声音;三是短视频内容会根据某一标准划分内容集数,而非简单剪辑划分。

可以看到,影视短视频剪辑行为类型较为复杂。可以说,正是这种复杂性,使得治理影视短视频剪辑侵权行为面临诸多困境。其一,影视短视频类型的复杂性,使得影视短视频的剪辑行为与合理使用行为的边界模糊;其二,规模化用户制作的短视频,在获取授权上面临困境,使得权利人管理权利变得困难;其三,规模化与技术化的短视频侵权剪辑行为难以有效认定与制裁。有鉴于此,本文首先分析短视频剪辑现象治理的困境成因,随后提出多维度治理影视短视频剪辑侵权行为的思路,以期对这一问题的解决有所裨益。

## 二、新技术时代影视短视频剪辑现象的治理难点

影视剪辑行为所引发的版权问题亟待解决。但是基于影视剪辑行为的特点,影视短视频剪辑现象治理主要面临以下难点。

### (一)合理使用与侵权边界模糊

对合理使用的界定是影视剪辑行为版权应对的重要问题。在实践中,短视频制作者认为其剪辑行为属于合理使用,从而不构成侵权。从创作手段的视角看,短视频的制作和传播有着合理使用的表征。在主题评论式短视频剪辑中,短视频制作者往往为了表达某一观点而引用影视内容。问题在于,其行为虽然符合合理使用的表征,但法律并未明确规定其进行影视剪辑的行为属于合理使用范畴。对于这一问题,有的法院会按照《伯尔尼公约》《世界知识产权组织版权条约》对著作权规定限制和例外的三步检验标准来判断是否属于合理使用,即只能在特殊情况下作出、与作

品的正常利用不相冲突，以及没有不合理地损害权利人合法权益这三个条件，来处理不属于《中华人民共和国著作权法》（以下简称《著作权法》）法定合理使用类型的合理使用行为。①

但影视类短视频的类型比较丰富，包括搬运式、解说式、主题评论式等多种类型。即便运用三步检验标准，也不易明确判断争议内容属于合理使用还是侵权使用。对于内容直接搬运式行为较易判断属于侵权使用，但是对于后两者，特别是主题评论式，要想判断其属于合理使用还是侵权使用并非易事。原因在于，主题评论式剪辑所形成的视频内容既有影视作品片段，也加入了短视频制作者的解说与评论内容。如果简单地将其归为侵权使用，那么显然不符合《著作权法》鼓励创新的目的。当然，如果将其归为合理使用，那么合理使用的边界在哪里？

影视短视频吸引受众的原因之一，在于其满足了社会公众文化参与需求。自媒体短视频的去中心化、即时互动性的文化创作与传播技术突破了传统的熟人社会网，形成公众参与文化现象。② 短视频的去中心化，能够实现社会公众的文化参与。例如，社会公众可以通过主题评论式剪辑行为制作短视频，开展评论影视作品、制作短视频内容作品等文化活动。通过短视频形式对电影文本进行讨论、引用、评价等，已经成为互联网用户参与大众文化表达的重要方式。③ 新型传播路径下经过二次剪辑影视作品的短视频受到大众的青睐。社会公众参与对于实现著作权立法宗旨与作品的广泛传播有着重要意义，其不仅丰富了版权法的生态环境，也有助于作品的广泛传播，使得社会公众能够轻易获取作品。

但是，影视权利人的权利保护会造成使用者难以轻易获得作品，影响社会公众的文化参与。不同于以前仅由个别电视台播放某一影视作品，互联网时代的流量之力与个别平台独家播放的版权许可相互勾连，导致影视作品传播路径的垄断和事实上的版权滥用，而且进一步造成社会公众获取途径被限制，获取成本提高。据此，虽然短视频剪辑行为表现为一种文化参与现象。但是，如果权利人采取严格的版权管理措施，则会影响到社会公众的文化参与。所以，如何实现短视频剪辑行为不受影响，从而保障社会公众文化参与，且同时保障影视权利人的利益也是短视频剪辑行为版权应对的另一疑难问题。

---

① 北京市第一中级人民法院（2003）一中民初字第 12064 号民事判决书［EB/OL］.（2005-02-03）［2021-11-08］. https://www.pkulaw.com/pfnl/a25051f3312b07f3008f6bcd295e52814678c571ba26b461bdfb. html.

② 倪朱亮.自媒体短视频的著作权法治理路径研究——以公众参与文化为视角［J］.知识产权，2020(6)：70-80.

③ 白晓晴.短视频平台中科幻电影的文化参与机制研究［J］.当代电影，2021(1)：154-159.

## （二）权利管理成本高

在《著作权法》中，出于保护权利人利益考量，作品的使用规则一般为"先授权、后使用"。易言之，作品使用者如果需要使用作品，需要获得权利人的许可并支付许可费用。在短视频行业中，有些短视频博主制作短视频的行为可能难以归入合理使用范畴，从而需要支付相应的费用以使用作品。在这种情形下，可能多数短视频制作者愿意向权利人支付视频内容的版权费用。

然而，权利人在管理权利方面，却面临着成本巨大的问题。首先，在《著作权法》中，所谓的特定方式主要包括复制、发行、出租、表演等方式。尽管《著作权法》第十条根据作品的使用规定了十余种著作人身权和财产权。但是我国著作权权项设置的不合理，给著作权的授权许可以及权利保护造成了困难。其次，规模化使用导致授权交易成本高，这使得短视频博主寻求权利许可面临困难。一方面，短视频制作者与传播者具有分散性、规模性。随着5G网络技术的预商用及其逐步投放市场，短视频必然会再度出现爆发式增长，影视作品的著作权人不可能与每个使用作品的短视频作者达成授权。另一方面，短视频内容更新快。影视短视频制作者为了获取关注，难以及时获得权利人的许可，因为影视权利人信息并不容易获取。最后，授权费用的单方定价会给短视频制作者带来高昂的时间与经济成本，对短视频初创者极为苛刻。

可以看到，随着5G时代的来临，大规模的消费者变成了生产者，使得作品的需求主体呈现规模化。如果规模化的短视频制作都需要制作者与影视权利人进行一对一许可，无疑会妨碍短视频平台的传播效率。所以，若不解决该问题，一些使用者会因为交易成本过高，不寻求许可，径直使用，造成规模化非法许可现象的发生。

## （三）侵权行为认定复杂

新技术既能够便利人们的生活，也给侵权的识别与认定造成困难。在新技术环境下，短视频剪辑侵权行为日益凸显，严重威胁社会创新。互联网环境下的开放、多元化、复杂性等特点给作品著作权保护带来了新的挑战。

在互联网环境中，短视频视听作品的载体表现为数字信息，其最大的特征就是便于复制和传播，并且不会因为复制次数的增加而引起内容的失真或损坏。数字网络空间核心的优势是以近乎为零的成本快速、广泛地传播信息，这也为大量盗版、侵犯版权、损害版权内容生产者利益提供了便利，而数字网络空间特有的无形性、不确定性、无国界性等特点,大大增加了著作权保护的难度,导致互联网逐渐成为著作权侵权的重要场域。

随着5G网络技术的预商用及其逐步投放市场,以短视频为代表的用户生产内容(UGC)必然会再度出现爆发式增长。在利益的驱动下,作为短视频提供方之一,短视频制作者所上传的低俗、抄袭侵权、投放虚假广告等内容的视频将会屡见不鲜。这些问题不仅会对短视频平台的版权生态造成破坏,而且损害了消费者的合法权益,甚至会有损受众的身心健康。

由此可见,从盗版书到盗版光碟,从区域网侵权到互联网侵权再到5G时代的手机社交网络侵权,在互联网日益普及的时代,用户已经变得更加精通技术,能够在几乎任何地方访问互联网,短视频也因此能够实时传递给广大受众,给短视频的侵权治理造成困难。

UGC短视频著作权保护难题在于,以私人共享的方式传播作品,却导致了大规模复制的结果,使得私人利用与商业利用的边界再次模糊①,如果允许社交媒体直播自由分享受著作权保护的作品,将使得社交媒体直播成为侵害权利人利益的工具,进而威胁电影等视听产业的发展。问题在于,短视频用户的分散性使得追究网络用户侵权责任变得困难。短视频用户的分散性便利了著作权侵权行为的发生,信息传播技术的发展就像一把双刃剑,在便利信息传播的同时,也给侵权带来便利。如何有效规制侵权、保护权利人利益是当前亟待解决的重要问题之一。

## 三、新技术时代影视短视频剪辑现象的治理路径

影视短视频剪辑现象版权问题复杂,面临着权利保护层面司法适用困境、权利许可层面交易成本高、权利管理策略层面利益冲突等难题。对此,影视短视频剪辑现象应从多维度加以治理。

### (一)管理策略治理维度

从权利管理策略维度而言,侵权治理需要注意两个方面关系,一是在授权许可维度,最重要的是要降低交易成本。著作权集体管理组织具有降低交易成本、"润

---

① 熊琦.社交网络中的著作权规则[J].法学,2012(11):44-53.

滑"交易市场的功能,不仅能够降低著作权人的信息成本与维权成本,而且可以降低使用者的搜寻成本与谈判成本。① 然而,由于对著作权集体管理组织的定位和性质认识不清,将集体管理组织更大程度上定位为行政管理单位,充满了行政干预色彩,对著作权集体管理组织的交易限制得过死。② 与此同时,随着会员规模的扩大,其市场控制能力逐渐增强,最终走向了垄断,这种垄断性的集体管理行为有损公平竞争的市场秩序和社会公众福利。③

因此,在现有版权集体管理体系下,虽然有著作权集体管理组织作为集中授权主体,但其暴露的缺点不利于发挥数字条件下集中授权的优势。对此,短视频平台可以作为版权集中与规模授权许可主体,允许其集中行使影视版权。集中管理版权的短视频平台不同于著作权集体管理机构充满行政干预色彩,多个短视频平台之间具有竞争性,这种竞争性,只要短视频平台不形成商业垄断,就无法攫取垄断利润。同时,通过竞争更能保障作品在互联网的传播效率。最终,降低影视作品在短视频平台管理的信息成本与协商成本,保障短视频用户能够继续以低成本使用他人作品进行"二次创作"。④ 如此一来,既能够实现视频权利人的许可效率,也不会影响互联网的传播效率。

二是权利人不宜站在受众对立面。新媒体时代,人人都是出版者,人人都是消费者。在这一时代,对包括版权作品在内的任何产品而言,忠诚而稳定的消费者群体不可或缺。互联网时代,短视频作为一种文化产品,可以说成为广大消费者的刚性需求。过分强硬的版权策略不仅无法消灭社会公众的正常需求,反而会催生侵犯版权以满足人们对短视频刚性需求的现象。在数字时代,生产者即消费者,传统消费者与创作者的界限不复存在。推行强硬的版权策略,无疑使权利人站在消费者的对立面,对影视视频的初期推广不利。虽然影视剪辑行为涉嫌侵犯影视作品权利人的权利,但是其中有相当一部分助推了原作品的营销与宣传,提升了其知名度,突破了原有受众的小圈限制,吸引了更多的阅览与流量。⑤

所以,在处理短视频版权纠纷时,社会既要重视影视权利人的利益,也不能忽视社会公众的文化参与与表达自由。否则,版权人的利益非但难以得到有效保护,反

---

① 向波.著作权集体管理组织:市场功能、角色安排与定价问题[J].知识产权,2018(7):68-76.

② 卢海君.论我国著作权集体管理组织的法律地位[J].政治与法律,2007(2):69-74.

③ 王洪友.著作权集体管理的反垄断预防机制——兼评《关于禁止滥用知识产权排除、限制竞争行为的规定》[J].出版发行研究,2018(3):68-71.

④ 熊琦."视频搬运"现象的著作权法应对[J].知识产权,2021(7):39-49.

⑤ 黄亚洲.二次剪辑短视频的侵权认定与治理要点[J].青年记者,2021(18):91-92.

而还会使其站在消费者的对立面,进一步激化版权矛盾,这不利于影视剪辑行为版权问题的有效解决。对此,影视视频版权人可以适时地调整版权策略,在影视视频刚进入市场时,可以采取较为宽松的版权策略,允许用户在特定期限、空间进行特定的利用行为(如主题评论式作品剪辑),这对其作品的初期推广有着重要作用。

事实上,已有内容权利人开始调整版权策略。腾讯公司宣布,计划向创作者逐步开放授权合规的版权内容以及创作工具,创作者可以在合法合规的基础上对此进行二次创作。腾讯公司表示:未来,除发布在腾讯各个内容平台以外,他们正在面向全网第三方平台发出测试邀请,助力创作者便捷、合规地推广好内容。① 当然,内容商也可以在占据市场之后,再通过"声明"来适时地调整版权策略。这样一来,既可以避免作品推广受到不利影响,也可以保障受众对影视作品的文化需求。

## (二)技术支持法律治理维度

技术治理具有便捷、高效的优势,能够为影视剪辑行为侵权的预防、判定和制裁提供技术支持,技术治理有效地强化了法律治理的效果。②

技术治理能够有效预防侵权行为的发生。在影视短视频作品上传到短视频平台之前对其进行侵权监测,这样可以将影视剪辑侵权行为的损害结果降至最低。一方面,高效的识别系统可以更快速地寻找侵权内容。在实践中,互联网版权侵权监测系统早已出现,如 YouTube 在 2007 年采用了 Content ID 系统。著作权人将自己的作品样本——称为"参考文件"(reference files)——上传到 YouTube 的数据库后,Content ID 系统的内容识别技术就会 24 小时不间断地寻找用户上传内容中与参考文件相匹配的内容。③ 另一方面,该系统还可以为著作权人和用户设置高效便捷的侵权举报系统,是预防侵权的有力工具。侵权举报系统的程序设置应以著作权权项及其控制的行为样态为依据,细化疑似侵权选项,提高举报信息的传输和反馈效率。可以预见,随着技术的进步,视听作品的侵权监测系统将发挥重要作用。

除此之外,技术治理为制裁侵权行为提供支持。在实践中,许多 UGC 短视频剪辑制作者使用了未经授权的作品,如果著作权人一一向他们追究法律责任,无疑会耗费时间和精力。问题在于,如果不加以追究,著作权人的利益难以得到有效保障。

① 央广网.腾讯将向创作者开放版权内容用于创作[EB/OL].(2021-11-13)[2022-08-22].http://tech.cnr.cn/techph/20211113/t20211113_525659920.shtml.
② 王国柱.网络作品剽窃的法律与技术协同治理[J].出版发行研究,2019(3):59-62.
③ 黄炜杰."屏蔽或变现":一种著作权的再配置机制[J].知识产权,2019(1):35-44.

通过技术手段来对相关侵权行为人进行制裁,既能够解决耗时耗力的问题,也能够维护著作权人的利益。这是因为,技术可以在短视频平台识别侵权内容之后,对其进行屏蔽或删除。技术既可以无限次地进行追踪,也能够大规模地对侵权者进行制裁,如此一来,能够极大地提高短视频剪辑行为的治理效率与治理水平,避免单纯依靠司法机关和行政机关进行治理带来的高成本和低效率问题。网络平台对剽窃行为进行制裁的依据包括法律的规定和平台与用户之间的协议,例如,《微信原创保护开通申请协议》的相关条款就写明腾讯有权删除、屏蔽相关内容,对违规用户进行警告、限制、禁止使用部分或全部功能以及暂停或终止提供服务、冻结或划扣款项等措施。

可以说,在技术的支持下,通过对以 UGC 为代表的短视频制作者设置技术"关卡",既能够增强 UGC 的角色认知意识,也可以建立 UGC 分级制度以鼓励相关受众进行把关,从而建立短视频用户举报机制等,形成良性循环,这无疑将给短视频侵权的治理带来意想不到的效果。

# 四、结　语

随着互联网技术、5G 技术等通信技术的发展,短视频产业开始兴起。得益于技术的发展,短视频产业在较短时间就取得了巨大的成功。可以说,短视频已经成为人们娱乐生活的重要部分。然而,由于法律没有明确规定,加之市场的无序,短视频引发了诸多法律纠纷,特别是影视短视频剪辑现象。影视短视频剪辑不仅对影视产业产生了影响,也给权利人的利益造成较大损害。针对这一现象,本文提出,需要从法律层面、权利管理策略层面、技术层面等多维度加以治理。在法律层面,运用转化性使用规则划定合理使用与侵权使用边界;在管理层面,将短视频平台作为集体授权主体,避免规模化的非法剪辑行为,此外,版权人适时地调整版权策略,避免作品推广受到不利影响及保障受众对影视作品的文化需求;在技术层面,通过技术支持,以有效防范侵权行为的发生以及制裁侵权行为。如此一来,既能有效保护影视长视频权利人的利益,也能促进短视频内容产业良性发展,保障社会公众的文化参与。

社区家庭与治理

# 涉未成年子女离婚案件之调查制度研究

温云云　高欣欣 *

**摘　要：** 涉未成年子女离婚的案件大多数是矛盾冲突较强的案件，此类案件会涉及未成年子女的利益，会影响整个家庭、社会的稳定。因此，对此类案件的处理应当深入纠纷、家庭之中进行调查，以此实现对未成年子女权益的最大化保障。而目前司法实践中存在调查主体不统一、专业水平差距较大，调查方法缺乏规范性，以及是否调查的裁量标准差异较大等问题。因此，要从全面转变审判理念、实现调查主体的相对统一化、注重子女参与等方面入手解决上述问题，进而实现对我国调查制度的完善。

**关键词：** 社会公益；少年调查员；家事调查员

离婚案件是指婚姻关系中的双方当事人感情确已破裂而选择结束婚姻存续关系，按照结束的具体方式可以将离婚案件分为两类：一类为协议离婚；一类为诉讼离婚。

据民政部公布的数据，离婚案件自 2003 年以来处于持续递增的状态，其中 2014 年办理离婚手续的夫妻有 295.7 万对，2015 年为 314.9 万对，2016 年为 346 万对。与此同时，人民法院的婚姻家庭抚养继承纠纷等家事案件数量也持续上升，成为民事审判的第二大类案件，而在所有的家事案件中，离婚案件占比达到 80%，其中离婚人群的年龄主要集中在 30～45 岁，涉未成年子女的离婚案件占离婚案件总数的 80%。

在涉未成年子女的离婚案件中，有一小部分的当事人双方可以就子女的抚养达成协议，但是大部分的案件属于矛盾冲突较强的案件，可能会对孩子造成非常大的心理伤害，所以离婚案件如果处理不好，影响的不仅仅是婚姻关系的两方主体，还会涉及未成年子女的利益，会影响到整个家庭、社会的稳定。

---

　*　作者简介：温云云，南京市高淳区人民法院民庭讲师，主要研究方向：诉讼法方向；高欣欣，硕士研究生，南京市高淳区人民法院民庭庭长，主要研究方向：诉讼法。

# 一、涉未成年子女离婚案件之调查的理论基础

## （一）未成年子女利益最易受到伤害

孩子是国家的未来、民族的希望。一旦进入离婚的程序，孩子往往会成为双方争夺的重点。然而，从生理学角度来看，孩子在心智发展尚未成熟的时候被卷进家庭的矛盾纠纷中，其处于明显的弱势地位，且其对父母的关系本身没有任何的发言权，仅仅处于被选择、被伤害的地位。这种伤害会伴随孩子相当长的时间。正如西方的学者所言："离婚对于成人和孩子而言是一种完全不同的体验，因为孩子在此过程中失去了对他们发展至关重要的东西——家庭结构。与成人不同，孩子的痛苦并非在父母关系破裂之时达到顶峰而后慢慢减少。正相反，离婚所造成的伤害对孩子而言是一个累积的过程，它的影响随着时间而增加，在孩子成长的各个阶段，这种影响以不同的形式存在……父母离异一直影响着子女前 30 年的生活。"[①]

如何判决才能最有利于孩子的成长，将其损失降到最低，是家事法官在处理案件时必须考量的问题。而具体如何判决不能仅仅听取当事人中父亲一方或者母亲一方的表述与控诉，必须深入纠纷之中、深入家庭之中探明孩子的现状及父母的具体情况，唯有此才能做出专业的、妥当的判断。所以对涉及未成年子女的案件，必须由专业的人员从事专门的调查，明确孩子的真实想法及心理状况，为法官的判决提供参考的依据。这也是家事调查员承担的最为重要的职能之一。

## （二）此类纠纷涉身份伦理公益

"家事血缘关系作为一种最基础、最普遍的社会关系，是人类伦理道德产生的始基，家庭关系的原初性、普遍性和恒久性，决定了家庭伦理在社会伦理体系中的基础地位，而家庭社会及其伦理的人情味，决定了家庭伦理对社会伦理的巨大感染作用。"[②]离婚纠纷是以人身关系、血缘关系为基础而产生的矛盾。看似简单的纠纷背

---

① Judith Wallerstein，Sandra Blakeslee. Second Chance：Men，Women，and Children，a Decade after Divorce[M]. Boston：Houghton Miffin，1989：11. 转引自丹尼斯，罗森. 结婚与离婚的法经济学分析[M]. 王世贤，译. 北京：法律出版社，2005：118.

② 戴木材，彭柏林. 简论家庭的伦理道德功能[J]. 长沙电力学院学报（社会科学版），2000(1)：11.

后往往隐藏着诸多家庭矛盾,也常常涉及多方的家庭成员。如果涉及身份伦理的纠纷无法得到及时妥善的解决,这将会对社会的伦理秩序造成极大的冲击。在离婚案件中,对婚姻的双方主体而言可以解除婚姻关系后就形同陌路再也没有联系,但是在涉未成年子女的案件中则不然,父亲与子女、母亲与子女,甚至是祖父母、外祖父母与孙子孙女之间的血缘关系是永远无法切断的,不会因为父母婚姻关系的解除而有改变。如果在离婚案件中处理不好各方与子女的关系,这将会影响整个家庭成员,影响多方主体生活的稳定性和幸福感。

正是由于涉未成年子女的离婚案件很多时候涉及身份伦理的公益,所以其与普通的民事案件在处理的方式上也应该存在区别。普通的民事案件中,当事人双方积极对抗,法院作出的裁判往往是非此即彼的,在当事人之间能够分出是非对错,且在是非对错的区分方面采取的也是辩论主义,即采取谁主张谁举证的方式,法官更多的是一个居中裁判的角色,不会主动地介入案件的事实调查。而这类案件则不同,其是以人身关系为基础而产生的纠纷与矛盾,无法由法官直接做出非此即彼的区分。虽然我国婚姻法及相关法律规定对如何裁决孩子的抚养权也作出了规定,但这些规定都较为原则性,一般还是需要法官进行自由裁量。关于孩子的抚养权归属问题,法院会把握一个总的原则以及两个时间上的分水岭。总的原则是:应由有利于孩子健康成长的一方抚养孩子。例如在具体的案件中,离婚案件的双方主体在案件中往往会指责对方,呈现在法庭上的都是对方的缺点,很少有对方的优点,而在这种案件中无法完全依赖于当事人的举证来完成对案件事实的认定,而是要法官积极主动地介入案件事实的调查。而法官的调查除了在法庭上的主动询问,还应当深入家庭本身去调查,深入纠纷的中心,理清案件的真正矛盾所在及特定事实的真相,必须窥得家事案件全貌,妥适地解决家事纠纷,真正实现案结事了。

(三)此类纠纷涉社会公益

家事案件除了涉及伦理公益,与普通的民事诉讼相比其具有涉社会公益性的性质,因为普通的民事诉讼纠纷往往只在特定的两方主体之间,纠纷的解决影响的也只是相对的两方当事人。但是此类案件则不同,此类案件的解决影响的是整个家庭,乃至社会。家事与国事密不可分,俗话说"家和万事兴、家稳天下固",家庭是组建社会最基本的单位,只有家庭稳定社会才能和谐。如上文所述,家庭纠纷影响的不仅仅是案件当事人,还会对其未成年子女造成不可估量的伤害,身在家庭中的未成年子女无法选择只能承受,此种变故对未成年人心理造成的伤害往往具有持续性,不仅会影响他们性格的形成,还会对他们的人生观造成很大影响,严重的可能会使他们走上违法犯罪的道路。家庭永远是教育孩子的主要场所,也是保护子女的主要场所,家庭的作用是其他单位或机构无法替代的。同样,家庭的分崩离析还可能会直接导致老人无法安度晚年。家庭的离散会对家庭中的一些弱势群体造成很大的伤害,给社会的稳定、良性发展造成很大的障碍。

中国一直有句俗语叫"家宁国安",家庭是社会的细胞,是社会最基本的组成单位,家庭的不稳定直接给社会的稳定造成了负担,也正是基于此,对于自然人身份的确定以及涉及公共利益的案件,因为必须做出客观真实的判断,法院可以依职权收集诉讼资料。

## 二、涉未成年子女离婚案件的调查制度来源与发展

### (一)少年事件调查与少年调查员

#### 1. 少年事件的处理理念的变迁

少年事件主要是指少年有触犯刑法构成犯罪的行为且虽然未达到需要刑罚规制的程度,但是已经出现了不良的行为表现。

18 世纪以前,人们对待行为有偏差的孩子,往往是通过体罚的方式以期实现矫治不良行为的目的,所以延伸到法院的司法理念往往也是以处罚为主。例如,13 世纪,荷兰的法律指出,"只有把孩子打到流血,他才会记住这些教训"[①]。中国在之前很长的一段时间内,也一直奉行"棍棒底下出孝子"的理念,对孩子的体罚现象比较常见。所以,在那样的一个大环境下,"惩罚"做错事的孩子成为社会的主流做法,国家与社会并没有认识到对少年进行保护的必要性。

18 世纪以后,体罚的观念逐渐变弱,而少年应当受保护的意识不断增强,甚至逐渐成为主流意识。尤其是到了 19 世纪,随着社会经济的不断发展,工业化和城市化的程度逐渐加深,公民也开始参与到社会及政治事件之中,政府开始注重对弱势群体的利益保护。与此同时,社会不断对司法理念和实践进行反思,众多思想家提倡"孩子中心主义",他们认为,应当对少年司法进行修整和完善,不但要构建少年劳工

---

① 张鸿巍.美国少年法院研究[J].广西大学学报(哲学社会科学版),2005(2):68.

法、少年社会福利机构、义务入学法,还必须建立一种全新的少年司法保护体系。①
受此影响,国家对待少年事件的思想发生了重大的变化,即国家与社会对少年犯罪
的处理理念渐渐由处罚主义走向了保护主义,并且意识到少年事件应该与成年人的
犯罪程序区别处理。正所谓"少年犯罪人所犯者,并非犯罪,而应该视之为非刑;而
对非刑少年所谓处置,亦不应该是刑罚,而仅是一种保护处分已耳"②。

### 2.少年司法机构及少年事件调查员的演变

正是在少年事件处理理念发展的基础上,少年司法机构应运而生。1869 年,美
国马萨诸塞州出台的法律规定:由州政府设立专门救济委员会并且任命专门的人
员——少年调查员,由其负责对法院正在审理的少年案件进展进行调查,而参与调
查的人员必须出庭,且要参与案件的审理,对于那些法庭犹豫是否要处刑的少年,参
与调查的人员还需负责对其进行指导与监督。

少年法院为了能够对少年犯罪人实施适当的保护处分,需要对少年的个人情况
及所处的具体环境做出具体的了解与判断。而正是由于对案情深入了解的需要,少
年法院设置了特别的组织与人员,其中便有调查员一职,少年案件中的调查员需要
对少年案件中少年个人的具体情形、犯罪原因等进行调查,同时还积极地与法院进
行衔接,对少年的具体处置提出自己的建议。

在美国,辅助少年案件调查工作的主体通常为缓刑官及监督员。为帮助少年案
件的法官妥善地处理过错少年,他们通常需要走访学校与老师进行访谈、还需走访
少年的伙伴及邻居等对象,并形成最终的调查报告。缓刑官从调查到形成调查报告
通常需 30~60 天。伊利诺伊州的《少年法庭法》明确规定:"被法定选定为监督员者,
将负法庭执事之责。孩子被带到法庭来之前,法庭应事先通知监督员。监督员的职
责是根据法庭要求对孩子进行调查;在案件审理时代表孩子利益出席法庭;根据法
官要求向法庭提供情况和帮助;以及可能按法庭指示在审理前或者审理后负责照管
孩子。"

### (二)从少年调查员到家事调查员

在对少年案件的深入调查的过程中,调查员发现了一个现象,即少年事件的发
生往往与原生家庭之间存在密不可分的关系。有相当一部分家庭是父母离异,孩子

---

① 张鸿巍.美国少年法院研究[J].广西大学学报(哲学社会科学版),2005(2):69.
② 陈琪炎.亲属、继承法基本问题[M].台北:三民书局,1980:553.

未能得到充分的照顾与关心;还有的是父母离异后重新组建家庭,孩子与养父或者养母的关系不是很融洽;还有的是父母虽然未离异,但是双方关系恶化,孩子常常陷入父母的纠葛,陷入精神不安定的状态,甚至为了引起父母的注意而犯案。很多案件调查显示,孩子很信赖父母、与父母的联结感强、有家庭责任意识都可以防止不良行为的发生。

美国曾经做过一项研究,研究的对象主要是丹佛、匹兹堡、罗切斯特三个城市中7~15岁的少年。研究对4500名少年及其保护人进行了连续性的面谈调查,并从学校、警方、法院等处获得了追加资料,从而明确导致少年不良行为的社会、心理、行动等各方面情况,并对造成少年事件的成因进行了分析。分析得出,导致少年事件的影响因素主要有家庭要素、学员要素、朋友要素及社会地域要素①四个方面。研究表明,少年发展成罪犯甚至是累犯的,家庭方面的因素占有很高比重。例如,普通的犯罪少年与父母连结不足的比例最多也不会超过16%,但是累犯少年群体中的这一比例高达41%。

此外,少年调查员在对案件调查完毕后会给出具体建议,例如少年需要继续送去学习、少年可以先尝试做某项工作、少年需要父母的鼓励找回自信等,其中大多数建议均需要父母的配合,可见家庭要素在少年事件中占据重要地位。

随着人们对少年事件认识水平的不断提高,人们发现少年事件的背后往往牵扯着复杂的家庭问题,尤其是少年与父母之间存在的问题往往是少年事件发生的主要原因。因此,人们意识到应该将家庭问题与少年事件作为一个整体来处理,在引导未成年人走向正轨的同时,探析其所在家庭存在的问题及对未成年人的影响。② 基于此也出现了专门的家事调查员,不仅仅对少年事件中少年的基本状况进行调查,还积极地介入家事案件的事实调查,实现家事案件的平稳妥善解决。

日本《少年法》第九条规定,家庭法院调查少年事件时,"务须就少年、保护人或关系人之现状、经历、素质、环境等,运用医学、心理学、教育学、社会学及其他专门知识,努力为之"。第十七条第一款规定:"家庭法院鉴于审判的需要,可以通过决定采取以下观察保护措施:由家庭法院调查官进行观察保护;移送少年鉴别所进行观察保护。"第二十五条第一款规定:"家庭法院为进行第二十四条第一款保护处分决定而认为有必要时,可以通过决定,在一定的期间内将该少年交付给家庭法院调查官

① 社会地域要素指不同地域的犯罪率高低对少年犯罪或违法的影响程度。
② 陈爱武.家事法院制度研究[M].北京:北京大学出版社,2010:5.

进行观察。"日本由此明确了少年案件的审理必须有调查官介入调查,调查的内容包括了少年的家庭情况、家庭成员相互之间的关系、家庭成员的教育程度、品格特点及遗传情况,少年的经历、处境、教育的情况及不良行为的变化过程,少年的自身品行特点、身心状态等,并形成报告,为法官的恰当判断提供必要的参考。

## 三、我国的实践操作

据笔者在调研中搜集到的材料显示,我国的很多试点法院都已经认识到在离婚案件中必须保护未成年子女的最大利益,并且也采取了许多积极的措施加大了职权调查的力度。目前,包括广西壮族自治区南宁市江南区人民法院、安徽省马鞍山市雨山区人民法院、山东省德州市武城县人民法院、江苏省徐州市中级人民法院等在内的大部分试点法院内部都出台了具体的审理细则,要求加大对家事案件尤其是涉未成年子女案件的职权调查力度,但是各个法院从调查主体到调查方法虽有相似却又有不同的做法。

(一)调查主体之规定

从调查主体来看,目前各法院主要有三种做法。

1. 法官为主调查

在案件的处理中,当涉及未成年子女抚养权无法确认时,这种做法主要由法官介入调查。例如雨山区人民法院家事审判庭的法官在审理某一具体案件时,会主动将孩子带到法院的独立房间,里面摆满了玩具及其他儿童用品,其中还有专门用来测试儿童心理的沙盘。法官在房间内主动陪孩子玩并引导孩子在沙盘上摆出家庭成员的位置,并由此发现母亲对孩子疏于照顾。最终,法官在此基础上作出了判决。该法院的家事法官为了办理案件、更好地探明当事人的想法,还自己考取了国家心理咨询师。

2. 法院辅助人员为主调查

目前在实践中,很多法院采取由书记员等司法辅助人员进行调查,辅助法官探寻案件的隐藏性事实的做法,使法官有更多的时间处理纠纷本身。

3. 委托专门的家事调查员进行调查

为了缓解案多人少的压力,也为了保证调查的专业性,更多的试点法院在处理涉未成年子女的离婚案件时都会委托专业的调查员进行调查。这些调查员主要由以下几种人员组成：离退休人员组成的调查队伍；专业的心理咨询师；热爱家事调查的其他人员。他们会根据家事法官的要求全面介入纠纷的调查，深入了解案件的纷争所在，调查案件双方主体的生活情况、性格特征等，并在此基础上形成谁更适合抚养未成年子女的意见，协助法官妥适地解决纠纷。

（二）调查方法之规定

从调查方法来看，目前各法院主要有三种做法。

1. 观察法

在很多法官参与案件调查的案件中，法院会设有专门的观察室，其构造比较特殊，从外面可以观察到里面的情况，而在观察室内部却无法观察到外面的情况。法官想要观察案件当事人与未成年子女之间的关系时，往往会引导父母陪着孩子在观察室玩，在完全放松的情况下，法官会根据他们的语言、肢体动作等判断他们之间的关系。在广西壮族自治区，有的试点法院设有安装监控设备的房间，法官在监控后对亲属关系进行观察，还有的法院将办公楼的顶部改造成小型公园，方便对案件进行观察。

2. 访谈法

目前在案件调查中用的最多的方法就是访谈法，访谈的对象包括孩子本人、孩子的兄弟姐妹、案件中的当事人双方、主要照顾孩子的祖父母或外祖父母等。通过交谈可以对孩子生活的环境进行全面了解，还可以知道平时谁对孩子的付出比较多，孩子对哪一方更为依赖，如果改变生活环境是否会对孩子造成不利的影响。

3. 走访调查法

走访调查法主要是指家事调查人员在案件的调查中为了更好地了解孩子的生活及学习状况，会对孩子经常生活的场所进行实地走访。例如走访孩子就读的学校，与孩子的老师、同学进行交谈，了解孩子的学习情况、性格特点。还可走访邻居，了解孩子的日常生活状态，父母对孩子的关心程度等。

（三）有待完善的情形

目前在实践中各法院都在试点适合自己的方式方法，以实现离婚案件中对未成年子女利益保护的最大化，也探索出了很多有效的方法。但是因为缺乏立法的整体指导，在具体操作中存在很多的不足。第一，调查主体不统一，专业水平差距较大。尤其是对孩子的交谈与观察会涉及很多心理学的方法，但实践中并非所有调查主体都具备这样的能力。第二，调查的方法缺乏规范性。不同的主体利用的方法不同，调查的程度也不同，无法让家事法官形成较为系统客观的把握。包括对多大年纪的孩子需要进行访谈，实践中的把握也不同。第三，是否调查的裁量标准差异较大。在涉未成年子女的案件处理中，是否进行职权调查完全由家事法官进行自由裁量，但是在实践中很多法院面临案多人少的压力，家事法官会直接根据当事人的举证来对案件进行审理，而不对案件进行调查。

# 四、完善我国调查措施之建议

## （一）全面转变审判理念

作为家事案件的审判人员必须结合家事案件的特点，将修复性理念、弥合性理念融入纠纷的处理。抚平当事人双方主体的情绪，从孩子的角度出发妥适地解决纠纷。同时需结合家事纠纷隐蔽性、复杂性、涉公益性的特点，加大职权调查的力度。只要对涉未成年子女的离婚案件经过初步调查无法形成准确判断的，就应该进行积极的事实调查。

## （二）实现调查主体的相对统一化

由于案件的调查对案件中的未成年子女有重要意义，建议法院设立统一的调查人员。首先，选取要统一：在选取专业的调查人员时要从有法学、心理学等专业背景并具有丰富实践或生活经验的人员中选取。其次，思想、方法要统一：调查人员必须经过较为系统的培训，全面认识到调查的重要性，具备案件调查的基本能力。最后，提交的报告需统一：调查人员调查后应当形成相对统一的调查报告，大到调查报告的形式应是统一制作的书面形式，小到记载的内容必须包含父母的性格特点、收入状况、子女的意见、学校的意见等必要方面。

## （三）注重子女参与

实践中目前认定抚养权的案件主要的做法是，2周岁以内的子女随母亲，10周岁以上的孩子会听取他自己的意见,而 2～10 周岁之间由法官根据其利益最大化原则进行裁量。笔者建议法官在处理案件时灵活把握,尽可能地保障未成年子女的参与权,在案件调查时应主动听取孩子自己的意见。每个孩子生活的环境不同,心理的成熟程度也不同,不应该采取一刀切的方式用固定的年龄限制孩子的参与权。法官面对不同年龄段的孩子应当适用不同的调查方法,笔者觉得日本的做法较为成熟,值得借鉴与参考。

1. 对哺乳期(1～2 岁)孩子的调查方法

处于哺乳期的孩子要离开双亲与其一对一接触是非常困难的。另外,为了调查需要而要求其出庭对孩子的身心都构成巨大负担,因此调查的中心是通过家庭访问的形式,对孩子的身心发展状况及孩子与监护人和监护辅助者的交流进行观察。

2. 对就学前孩子的调查方法

此阶段的孩子往往为 3～6 周岁,处于幼儿期后半程,他们的特点为:①可以用言语表达自己的心情及感情;②明确了"自我"的中心概念,形成什么事都以"自我为中心"的考虑特征;③处于现实与空想之间的微妙阶段,容易对于纷争中的双亲抱有迟早会和好的"和合幻想"。对这个阶段孩子的调查从场所的选择到使用的语言及道具、玩具等都需要有针对性。

为了让孩子能够在不紧张的氛围中安心接受调查,最好是采用家庭访问的方式在孩子的日常生活场所展开调查。这个阶段的孩子大体可以通过语言进行交流,因此,调查员可以听取其在日常生活中的样子以及对父母的印象。通常不采用直接正面询问的方式,而是在同孩子玩耍的过程中对其进行观察,在不经意之间掌握孩子的情况。根据案情需要,可以灵活使用描画等心理测试来辅助调查。

3. 对学童期前半孩子的调查方法

此阶段的孩子主要就读于小学低年级。他们的发育特点为:①对于具体的事件具有抽象思考的可能,但还是会出现极端评价和脱离现实的空想的倾向;②开始了学校生活,社会性开始发育,与友人集团的交往占生活很大比重,习惯有规则与竞争的生活;③很容易在双亲的纷争之中受伤。孩子会感觉双亲的纷争"都是自己的错",怀有"哪一方也不想背叛的"忠诚纠葛。对此阶段孩子的调查,家庭访问可谓是最自然的方法,但是在孩子受到监护人过分关注而引发忠诚纠结(夹在对立的父母中间不知该站在哪一边的纠结状态)的情况下,调查员可以选择更换地点,例如从家里换到公园,如果无合适地点,也可以请孩子到法院,在不同的面谈环境中听取其心情。因此,大多数法院都会为孩子准备有图画书及玩具的儿童专用面谈室。

4.对学童期后半孩子的调查方法

此阶段的孩子主要就读于小学高年级,往往处于获得自我认知的前期。他们的主要特点为:①与父母产生心理距离,对现实的认知能力上升,但还无法独立解决问题,仍然需要依赖父母。因此其被卷入双亲的纷争中时,会产生忠诚纠葛;②和朋友之间的关系更加紧密,在家庭和学校之外的活动增加;③在某种程度上,可以基于客观认识进行言语表达,但是经常词不达意,反而没能正确表达自己意思的情况较多。所以如果调查人员在调查时持有"某某孩子都已经10周岁了,应该能在一定程度上表达自己的意思了吧"等轻率的想法与态度,可能会得出错误的、带有误导性的结论。

所以,针对这个年龄段的孩子,要明确调查的目标,制定不同的调查方法。如果调查目的为掌握孩子的生活状况,可以采用家庭访问的方式;如果以听取孩子的意向为目的,则将孩子请到法院精心构造的面谈室实施调查更为合适。

5.对初中阶段(12～14岁)孩子的调查方法

这个阶段的孩子已经能充分理解父母的纷争,对于将来有自己清晰的想法与意见,由于叛逆期特有的不安定心情及对父母的反抗,孩子的言行举止往往都有复杂性。在实施对孩子的调查时,基本上都是依据孩子的年龄不同做出与其年龄相应的说明,特别对于调查的目的及调查员的任务都要详细说明,对于听取孩子的意向后的可能采取的处理方式也要有充分的说明,要让孩子理解到他并不需要为纷争的结果负责任。

6.对15岁以上孩子的调查方法

对于15岁以上的孩子,应当听取其陈述,可以采取证人询问程序听取或者以提交陈述书的形式调查。此外,也有采用审问的形式进行事实调查的,但在判断不适宜适用审问方法的案件中,也可以命令调查员与孩子进行面谈调查。当15岁以上的孩子有年龄较小的兄弟姐妹时,为了对年龄较小的孩子的监护状况进行调查,可以在实施家庭访问的同时一并与15岁以上的孩子进行个别面谈,展开意向调查。

# 传承与创新:传统孝道法律文化的现代转型

冯　莉<sup>*</sup>

**摘　要**:孝道作为中国传统法律文化的核心价值,在立法上禁止别籍异财、供养有阙,要求子孙对待父母祖辈态度恭敬和行为顺从,还要求子孙慎终追远,在司法实践中形成了允许代父母受刑、缓刑免刑、存留养亲、宽容亲属复仇等司法制度。新文化运动以来,社会价值观从"团体主义"转向"个人主义",孝道文化传统遭遇猛烈批判,结果导致传统孝道法律体系解体。失去法律制度保障的孝道伦理约束力严重下滑,带来严重的社会后果。化解社会问题,构建中国式家庭建设,还要将孝道价值适度引入法律价值体系之中,确立个人与家的双主体的本体论,明确法律价值体系中的孝道价值,设计适应现代的孝道制度。

**关键词**:传统孝道法律文化;孝道价值;现代转型

　　党的十九届六中全会指出,党领导人民成功走出中国式现代化道路,创造了人类文明新形态。中国式现代化道路是一条体现中国特有的文化传统、民情和政治理想的现代化道路,而"孝"是中国特有的文化传统①。中国式现代化道路必然绕不开"孝道"这个传统文化根基。该如何对待传统"孝道"法律文化呢?自新文化运动以来,传统"家"文化、"孝道"文化遭受猛烈批判,有其正当性和历史价值。此后,在西方法律文化强势入侵的背景下,个体主义的价值理念被引入中国的家庭立法之中。相比较而言,西方法律文化在宗教的影响下认为家庭是一个较为松散的联合体,代

---

　　\*　作者简介:冯莉,法学博士,江苏电子信息职业学院马克思主义学院副院长,副教授,主要研究方向:家文化法治化。

　　基金项目:2021年度浙江省高校基本科研业务费专项资金项目(重大科研创新团队项目)"家政服务业提质扩容的法律保障体系研究"。

　　①　郝铁川认为,"孝"是中国传统文化中的核心理念。郝铁川.浅议古代孝道的今日转化问题[J].学术界,2014(6):157-163,310.龙大轩认为,孝道是中国传统法律的核心价值。龙大轩.孝道:中国传统法律的核心价值[J].法学研究,2015(3):176-193.孙向晨认为,"孝"在中国文化传统中具有根基性的意义。孙向晨.何以"归一家"——一种哲学的视角[J].哲学动态,2021(3):40-47,127.

际之间奉行的是"接力模式"而非"反馈模式"①；而中国道德中的"孝"是将"有限"的生存投入"无限"的生命之链中的铆钉，把不同的世代"焊接"起来②，把两个世代甚至更多世代"粘合"起来，通过生生不息、世代相续来表达生命的"不朽"。这是中西方法律文化在"孝"领域的质的差别。尽管中国在法律上确立了家庭成员之间的人格平等，建立起以夫妻关系为主干的社会家庭结构，但是传统孝道文化仍在影响着人们的日常生活，并应用于社会治理之中。中国式现代化离不开中国家庭的现代化，中国家庭的现代化应重新审视"孝道"的法律文化内涵，进而挖掘其蕴含的现代价值。在中国式现代化道路建设背景下，本文试图探析"孝道"法治文化的现代化转型路径，丰富中国式现代化家庭建设研究。

# 一、孝道文化在传统法律文化中的体现

传统中国社会是一个伦理社会，孝道为历代统治者推崇，他们不仅宣扬"以孝治天下"，更是将孝道与法律制度相结合，使得"孝道成为中国传统法律文化的核心价值"③，并形成了一套完整的孝道法律体系。有学者将其概括为"尊敬老者、赏赐'孝悌'者、惩罚不孝者"④三个方面；还有学者进一步凝练为"利亲、善事、慎终"三个层面⑤。在中国文化传统中，道德与法律没有分离，孝不仅是家庭德性的基本要求，还被泛社会化为立身、事君、处世的原则，因此作为核心价值的孝道不仅体现在立法之中，也表现在司法之中。《唐律疏议》是中国传统法律文化的典范之作，下文将以其为例分析其中的孝道法律文化。

## （一）立法中的孝道法律文化制度设计

不孝是中国历史上的重大罪名之一，历代法律确立了亲属相容隐的原则。《尚书·康诰》中记载，"元恶大憝，矧唯不孝不友"，即最大的恶也唯有不孝心不友善。《睡虎地秦墓竹简·法律问答》中有"父告子不孝，谒杀"之文。《史记·淮南衡山列

---

① 李拥军."家"视野下的法治模式的中国面相[J].环球法律评论,2019(6):88.
② 孙向晨.何以"归一家"——一种哲学的视角[J].哲学动态,2021(3):45.
③ 龙大轩.孝道:中国传统法律的核心价值[J].法学研究,2015(3):176-193.
④ 易国锋.孝道文化新理念的构建——从法治角度审视[J].江西社会科学,2008(11):224-225.
⑤ 龙大轩.孝道:中国传统法律的核心价值[J].法学研究,2015(3):180-186.

传》中记载，"太子（刘）爽，坐告父亲，不孝弃世"①。《唐律疏议》也将"不孝"纳入其中，并在《名例》及各编中做出相应规定。

### 1.物质层面禁止别籍异财和供养有阙

孝，首先保障家长的财产权，即不能别籍、异财。别籍是另立户籍；异财就是分割家产。唐朝赋税徭役由家长负责，以同籍之家庭为单位征纳，儿子另立户籍会减少整个家族的财富。同时另籍不同居也不能尽心忠养父祖，故立法者认为，"有异财、别籍，情无至孝之心"②。于是在《户婚律》卷第一百五十五条规定，"诸祖父母、父母在，而子孙别籍、异财者，徒三年"③。丧期未满也不能别籍异财，若别籍异财也将受到法律的惩罚。第一百五十六条规定，"诸居父母丧，生子及兄弟别籍、异财者，徒一年"④。为官之人还要免去官职，第二十条规定，"兄弟别籍、异财，免官"⑤，免去现任官职。此后宋、明、清都将别籍异财视为犯罪，只是惩罚的程度不同而已。⑥ "立法者的意愿是恶其有忘亲之心"⑦，体现弘扬孝道的立法目的。

孝，还要赡养父母，做到提供饮食等生活之需而尽心养护。"供养有阙"被列为不孝罪⑧并且在《斗讼卷》卷第三百四十八条规定，"诸子孙供养有阙者，徒两年"⑨。《唐律疏议》引用《礼记》"七十，二膳；八十，常珍"的说法，要求为七十岁的老人每餐预备待用的一份，为八十岁的老人经常提供时鲜食品。能够提供而故意不提供的，处徒刑二年；若家境贫穷，无从提供的，不当有罪。当然此罪需祖父母、父母告发，才处罚。如果祖父母、父母年老有病无人侍奉，子孙却丢下他们去做官将会被免官，"祖父母、父母老疾无侍，委亲之官"⑩，给以"违令"的处罚，将被免去现任官职。"供养有阙"入罪是为了防止不赡养祖父母、父母而设立的，其目的也是传承孝道的核心价值。

### 2.精神层面要求态度恭敬和行为顺从

孝不仅是物质层面的供养，还要满足长辈精神层面的需求。《唐律疏议》中记

---

① 司马迁.史记[M]. 北京:商务印书馆,2020:2008.
② 钱大群.唐律疏义新注[M].南京:南京师范大学出版社,2007:34.
③ 钱大群.唐律疏义新注[M].南京:南京师范大学出版社,2007:399.
④ 钱大群.唐律疏义新注[M].南京:南京师范大学出版社,2007:401.
⑤ 钱大群.唐律疏义新注[M].南京:南京师范大学出版社,2007:89.
⑥ 《宋刑统》规定,父母在及居丧别籍异财徒一年。明清律规定杖八十。
⑦ 瞿同祖.中国法律与中国社会[M].北京:商务印书馆,2010:18.
⑧ 钱大群.唐律疏义新注[M].南京:南京师范大学出版社,2007:33.
⑨ 钱大群.唐律疏义新注[M].南京:南京师范大学出版社,2007:758.
⑩ 钱大群.唐律疏义新注[M].南京:南京师范大学出版社,2007:89.

载,"善事父母曰孝。既有违犯,是名'不孝'"①。何为善事?"孝子之养亲者,乐其心,不违其志。"②怎样才能做到"乐其心、不违其志"呢? 一是态度恭敬,二是行为顺从。子孙伺奉祖父母、父母,不仅仅要提供物质上的供奉,还表现在言语温和,态度恭敬,行为顺从。《唐律疏议》中规定,"祖父母、父母在,子孙就养无方,出告反面,无自专之道"③。"子孙就养无方"出自《礼记·檀弓上》"事亲有隐而无犯,左右就养而无方",就是照顾、伺奉祖父母、父母并没有固定不变的范围,要视需要随时尽力尽心以赴。换言之,祖父母、父母在世,子孙的赡养应无限地周到,外出亲禀,返家面告,家事处置不擅自做主,方能"乐其心"。同时,作为子孙不能咒骂祖父母、父母。《唐律疏议》中规定,"子孙于祖父母父母求爱媚而厌、咒者,流二千里"④。按照举轻以明重的原则,子孙杀、殴、骂祖父母、父母更会受到法律严惩。

### 3.父母逝世后子孙还要慎终追远

孝还表现在对父母去世后的葬礼、祭祀的规定之中。《唐律疏议》的《名例》规定,"居父母丧,身自嫁娶,若作乐,释服从吉"为"不孝"⑤,并规定了处罚方式。在父母丧期内,自己做主出嫁或娶妻不仅要受罚,而且有官职的男子还会被免去官职。《户婚律》针对"居父母丧,身自嫁娶"进一步规定"嫁娶违律"分首从论罪。"若亲尊者主婚者,主婚为首,男女为从,事由男女,男女为首,主婚为从。"⑥在父母服丧期内婚娶,如果嫁娶是由尊长及年长者主婚,结婚男女处于从罪;如果嫁娶是由结婚男女而起,男女为首罪,主婚者为从罪;结婚的男女还依通奸罪处罚,该除名的照样除名。同时,为官之人还会被免去现任官职,"在父母丧,生子及娶妾,冒衰求仕"⑦。同样,如果听闻祖父母父母丧,但匿不举哀、在服丧期内作乐、脱去斩衰丧服而穿吉庆衣服,都是"不孝",还会受到法律惩罚。"闻父母之丧,匿不举哀者,流二千里;丧制未终,释服从吉,若忘衰作乐,徒三年;杂戏,徒一年;即遇乐而听及参与吉席者,各杖一百。"⑧《唐律疏义》不仅规定了"不孝"的罪名,还规定不孝的量刑,此后的各朝代法律大体也坚持孝道价值。

① 钱大群.唐律疏义新注[M].南京:南京师范大学出版社,2007;33.
② 钱大群.唐律疏义新注[M].南京:南京师范大学出版社,2007;34.
③ 钱大群.唐律疏义新注[M].南京:南京师范大学出版社,2007;34.
④ 钱大群.唐律疏义新注[M].南京:南京师范大学出版社,2007;34.
⑤ 钱大群.唐律疏义新注[M].南京:南京师范大学出版社,2007;33.
⑥ 钱大群.唐律疏义新注[M].南京:南京师范大学出版社,2007;464.
⑦ 钱大群.唐律疏义新注[M].南京:南京师范大学出版社,2007;89.
⑧ 钱大群.唐律疏义新注[M].南京:南京师范大学出版社,2007;340.

### （二）司法中的孝道法律文化适用

孝道作为核心价值贯穿司法过程中，比如代父母受刑、缓刑免刑、存留养亲、宽容亲属复仇等，在司法过程中情愿以孝屈法，展示了孝道在传统司法中的价值。

代父母受刑维护了历代统治者注重的伦常孝悌之道。缇萦救父的故事是大家最为熟知的代父受刑的故事之一。缇萦的父亲淳于意是西汉文帝时期的一名官员，因被人举报受贿，按照当时的刑法，应当由专车押送至长安接受肉刑。缇萦随父到长安，并上书汉文帝："妾父为吏，齐中称其廉平，今坐法当刑。妾切痛死者不可复生，而邢者不可复续，虽欲改过自新，其路莫由，终不可得。妾愿入身为官婢，以赎父刑罪。"①汉文帝怜悯她的孝心，废除了肉刑。在随后的历朝历代，代刑在司法实践中被保留，后来"不仅成为子孙的权利，且成为规定的义务了"②。

缓刑免刑是以孝为出发点，体念犯亲年老无侍，采取以孝屈法，存留养亲的特殊司法制度。该制度最早出现在北魏，"祖父母父母七十以上更无其他成年子孙，又旁无期亲者，可具状上请"③。到唐朝吸纳这一做法明定于法典之中，规定"犯死罪非十恶，而祖父母、父母老疾应侍，家无期亲成丁者，上请。犯流罪者，权留养亲"④。此后的宋、元、明、清都保留了非不赦重罪外的存留养亲制度，只是在具体执行中略有差别，该制度的目的是保证祖父母、父母年老之后有人赡养。如果犯人平日不孝敬父母，惹父母生气，留在家里也不侍奉父母，是不允许上请适用的。

复仇先是一个文化问题，后成为一个法律问题。当社会缺乏维持正义的力量时，复仇是寻求赔偿的一种方法。西汉末年，法律机构日益发展完善，生杀予夺之权被国家收回，私自杀人便是犯罪行为，为国家法律所禁止。建武初年，桓谭上书光武帝请禁止复仇，"今人相杀伤，虽已伏法，而私仇怨结，子孙相报，后忿深浅，至于灭户殄也……今且申明旧令"⑤。东汉颁布了《轻悔法》禁止人民私自复仇。汉朝以后，国家推行"孝治"政策，国家奉儒家学说为指导思想，采用"春秋决狱"的审判方式，为父母报仇虽有碍于社会秩序，但往往会得到社会的同情和赞扬，再加上复仇思想深入人心，复仇者在司法审判中得到减刑，或得到标榜以示统治者孝治天下的赦宥。法律原无复仇的规定，因复仇而得减免，原是法外施仁，是例外，可是一般人却以例

---

① 沈家本.历代刑法考（上册）[M].北京：商务印书馆，2011：148.
② 瞿同祖.中国法律与中国社会[M].北京：商务印书馆，2010：74.
③ 沈家本.历代刑法考（上册）[M].北京：商务印书馆，2011：30.
④ 钱大群.唐律疏义新注[M].南京：南京师范大学出版社，2007：111.
⑤ 瞿同祖.中国法律与中国社会[M].北京：商务印书馆，2010：83.

外为正,大加赞叹,反而以例内为非,大加抨击,足以看出了礼与法的冲突,法律与人情的冲突。

## 二、现代法治与传统孝道法治的冲突

清末法制改革以来,西法东渐,孝道伦理逐渐淡出法制领域。新文化运动以来,知识分子倡导"个体主义",强调理性的自主性、个体的独立性,传统孝道的法律理念被摒弃了,使得以"孝"为根基的传统法律文化被理性的契约法律文化取代,以致在实践中遭遇社会治理难题。

### (一)孝道文化传统遭遇猛烈批判

新文化运动中,为倡导"个人主义",当时的知识分子对家族制度进行猛烈的抨击,而"孝"作为支撑家族制度的首要德性首当其冲地遭受批判。新文化运动的旗手陈独秀就指出以孝为根基的宗法制度四大恶果:"一曰损坏个人独立自尊之人格,一曰窒息个人意思之自由,一曰剥夺个人法律上平等之权利(如尊长卑幼,同罪异罚之类),一曰养成依赖性,戕贼个人之生产力。"① 吴虞以《孝经》为例,认为"孝敬忠顺之事,皆利于尊贵长上,而不利于卑贱"②。易家钺曾对"孝"的观念做了"全面"总结,在他看来:"孝"是奴隶性的,"孝"是迷信,"孝"是丧失人格,他将"孝"完全与"人格"对立,并大胆预言:"社会愈文明,世界愈进化,'孝'是一定会消灭于无形的。"③ 在漫长的历史长河中,"孝"被机制化表达在生养、死葬、祭祀、等级等礼制方面的具体规定之中,与现代社会追求自由独立的个人大相扦格。笔者认为,孝道法律文化被批判、否定主要是基于以下原因:

第一,漠视个人权益。在传统家族制度之下,以父权为核心的孝道法律文化强调卑幼对尊长的绝对顺从和维护。家长绝对掌控家族的财产权、婚姻权、人身权和宗教权。父母在世,禁止远行、禁止别籍、异财,婚姻强调"父母之命、媒妁之言",子孙不得违反家长教令,甚至代家长受刑会受到法律认可和社会褒奖,个人独立人格被吸附在家族之内。在家国一体的观念下,以孝作忠,孝道与忠道合二为一,父权与

① 陈独秀.东西民族根本思想之差异[J].青年杂志,1915(4):2.
② 吴虞.家族制度为专制主义之根据论[J].新青年,1917(6):2.
③ 易家钺.我对于"孝"的观念[J].少年中国,1920(10):47-50.

皇权紧密结合,维护父权家长制,压抑或忽视个人的平等、自由和人权。

第二,扰乱社会秩序。孝道法律文化确立亲亲相隐的原则,鼓励"父为子隐,子为父隐",宣扬"家丑不可外扬",使社会上形成了一种重"私德"、轻"公德"的氛围,人们为了履行所谓的孝道,可以以私德来害公德,尽管法律禁止复仇,但是为亲复仇者前赴后继,结果往往伤及无辜。

### (二)孝道法律体系的解体

自新文化运动以来,传统"孝道"文化遭受猛烈批判,强调个性解放、个体的自由权利,重视个体自由、权利与尊严,这些理念得到了很多人的拥护和支持,加速推动传统孝道法律文化的解体。

清末变法修律之际,法理派和礼教派围绕"存留养亲""亲亲相隐""子孙违反教令"是入刑律还是删除,引出了国家主义与家族主义之争。最后《大清新刑律草案》(以下简称新刑律)将父母在别籍异财、居父母丧、自嫁娶、若作乐、释服从吉、闻父母丧匿不举哀等"不孝"条文从新刑律中删除,但是作为妥协,沈家本在正文后面加上《附则五条》,并明确规定,"大清律十恶、亲属容隐、干名犯义、存留养亲以及亲属相奸相盗相殴并发塚犯奸各条,均有关于伦纪礼教,未便蔑弃"①。新刑律尽管被后人诟病其妥协性和不彻底性,但是动摇了传统法律文化的根基,中华法系开始解体。《大清民律草案》部分继承了孝道法律文化,"父母在欲别立户籍者,须经父母允许"②,维护父母的分家权。

民国时期,个人主义的立法理念逐渐取代传统的家族主义。随着民主共和思想深入人心,新刑律的立法思想被继承,儒家尊卑贵贱的不平等思想被废除。当时有学者对这种趋势表示认可,认为"是立宪文明法律与专制国野蛮法律绝异之点,亦即军国社会与宗法社会绝异之点,而又国家伦理重于家族伦理之异点也"③。为了收回领事裁判权,当时的立法者开始学习西方大陆法系,实行民刑分离,开始编纂法典。尽管《中华民国民法》确立了社会本位的立法价值取向,但就其《亲属编》而言,"其本质以个人主义的立法价值取向为主,部分兼顾了团体主义"④,促使道德与法律分离,"孝"的法律观在一定程度上保留在父母婚姻决定权中。

---

① 高汉成.《大清新刑律》立法资料汇编[M].北京:社会科学文献出版社,2013:583.
② 黄源盛.晚清民国民法史料辑注(一)[M].台北:犁济社,2014:476.
③ 吴虞.家族制度为专制主义之根据论[J].新青年,1917(6):2.
④ 冯莉,夏锦文.论民法典编纂中亲属法的立法价值取向——以亲属法百年变革进程为考量[J].南京社会科学,2019(12):96.

新中国成立后确立了个人主义的立法价值取向，"孝"的法律观甚至被一度排除在法律体系之外。为彻底改造社会制度，发展生产力，把妇女从父权、夫权、神权、宗权的束缚中解放出来，1950 年颁布的《中华人民共和国婚姻法》，第一条开宗明义道，"实行男女婚姻自由、一夫一妻、男女平等、保护妇女和子女合法权益的新民主主义婚姻制度"，倡导婚姻自由，从法律上否定了家长的婚姻决定权。

### （三）孝道缺失的社会治理难题

首先，养老问题的恶化。孝是人类对情感向下的纠正。情感发乎自然，向下的爱是本能，向上的爱才能被称为"孝"。传统孝道法律文化支持下的养老不仅不能"供养有阙"，还要"乐其心，不违其志"。晚清以来，孝道伦理逐渐被从法律中剥离出来，失去法律支持的孝道伦理迅速滑落。以自我为中心的个人主义价值观登堂入室，进入家庭生活，年轻人"对于父母尊重、感恩情感的弱化，家庭凝聚力、成员义务感、忠诚感的淡化"①，甚至把老人视为负担、累赘。尽管法律中规定了子女有赡养父母的义务，但这种规定更多限于物质赡养。2013 年实施的《中华人民共和国老年人权益保障法》（以下简称《老年人权益保障法》）要求子女常回家看看，似乎想解决老人的精神养老问题，但由于种种现实因素，实践中很难执行到位。尽管刑法中规定了虐待罪、遗弃罪等罪名，但都属于亲告罪，在实践中很难惩治不孝的行为。不论在城市还是在农村存在着大量的空巢老人，"现有的法律制度远不能给老人群体颐养天年提供充分的制度保障"②。

其次，社会个体情感的空虚和冷漠。在古代中国，个人不是孤独的，也不是自洽的，他总是从属于一定的血缘和地缘共同体。近代以来，人被从家族和地域等各种共同体之中解放出来，成为现代国家的国民。随着市场经济发展和私人空间的扩展，人们进一步获得了个人自由和权利。在这一发展过程中，传统的家族或地域共同体被摧毁殆尽，现代的市民社会和公民团体尚未建立起来，处于传统文化与现代文化断层中的人"被抛到社会上，成为无所依傍的孤零零的原子化个人"③，失去了"亲亲"的牵挂与温暖，而不得不独自面对来自社会的一切压力，因而孤独感、无力感也形影相随。孝道具有增进人际情感、消减人际隔阂的功效，人们在追求个人权利、自由的过程中，抛弃孝道文化传统，并没有获得幸福和快乐，反而倍感孤独和寂寞，

---

① 孟宪范.家庭：百年来的三次冲击及我们的选择[J].清华大学学报（哲学社会科学版），2008（3）：141.
② 龙大轩.孝道：中国传统法律的核心价值[J].法学研究，2015（3）：192.
③ 许纪霖.启蒙如何起死回生：现代中国知识分子的思想困惑[M].北京：北京大学出版社，2011：340.

这些都是潜在的社会问题。

最后,社会责任感的缺失。传统孝道文化在法律制度支持下培养了个人的责任意识和义务意识。随着孝道法律文化的解体,接受传统伦理道德教育的个人仍能自觉践行孝道、承担社会责任。但缺失传统孝道文化教育的年轻一代,孝道意识淡薄,又被各种瓦解的共同体抛弃,找不到与公共生活、公共社群之间的有机联系,因而缺少公共生活的经验,也就缺少了相应的义务感和责任感,个人成长为"无公德的个人"。因此,社会上呈现一个"工具人"现象:"一方面各种法律和道德规范无处不在,甚至细微到人们日常生活的各个角落;另一方面,这些规范又形同虚设,只要缺少有效的行政权力的监督,人们便会毫无顾忌地违法。"①为什么会出现这样的现象呢?因为这些法律和道德规范都没有内化为人们的信仰,而其背后的根本原因就是伦理源头的缺失。要破解社会治理的危机,还需从源头的入手,重塑法律和道德规范的理论源头。孝道文化是建立中国特色社会主义法律和道德规范的理论源头。

# 三、传统孝道法律文化的现代转型路径

近年来,在立法和司法实践中都有将传统孝道文化创造性运用,比如将常回家看看写入《老年人权益保障法》,并运用到司法实践中,不仅要满足老年人的经济上的供养,还要满足老人精神上的慰藉②。可是,如何将孝道文化归回法治仍是一个难题。有学者列举了传统的"孝"与现代法治之间的三大难题:身份型的"孝"与契约型的法之间的冲突;"孝"的内在性与法的外部性间的矛盾;"孝"的差别主义与法的普遍主义之间的抵牾。③

## (一)确立个人与家的双主体的本体论

家哲学是西方人的盲点。④ 在新文化运动以来的百年生活实践中,中国人一直生活在"双重生活世界"中:一重世界是我们借助西方"个体"价值构筑的现代价值观

---

① 许纪霖.启蒙如何起死回生:现代中国知识分子的思想困惑[M].北京:北京大学出版社,2011:346.
② 2013年无锡市北塘区法院责令被告人承担"至少每两个月到老人居住处看望问候一次"的判决被誉为"常回家看看的入法后第一案"。王伟建."常回家看看"入法后首案判决——精神赡养不只是常回家[N].人民日报,2017-07-02(4).
③ 李拥军."孝"的法治难题及其理论破解[J].学习与探索,2013(10):66-74.
④ 笑思.家哲学:西方人的盲点[M].北京:商务印书馆,2010.

念;另一重世界是我们部分保留着自己的生活方式、情感模式、核心观念的中国文化传统下的价值形态。① 当然这种"双重生活世界"更多停留在人们的感性认知里,"个体"的自由、平等、人权逐渐成为社会普遍认同的价值,个人主义既促进个人极大解放,但也产生一系列消极的社会问题,因此,越来越多的学者呼吁重视"家"在现实世界的意义。

家是中国社会的根基,以孝为核心的"家"文化可以补救现代个体的"欠缺"。近代以来,在"个体—主体"的哲学基础上建立起来的法治思想,强调个体的独立性、自主性,因而把一个个具体的人抽象为冰凉的、冷漠的个体,漠视了"个体"的情感依恋,导致个体可能感到紧张、焦虑、孤独、荒谬、自私、冷漠、虚无、抑郁等。事实上,个人除了有理性的、自律的一面外,也有脆弱、失落、无助的一面,渴望得到交流、关爱和慰藉。"孝"上面是一个"老",下面是一个"子",把两个世代"粘合"起来,显示了家庭的希望、爱与不朽。古人通过祭祀把不同的世代"焊接"起来②,传递着生命的"不朽"。今天,人们仍然保留祭祀的习俗,感受着与祖辈的链接,这将有助于化解作为原子化个体的孤独和寂寞。

建构具有中国特色和面向的法治必须建立符合中国人情感认知的家庭法哲学。传统孝道法律文化维系父权家长制,妻子独立人格被丈夫吸收,子女的独立人格被父辈吸收。在现代社会,强调人格权平等,传统的父权家长制、株连无辜、存留养亲、因私废法等难以立足,在家庭内部夫妻关系是平等的,"亲子关系不具备任何平等的要素,不可能、也无必要实现平等"③。亲子关系中确立以孝为核心的价值观仍具有现代意义。孝是将"有限"的生存投入"无限"的生命之链中的铆钉,它显示出人们对于希望、爱与不朽的根本性理解。经历了原子化个人的痛苦之后,人们更渴望家的温暖和精神慰藉。习近平总书记多次强调家庭的重要性,注重家庭、注重家教、注重家风。作为中国文化根基的"孝"有其现代转型的价值基础,所以,建设中国式现代化道路、中国特色社会主义法治体系,还需要补上以"孝"为核心的家的本体论。

(二)明确法律价值体系中的孝道价值

近代以来,人们对孝的批判主要集中于生养、敬老、祭祀等方面的制度性规定。在个人主义深入人心的现代社会,传统孝道法律文化的"利亲、善事、慎终"三个层面

---

① 孙向晨.论家:个体与亲亲[M].上海:华东师范大学出版社,2019:29-31.
② 孙向晨.何以"归一家"——一种哲学的视角[J].哲学动态,2021(3):45.
③ 徐国栋.家庭法哲学两题[J].法制与社会发展,2010(3):44.

具有鲜明的时代局限性。

第一,物质层面的赡养纠纷是价值观念的冲突。因为禁止别籍异财在现代社会已经不适用。禁止别籍异财适用于传统农业社会,工业社会和信息社会则需要市场主导,以实现资金、劳动力的自由流动。此外,供养有阙也发生了根本性的变化。随着社会保障制度的完善,老人的供养问题得到基本解决,目前赡养纠纷主要集中在子女责任分配,以及子女责任分配背后的遗产继承等问题,其根源是个人利益与孝道伦理的价值冲突。

第二,精神层面的养老则需要重新认识。因为态度恭敬和行为顺从在现代社会难以完全执行。出于对父母的歉意和养育之恩,做到对长辈态度恭敬还是有可能,而要求子女做到行为顺从难度很大。在传统农业社会,人们的生活方式靠的是一代代人的经验积累,"依照着做就有福,不依照了就会出毛病"[①]。在社会生活经验的佐证下以及法律制度的引导下,农业时代的子女多半会遵从父母的意愿。然而,在一个变迁很快的社会,传统的办法因环境的改变而失去了原来的效力,无法应对新问题,而新问题的解决"主要靠的是智力和专业等能力,与年龄无关,经验反而是生存机会上的威胁"[②]。社会变迁摧毁了父母的权威,因此,要求子女在行为上完全顺从父母是不可能的。养老更多地表现为敬老,体现在维护老年人尊严的精神赡养权,成年子女在道德扶持和情感方面多关怀老人。

第三,关于慎终追远已经演变为习俗。关于祖父母、父母去世后,不得穿吉服、提听音乐等规定显然不适用于现代社会,有些地方老人 90 岁以上去世还被认为是喜丧,特地选用鲜艳的布料和衣服。

传统法律孝道法律文化中有很多不适宜的内容,应该放弃,但是孝道代表的伦理道德仍有其积极性,可以吸收到现代法律价值中。近代以来社会经历巨大变革,孝道价值所表现出的公共道德属性被摧毁,也导致家庭价值在法律制度之中的淡化,进而引发了家庭教育缺失、家庭结构脆弱、子女赡养不力等社会问题。在司法实践中的大量家事纠纷,归根到底"表现为价值危机"[③],破解之道就是要确立孝道价值。

---

① 费孝通.乡土中国[M].北京:北京大学出版社,1998:51.
② 费孝通.乡土中国[M].北京:北京大学出版社,1998:68.
③ 郑玉双.法律保卫家庭:重构孝道的法治形象[J].河南大学学报(社会科学版),2019(5):29.

### （三）设计面向成年人的孝道制度

孝是中国文化传统下道德的起点和基础。中国文化传统强调从初始的"孝爱"之心,扩大为"仁爱"之心,最后发展为"大爱",对天地万物的热爱。所以,"孝"作为一种德性,并不只是对自己父母的感激和热爱,而是形成了一种根本性的道德发展机制,并通过"推及"的教化作用,形成一种普遍的泛爱众人、民胞物与的道德意识。①"孝"有两个环节,一是先培养有等差的爱,即由"亲亲"而"孝悌"。"家"以"爱"为中心,子女因自幼得到父母的爱,而对父母给予生命的感恩和对父母生养的回馈,由此获得为人处世的最初方式。二是通过教化功能,推己及人。人们将在家庭中学到的为人处世方式运用到社会、国家上,培养出对社会仁爱、对国家热爱的国民。这是"孝"道可以进行现代性转化的前提和基础。

孝道是代际情感的差序化和角色化。孝是成年子女对老人的赡养和孝敬,但是孝道的养成需要从小培养。父母要想在逐渐老去之时能享受到子女的关爱,就必须在子女未成年时行使好亲权。父母要增强责任意识,尽到对未成年子女的抚养、教育、监护之责,同时,国家要做好对未成年人监护的兜底,"当家庭教育失职或缺失时,国家对家庭教育进行'补强'"②,以纠正父母在家庭教育、监护的错误行为,以此形成父母与子女之间良性的互动关系。

现代社会孝主要包括两个层面,一是物质层面的赡养,二是精神层面的敬养。在父母生活能够自理的时候,子女学业有成、事业成功、常回家看看也被视为一种"孝"。这种孝并没有太多法律上的要求。当父母生病、失能或丧失劳动能力时,更渴望得到子女的孝。所以,尽管现有各层级法律法规等都有相关的赡养规定,但更多是一种义务要求,是一种经济上的计算,缺少敬的成分。随着人们生活水平的提高,人们对敬的需求日益增加,相关的法律制度要在养的基础上进一步完成对敬的实现与转换。

---

① 孙向晨.论家:个体与亲亲[M].上海:华东师范大学出版社,2019:247.
② 张鸿巍,于天姿.亲权与国家亲权间的平衡:探求家庭教育的实现路径——兼评《家庭教育法(草案)》[J].中华女子学院学报,2021(4):19.

# 四、结 语

孝道传统法律文化向现代转型仍受到质疑,道阻且长。孝道缺失所引发的社会问题已在哲学以及伦理学领域得到广泛关注和深入探讨,虽然也有不少法学研究的学者参与讨论,但是孝道传统法律文化现代价值仍处于探索中。值得欣喜的是,与孝有密切联系的家已成为我国社会结构和法治体系中无法回避的一部分,依附于家而存在的孝也被人们逐渐认识到其价值和功能,并运用到司法实践中,相信在以后的立法实践中,孝的价值能被吸纳、被法律保障,用于构建体现中国式现代化的家庭建设。

# 情感回归视角下社会工作参与
# 城市社区治理的路径研究

杨书通[*]

**摘　要:**党的十八届三中全会提出将推进国家治理体系和治理能力现代化作为全面深化改革的总目标之一以来,我国在城市社区治理层面有了诸多实践。然而,在治理过程中对情感的忽略与社区居民"原子化"、社会关系碎片化共同作用,造成了个人和社会两个层面的情感困境以及次生的治理风险,情感需要回归到社区治理。社会工作作为秉承"助人自助"理念的社会治理力量,能够有效地承担起情感治理的重要任务。社会工作者可以从培养社区领袖、建构社区文化符号和建构社区资本三个维度出发,建立社区情感联结,激发社区治理内生动力。

**关键词:**社会工作;情感回归;社区治理

## 一、问题的提出

在过去的 40 多年里,伴随经济的快速发展,我国持续进行着由传统农业社会向现代工业社会乃至数字社会、由同质社会向异质社会、由伦理社会向法理社会、由计划经济向市场经济的转型,社会结构发生了巨大变化。其中,"乡土中国"向"城市中国"的转变,即城市化现象最为显著。人口的快速流动使得传统乡土中国中以土地为中心、血缘为纽带的社会关系在城市化进程中逐渐被瓦解,进而走向居民之间异质性更强的陌生城市社区社会。同时,市场化也贯穿我国城市化的全过程,推动着社会利益多元化发展。尽管人口流动加速所释放的巨大的生产力在市场化的推动下促使我国经济在相当长一段时间内保持高速、稳定的增长,人民的物质生活条件得到了极大的提高,国内教育、医疗等各项事业实现了蓬勃发展,但是总体而言,社

---

　　* 作者简介:杨书通,浙江师范大学硕士研究生,主要研究方向:社区社会工作、企业社会工作。

会建设的步伐相比之下略显迟缓。市场机制所带来的利益分化在社会建设相对缓慢的情况下往往会导致社会矛盾乃至社会冲突,为了解决这一社会问题、建构和谐社会,不仅需要多元主体共同参与治理,更需要将情感纳入治理的范围。然而,街道办事处、社区居委会等基层行政组织受制于科层制结构的指令性制度、疲于应对各类考核检查,在治理路径上趋向工具理性理念。长久以来对效率、数量的追求使得基层治理陷入技术主义和工具主义的桎梏,忽视了治理过程中的居民个体情感体验。这不仅无法回应社区居民的情感需要,更无法解决社区居民人际关系疏远、归属感不强、社区意识淡薄等突出问题。长此以往,便形成了"人际关系疏远—社区认同感低—社区治理弱参与—人际关系疏远"这一周而复始的恶性闭环,微观层面上不利于发挥社区作为治理单位的作用,宏观层面上有碍于和谐社会的建设。因此,社区治理迫切需要一个新的治理力量参与到情感治理中。

早在 1995 年,全球治理委员会(The Commission on Global Governance)便提出定义:治理是各种或公或私的个人和机构管理其共同事务的多种方式的总和,这是一种冲突与利益调节、多方合作共存的持续过程。[①] 这个定义深刻揭示了"治理"和"管理"的一个重要区别:即"治理"更强调多元主体的参与。在我国,继党的第十八届三中全会首次提出"社会治理"[②]这一概念后,党的十九届四中全会又进一步提出"建设人人有责、人人尽责、人人享有的社会治理共同体",并将"坚持和完善中国特色社会主义制度、推进国家治理体系和治理能力现代化"作为全党的战略目标[③],可见党和国家对多元治理的重视程度。社会工作组织是一个极具代表性的公益社会组织。它肩负着"解决那些'市场化改革的意外社会后果'"的重任[④],是社会治理的重要主体之一。不同于对技术、制度过度依赖的行政力量,社会工作者作为一种柔性的治理力量,更多地关注居民个体实际在物质层面和精神层面的需求,颇具人文关怀,能够在柔化传统刚性治理结构的同时,有效回应社区居民的情感需求、培育社区情感,重建居民社区意识,促进社区参与。本文尝试就社会工作以情感治理为切入点参与城市社区治理的必要性和可行性进行分析,并提出行动策略。

---

① The Commission on Global Governance. Our Global Neighbourhood:The Report of the Commission on Global Governance[M]. New York:Oxford University Press,1995:2-5.

② 中共中央关于全面深化改革若干重大问题的决定[N].人民日报,2013-11-16(1).

③ 中共十九届四中全会在京举行[N].人民日报,2019-11-01(1).

④ 王思斌,阮曾媛琪.和谐社会建设背景下中国社会工作的发展[J].中国社会科学,2009(5):128-140, 207.

# 二、社区与情感

"社区"一词不可谓不流行。近年来尤其是新冠疫情暴发以来,国内无论是政府、学界还是社会组织都围绕"社区建设"和"社区治理"进行了大量实践和探索。然而,这些实践都只停留在技术和制度层面,过度强调效率和数量,忽视了治理过程中居民实际的情感体验,并发展出各类次生社会问题,治理的方向和治理目标存在明显张力。我们不禁要思考:社区和情感之间存在什么样的关系? 作为治理的基本单位,社区建设的目标是什么? 只有回答好这两个问题我们才能找准社区建设的方向,实现对社区的美好想象。

## (一)情感是社区内涵的题中应有之义

国内外学界普遍认为,"社区"的概念最早见于德国社会学家斐迪南·滕尼斯(Ferdinand Tönnies)的著作《社区和社会》(*Gemeinschaft und Gesellschaft*)一书。在该书中,滕尼斯将人类共同生活的表现形式区分为两种理想类型:Gemeinschaft(社区)和 Gesellschaft(社会)。Gemeinschaft 是一种基于自然意志而形成的共同体,其中的人们以血缘为纽带,形成的是一种亲密无间、守望互助的人际关系。在 Gesellschaft 中,人们因理智意志(私利、个人目的以及法律契约)而集结,因而社会中的人际关系凸显出陌生冷淡、不信任、彼此独立乃至孤立等特征。这里需要强调的是,滕尼斯所提出的"社区"和"社会"的概念是为了社会学研究而提出的彼此对立、理想的极端模型,即完全依靠情感和权威而运作的"社区"和完全依靠法律条文的无情"社会",这在现实中都是不存在的,但是这种二元区分为社会学研究提供了新的思路。随着 Gemeinschaft 这个概念被翻译为 Community 传入美国,美国学界掀起了研究社区的热潮。20 世纪 30 年代,在以帕克为首的芝加哥学派的推动下,社区由一种理想的概念演变为一个实地研究的单位。① 而林德夫妇在 1929 年出版的被人们誉为社区研究"金字塔"②的《中镇》则形塑了社区研究这门学科,极大地影响了社

---

① 杨敏.中国社会转型过程中社区意涵之探讨[J].武汉大学学报(哲学社会科学版),2006(6):878-882.
② 沈关宝.《中镇》——社区研究的"金字塔"[J].社会,1996(7):27.

会学家对社区的研究发展走向①,促进了社区研究的繁荣②。虽然此后的社区研究中,学术界对社区的界定越来越丰富,例如1955年社会学家希勒里统计出94种关于社区的定义③、1998年华人学者杨庆堃发现关于社区的定义已经增长至140余种④,但是归结起来,西方学术界对社区的界定无外乎两个方向:一是强调情感归属和价值认同的实体或者类型,二是强调一定地理区位内的互动⑤。

我国社区⑥治理的实践历史悠长且形式多元⑦,但"社区"这一概念却是一个舶来品。20世纪初,"Community"一词进入国内学界时,出现了"基本社会""地方社会"和"共同社会"三种不同译法。译法虽然不同,但都是将社区作为社会的基本单元和结构来考察。在面对Community和Society二词时,费孝通先生敏锐地察觉到"基本社会""地方社会"和"共同社会"三种不同译法的不当之处,并创造性地提出了被学界广为认可的"社区"这一译法。⑧ 正如费孝通先生所言:"它(社区)的最初解释受到了西方人文区位学观点的影响……其含义简单地说是指人们在地缘关系基础上结成的互助合作的共同体,用以区别在血缘关系基础上形成的互助合作的共同体。"⑨中国的社区研究从一开始便受到了欧美尤其是芝加哥学派的影响,更多地将社区理解为有边界的、相对封闭的实体或者说是社会的基本单元进行理解,以迎合本土现实社会实证研究的需求。而这一点在《乡土中国》一书中同样得到了佐证:"以全盘社会结构的格式作为研究对象,这对象并不能是概然性的,必须是具体的社区,因为联系着各个社会制度的是人们的生活,人们的生活有时空的坐落,这就是社区。"⑩有学者指出,这一时期国内学界对于社区的界定继承了滕尼斯和芝加哥学派的大部分观点。他们认为社区是一个独立的微型社会,是社会的缩影。⑪ 这一观点对中国的社会学发展影响深远,甚至20世纪80年代末我国的社区研究仍能体现出

---

① Colin Bell, Howard Newby. Community Studies: An Introduction to the Sociology of Local Community[M]. London: Routledge, 1971: 87.

② 康诺利,佟春霞.《中镇》的遗产[J].世界民族,2015(6):44-50.

③ George A. Hillery. Definitions of community: Areas of agreement[J]. Rural Sociology, 1955(20): 111-123.

④ 徐永祥.社区发展论[M].上海:华东理工大学出版社,2000:30-31.

⑤ 杨淑琴,王柳丽.国家权力的介入与社区概念嬗变——对中国城市社区建设实践的理论反思[J].学术界,2010(6):167-173,287.

⑥ 这里的"社区"意指与滕尼斯笔下"基于血缘而发展起来的共同体"相似的中国古代基层生活单元。

⑦ 吴晓林,岳庆磊.皇权如何下县:中国社区治理的"古代样本"[J].学术界,2020(10):120-129.

⑧ 费孝通.费孝通全集[M].呼和浩特:内蒙古人民出版社,2009:296.

⑨ 费孝通.中国现代化:对城市社区建设的再思考[J].江苏社会科学,2001(1):49-52.

⑩ 费孝通.乡土中国[M].北京:商务印书馆,2018:89-90.

⑪ 杨敏.中国社会转型过程中社区意涵之探讨[J].武汉大学学报(哲学社会科学版),2006(6):878-882.

这一时期的特点。

追本溯源，我们不难发现，无论是西方学界还是本土的"燕京学派"，都将情感作为把握、理解社区的重要维度，认为情感是社区内涵中的题中应有之义。因此，我们在社区建设的实践中不能忽视情感在社区发育、运作中的重要地位。

### （二）情感是中国历史和文化的重要脉络

中国的哲学是以人为中心的哲学。情感因素在传统哲学中处于极其重要的地位，或者说传统哲学具有强烈的情感色彩，从某种意义上说，情感是中国人"形上学"的重要基础。[①] 儒家哲学的基础是道德情感。早在先秦，孔子便提出了"道之以德，齐之以礼""君君，臣臣，父父，子子"的治理范式，试图建构一种以"礼乐"为框架的社会规范。在此基础上，孟子则进而提出"四端"说，将性善说与仁政主张联系起来，从内在的心理情感与外在的社会关系上展开了孔子所奠定的仁道观念[②]，在以情感道德对个体的行为模式进行规范的同时提出了理想的治理模型。不同于儒家学说，以老子为代表的道家反对通过制度设立或道德教化来塑造人性、规范情感，主张"处无为之事，行不言之教""道法自然"，提倡释放发乎于内的、自然的真情实感。而佛教哲学否定情欲、情识，提倡绝对超越，但是中国化的禅宗，却并不否定七情六欲，不否定人的现实的情感活动，不仅如此，禅师们还在"扬眉瞬目"、情态百出之间体验佛的境界[③]。在儒释道哲学体系的影响下，情感已经深深镌刻在中国人的思维中，深刻影响人与人之间的交往模式和社会运作的逻辑。

按照燕京学派代表人物吴文藻先生提出的"社区乃一地人民实际生活的具体表词，它有物质的基础，是可以观察到的"[④]，中国传统封闭的乡村基层社会便是一种典型的社区，这也就意味着我国在社区的建设上有着丰富的实践。

1840年鸦片战争以前，在生产条件落后、社会流动性较低的封建农业社会，相对固定的生产生活空间、自给自足的小农经济使得人与人之间形成了稳定的情感连结。一方面，人们生活在以血缘为纽带的宗族关系中。这种宗族关系受到家文化观念的影响，各个小的家庭虽然看似彼此分离，但是却在文化、习俗、情感等方面保持紧密的结合，形成一个大家庭，保持着氏族独有的凝聚力。另一方面，在乡土地缘关

① 蒙培元.论中国传统的情感哲学[J].哲学研究，1994(1)：45-51.
② 杨国荣.作为哲学范畴的"和"——"和"的哲学阐释[J].中国哲学史，2001(2)：24-28.
③ 蒙培元.论中国传统的情感哲学[J].哲学研究，1994(1)：45-51.
④ 王铭铭.社会人类学与中国研究[M].北京：生活·读书·新知三联书店，1997：30.

系上,由于农业社会的封闭性,人们往往"生于斯,长于斯,死于斯"①,人口流动性较小。在这种关系中,人们服膺于礼俗,通过乡绅、富农等具有威望的知识分子或较有威望的耆老以礼治手段进行日常矛盾调节,以维护基层治安。在这种独特的情感场域下,我国出现了"国权不下县,县下惟宗族,宗族皆自治,自治靠伦理,伦理造乡绅""官如河水流,绅衿石头在"②的乡绅之治。费孝通在《乡土中国》曾这样描述我国这种独特传统的治理格局:一方面是自上而下的皇权,另一方面是自下而上的绅权和族权,二者平行运作,互相作用,形成了"皇帝无为而天下治"③的乡村治理模式。由此看来,情感治理从未跳出过中国乡土社会的治理框架,所以说,情感治理路径和经验并不是偶然出现的,而是有着深远厚重的历史传统。④

正如乔纳森·特纳所言,"情感是维持或改变社会现实的能量"⑤,我国无论是在封建时期,还是在民族解放、社会主义建设阶段,都充分利用了情感的力量,积累了大量的经验。不同于西方人的理性思维,中国人在文化上更多强调"情理"二字⑥,情感更是形塑了我国的社会治理模式,深刻地嵌入在了治理思维之中,为社会的发展进步贡献情感作为公共产品的力量。但是这种力量在改革开放后,随着我国由礼俗社会走向法理社会,逐渐被忽视和替代。

### (三)情感缺失的现代城市社区及两个层面的情感困境和治理风险

20世纪80年代,伴随着以"政企分开"为标志的社会主义市场经济体制改革的推进,单位功能趋于弱化,总体性社会单位制逐渐消解,我国面临社会转型以及由此引发的各类社会问题。作为"单位制"的补充角色,"街居制"面对这些问题和压力时就显得力有不逮,政府在基层的管理上陷入困境,迫切需要一种新的组织模式或管理体制来整合基层社会,达到维护社会稳定的目的。在这种历史背景下,"社区"这个概念进入了政府的视野。1987年,民政部在武汉市召开"全国城市社区服务工作座谈会",首次提出"社区服务"的表述。至此,"社区"这一概念被纳入行政管理的序列中。2000年,《民政部关于在全国推进城市社区建设的意见》(以下简称《意见》)指出,社区是指聚居在一定地域范围内的人们所组成的社会生活共同体。社区建设是

---

① 费孝通.乡土中国[M].北京:商务印书馆,2018:38-39,50.
② 班固.汉书:卷十九上,百官公卿表第七(上)[M].北京:中华书局,1962:742.
③ 费孝通.乡土中国[M].北京:商务印书馆,2018:140-148.
④ 汪勇,周延东.情感治理:枫桥经验的传统起源与现代应用[J].公安学研究,2018(3):1-23,123.
⑤ 特纳.人类情感:社会学的理论[M].孙俊才,文军,译,北京:高等教育出版社,2009:367.
⑥ 梁漱溟.中国文化要义[M].成都:路明书店,1949:13.

指在党和政府的领导下，依靠社区力量，利用社区资源，强化社区功能，解决社区问题，促进社区政治、经济、文化、环境协调和健康发展，不断提高社区成员生活水平和生活质量的过程。同时，《意见》还对社区的范围进行了界定：目前城市社区的范围，一般是指经过社区体制改革后作了规模调整的居民委员会辖区。这些都在昭示着一个无可辩驳的事实：社区的概念已经不仅仅是传统社会学意义上的小域社会，更是一个边界明确的行政单元。①

20 多年来，我国城市社区建设的理念经历了从"服务"到"管理"再到"治理"三个阶段的演变②，社区逐渐承担起单位制原有的政治、经济和社会功能。在这个过程中，社区概念的本义逐渐改变，社区不再是人与人之间具有亲密关系、共同的精神意识及共同的归属感、认同感的传统性共同体，而是由国家主导、有计划的、为了一定的构建目的而建立起来的以居住关系为纽带的基层单元。社区的概念逐渐异化为国家权力向基层的延伸，是继总体性单位制之后的一种新型社会组织模式。政府希望借社区的概念，加强对基层民众的整合，最终实现和谐社会的目标。

不可否认的是，这种模式总体上符合我国的基本国情和治理逻辑，为我国在过去 20 多年经济高速发展的同时保持社会长期稳定做出了突出贡献。但是不得不注意的是，我国人口流动性不断增强，使得传统地缘性社区结构遭到破坏，城市居民交往开始表现出一定的脱域性。③ 近年来，以互联网为代表的通信技术发展迅猛，"互联网＋"模式在经济、政治、文化等领域的广泛推广在丰富、便捷人们生活的同时，也在无形之中促进了"熟人社会"的消亡，加剧了个体的原子化和社会关系的碎片化。有学者指出，居住方式的改变、共同兴趣爱好消减、宗教仪式衰微、公共利益责任主体转移等使得传统社区精神逐渐消逝并陷入"共同体困境"④，使得居民与社区联系愈发式微，城市社区不能完整发挥社会整合的作用，这种困境让学者和官员不得不将目光重新投向镌刻在社区内涵中的情感维度。然而，在"祛魅化"的现代社会，理性主义的滥觞使得技术、制度等刚性治理手段主流化，而"人"及情感维度则在治理过程被忽视，最终致使社区治理沦为"合理的非理性化"政策工具，日益凹陷"麦当劳

① 杨敏.中国社会转型过程中社区意涵之探讨[J].武汉大学学报(哲学社会科学版),2006(6):878-882.
② 吴越菲,文军.作为"命名政治"的中国社区建设:问题、风险及超越[J].江苏行政学院学报,2015(5):64-70.
③ 援引自"社区失落论"中"脱域的社区"(Disembeded Community)这一概念,意指地域对于社区而言已没有传统上的重要意义,居民的生产生活受到地域的影响日渐式微.
④ 陈友华,佴莉.社区共同体困境与社区精神重塑[J].吉林大学社会科学学报,2016(4):54-63,189.

化"、内卷化①,并没有有效地将居民进行连结,促进社区社会关系的发育和生长。

党的十九大提出,我国社会主要矛盾已经转化为人民日益增长的美好生活需要和不平衡不充分的发展之间的矛盾。"幸福生活"显然不仅仅是物质上的满足,更是精神和情感上的满足。然而,在这种人与人边界明显、人情味淡薄的社区中,人们只能获得"家宅"的庇护,却失去了"家园"的呵护。原来那种情感交融、互通有无、守望相助的邻里关系不见了,居民的公共空间进一步缩小,人们在冷冰冰的钢筋混凝土的世界里老死不相往来反而成了常态。② 人们的情感性表达得不到释放,长此以往便形成了情感困境。

在个体层面,情感困境表现在精神健康问题上。近年来,关于抑郁症的报道和个案越来越密集,以抑郁症为代表的精神健康疾病得到了各个领域的关注,似乎成为当下的一种流行病。我们必须要清醒地认识到,这不仅仅是医疗领域的问题,同时也是社会治理的问题:随着社会分工的不断细化,城市居民情感需求满足的通道被进一步压缩至社区层面,而目前我国的社区却只能满足居民的居住需求,无暇顾及居民在高生活压力和快速生活节奏下个体情感表达的不畅和情感满足严重不足的问题。在社会层面,情感困境则更多地体现在社区治理和社会失范两个方面。社区治理方面,人与人之间情感的淡薄推动着"熟人社会"的消亡和"陌生人社会"的成形,共同体意识逐渐消解,居民参与公共事务意愿低、社会治理主体责任意识淡薄,不愿意参与到社区共治之中,使得基层治理沦为政府的独角戏。社会失范方面,在对社区认同感不足以及归属感较弱的情况下,居民在社区里的负面情感体验恐会遭到放大,使得居民倾向以失范行为甚至是犯罪行为来表达利益诉求和情绪宣泄。

同时值得我们注意的是,情感具有流动性。个体的负面情绪不仅会通过"个体—个体"流动,也会通过"社区—社区"的方式流动。倘若对社会中存在的负面情绪不加以节制,便会走向群体性事件。不同于居民同质性更强的农村,对于异质性人口密集的城市而言,日常运作的优越性使得社区在治理过程中放松了对负面情绪流动的警惕,也忽视了"陌生人社会"中自身解决应急突发事件的天然不足,这使得城市治理暴露在巨大的系统风险之中。

静言思之,我国在社区建设和治理过程中存在对情感治理的忽视,这不仅仅与满足人们的美好生活需要相悖,更不利于和谐社会的建设,使得城市治理面临潜在

---

① 冯敏良.隔离社区的兴盛与社区治理的迷思——中国式社区治理的范式危机[J].学术界,2014(3):75-82,308.

② 王彦辉.社区建设的"第三条道路"[J].华中建筑,2001(6):9-11.

的治理风险,这毫无疑问与社区制度建立的初衷背道而驰。为了更好地满足人们的情感需求、维持社会稳定,我们迫切需要一个新的治理力量参与到社会治理中。然而,社会情感建设由谁承担成了新的问题。新中国成立后,基层官员逐步承担起士绅消亡后国家对于民众情感治理的执行者角色。然而在分工高度分化的现代社会,作为技术官僚,基层官员在实施情感治理时却面临"走过场""形式主义"的批评,甚至会造成"凡事都要靠政府"的"巨婴效应"这一非预期后果。[①] 顾东辉认为,社会组织可以对国家治理的有关子系统发挥积极影响,对于行政系统而言,社会组织可以纠正政府失灵的后果,增加民众利益诉求的方式和途径。[②] 因此,社会组织参与基层的情感治理能够在一定程度上柔化科层制的刚性治理结构,弥补技术治理中情感的缺失。

# 三、社会工作:一股柔性的治理力量

社会工作(Social Work)起源于西方,与发端于英国的"睦邻运动"(The Settlement Movement)有着深远的渊源,是基于社会分工高度分化而产生的社会服务组织。从服务方法上来看,社会工作分为个案社会工作、家庭社会工作和社区社会工作。社会工作者在面对不同对象时,对于不同的服务对象有不同的专业技巧。与此同时,社会工作有着极强的人本主义取向,这与情感治理在内在脉络上高度一致。另外,在社区治理上,社会工作独具专业优势和科学的工作方法,能够有效地纾解城市社区治理困境,促进社区发展。

## (一)脱胎于社会改良运动的治理力量

社会工作,此前亦有学者将其译为"社会服务"或者"社会福利",它脱胎于睦邻运动。这场运动是宗教界人士和知识分子共同参与的社会改良运动,旨在通过呼吁受过良好教育的群体和贫困居民共同生活,为弱势群体提供帮助的同时积极改良社区,实现"贫富群体和谐共存,政治平等公平"的目标,以应对工业革命和海外贸易带

---

① 任文启,顾东辉.通过社会工作的情感治理:70年情感治理的历史脉络与现代化转向[J].青海社会科学,2019(6):24-31.
② 顾东辉.国家治理现代化的多重解读[J].中共浙江省委党校学报,2014(5):12-16.

来的贫富差距衍生的社会矛盾和社会问题。[①] 这场运动为解决社会问题提供了新的思路,在欧洲国家快速流行起来,同时对美国也产生了较大的影响,并在此基础上衍生出了职业社会工作者。由此可见,社会工作与社会问题密不可分,甚至可以说社会工作是为了解决社会问题和社会矛盾而产生的,表现出较强的工具性。

现代社会是一个高度分化的社会,虽然它能够带来经济、社会的快速发展,但是也带来了社会不平等、贫困、失业、社会隔离和社会排斥等诸多问题。虽然政府也在努力通过社会政策进行弥补,但是面对来自内部和外部的压力和风险常常使政府首尾难顾,无法有效应对。社会工作作为一种社会力量,能够以其针对性强、服务细致和人性化的特点,有效帮助困难群体,解决社会问题。党的十六届六中全会提出了"建设宏大的社会工作人才队伍"[②]的目标。社会工作作为服务性社会组织,在国家治理中更多地充当了"润滑剂""安全阀"的角色,通过对个体、家庭以及群体的人文关怀和情感层面的关注,及时化解消极情感,避免基层矛盾冲突,最终实现和谐社会的历史目标。

## (二)"利他主义"主导的社会服务组织

价值观是社会工作的核心,极大地影响着社会工作机构的运行和社会工作实务的开展。在美国全国社会工作者协会确认的十条社会工作者的基本价值观中,居于首位的便是"重视社会中的每一个人"。社会工作的"人本主义"体现在助人活动中,这一点与"情感治理"在内涵上具有高度的一致性。在以人为中心取向的指导下,社会工作者关注人的物质困境和精神困境,尊重人的价值和尊严,资产阶级革命进一步宣扬了人道主义追求人的长远价值的实现。社会工作者秉持"利他主义",在社区中为困难群体和边缘群体(如老人、残障人士、外来务工人口)链接社会资源,这个过程不仅帮助其恢复社会工作,也是与人民群众建立情感联系的过程。相比于社区工作人员抑或其他技术官僚,社会工作者在助人过程中更加重视"同理心"的运用,同时更加尊重服务对象在问题解决过程中的主体地位,并非自上而下的"施舍"。此外,社会工作者秉持未来建构的取向和"助人自助"的理念,更重视助人过程的连续性、助人项目的有效性和服务对象应对困境能力的建设,极大程度上避免了"作秀""走过场"的嫌疑,更容易获得社区居民的信任。而这种对社会工作者的信任,可以

① 吴限红,杨克,李芹.宗教慈善与社会工作:历史、流变与关系互嵌[J].华东理工大学学报(社会科学版),2019(2):20-27.

② 新华社.中共中央关于构建社会主义和谐社会若干重大问题的决定[J].党的建设,2006(11):8.

通过引导等手段转化为对社区、对社区邻里的信任和支持。

社会工作可以被定义为一门艺术,一门科学,一个专业,它可以帮助社区居民纾困解难,改善人际关系,使之与社区相适应。① 在民政部 2016 年 12 月发布的《社区社会工作服务指南》标准中明确指出,社区社会工作者应在社区党组织的领导和社区居民自治组织的指导和支持下,提供统筹社区照顾、扩大社区参与、促进社区融合、推动社区发展、参与社区矫正、参与社区戒毒社区康复等服务。②

社会工作参与社会治理的底层逻辑与一般的行政管理有所不同:行政管理倾向于依托行政系统,使用正式的、制度化的权力来参与社会治理维持社会稳定;而社会工作则强调依托情感连结,通过解决社会问题化解矛盾来参与社会治理,体现出情感在治理中的柔性力量。

# 四、社会工作参与情感治理的路径

2006 年以来,社会工作在我国的发展可谓迅猛,学界在社会工作如何嵌入社会治理的议题上进行了深入长远的探讨。社会工作具有沟通、纾困和服务的特质,在应对社区公共精神式微所带来社会关系碎片化、城市居民原子化问题上具有先天的优势。本文尝试建构"以社区为本位"范式下社会工作参与情感治理的三条路径,充分发挥情感柔性层面的力量,力求在建设和谐社区的同时,激活社区的内生力。

## (一)培养社区领袖

社区领袖,源于西方 Community Leader 这一概念,也被译为社区骨干、社区精英等。马克斯·韦伯在权力层面对社区领袖进行了分析,他认为,现实生活中除神权之外,还有两种权力,分别是合理的法定权力即职权和传统式的权力即个人权力。③ 这种个人权力并非法律赋予的正式权力,而是依靠情感伦理、道德水平、经验资历以及个人魅力等因素所建构的个人影响力。费孝通在《乡土中国》提出了一种"差序格局"的社会结构,个人的影响力在这种社会结构的场域之中,也呈现出"以己

---

① 法利,史密斯,博伊尔.社会工作概论[M].9 版.隋玉杰,等译.北京:中国人民大学出版社,2005:16.
② 中华人民共和国民政部.社区社会工作服务指南:MZ/T 071-2016[S/OL].(2016-12-06)[2022-08-22].https://images3.mca.gov.cn/www/file/201701/1484893885134.PDF.
③ 孙耀君.西方管理思想史[M].太原:山西经济出版社,1993:178.

为中心,呈水波状四周延伸"的特点。① 通过社区领袖团队建设,利用好社区领袖影响力和个人魅力这一非正式权力,对引导社区居民参与、凝聚社区居民力量、促进社区情感建设具有重要意义。

不同于西方社区领袖政治推动的作用,也不同于传统"乡绅"的决策权力,当前语境下社区领袖的建设是对当下治理中"情感缺失"的回应,建立基层群众情感诉求的通道,笔者尝试就建构社区领袖的培养机制提出自己的观点。学界普遍认为,社区领袖的来源有三种:社区居民、社区社会组织人员和社区工作者。笔者认为,一方面,后两者相对社区居民而言存在较大的流动性,无法保证长期供职;另一方面,社区社会组织人员和社区工作者互为同侪,不适宜作为对方的领袖。在社区居民群体中,离退休的公职人员和党员普遍具有较高的威信和社区事务参与热情,同时能够为社区居民链接到各种正式和非正式的资源,直接帮助居民解决生活中的问题。此外,这两类居民基于工作经验,对政府政策和行动策略有着较为深刻的认识,能够扮演好政府的基层代言人角色,同时也能站在社区居民立场,为政策制定者提供咨询建议,将群众的情感因素充分参与到政策制定环节,让政策体现出基层群众的利益和诉求。基于以上两点,离退休的公职人员和党员能够以情感为纽带,利用自身的人格魅力和影响力,在为群众提供服务的同时搭建起政府和人民之间的桥梁,应当作为社区领袖的重要人选。

### (二)建构社区文化符号

文化是重要的情感载体,共同的文化是公共情感的基础。改革开放以前,在"生于斯,长于斯,死于斯"的封闭地缘社区中人们交往具有较大的局限性,容易形成以民俗为代表、具有地域特色的文化,并衍生出人与人之间的情感。随着基于"万物互联"的通信技术不断更新迭代,社会交往的时空不断被压缩,脱离了以往地域的桎梏,使得人与人之间交往流速加快,社会交往可选择的范围变广,并形成了建基于即时通信技术的"精神虚拟社区"。在传统"上面千条线,下面一根针"治理模式下,基层工作者往往疲于应付指标性工作,无暇迎合居民的文化情感上的需求,社区居民只能从社区外寻求公共产品,无形之中便造成社区交往的碎片化。

大量学者在研究后发现,不同于社区社会组织人员以及其他社会服务组织,社会工作者在组织活动的能力上具有突出表现。社区工作者可以利用自身在活动组

---

① 费孝通.乡土中国[M].北京:商务印书馆,2018:23.

织上的优势，尝试以活动为载体，建构社区文化符号，重塑社区情感。首先，社会工作者应以社区居民的需求为导向，联合社区和其他社会服务组织，链接场地、资金以及物料等资源，设置居民活动中心，依托各类社群活动，为居民提供面对面交流的机会。居民活动中心可以为儿童提供暖心自习室、流动图书馆等；为妇女居民提供瑜伽室、手工兴趣技能培训课程、育人知识课程等；为中老年居民提供青少年教育理念课程、养生知识讲堂等。此外，类似于书法绘画、宠物饲养等兴趣爱好也可以作为社区活动的抓手。相关课程可外聘专业人士开课，也可以由社区内有经验的爱好者承担教学任务，既能实现互教、互学、互助、互进的目标，也能营造社区的和谐、融洽的氛围。其次，社会工作者可以尝试联合区团委、妇联等组织，以节假日为重要契机，举办"百家宴"、社区趣味运动会、露天电影、中秋晚会等可参与度高的活动，让社区居民充分"卷入"到社区交往之中。最后，社会工作可以尝试以公共决策为核心，以公共利益为纽带，促进社区居民之间的交流和相互了解。费孝通先生认为，基层建设不能够仅仅依赖动员的手段裹挟居民参与，更要给予居民参与公共事务决策的机会以及自我决定的权力，要在居民参与自治的过程中，培养自治的能力和习惯，最后形成认可和尊重自我决定的制度。① 如是观之，居民参与公共决策，不仅能够加强居民之间的交流，而且能够提高社区居民参与社区治理的能力，培养社区的内生力。

（三）建构社区社会资本

社会资本（Social Capital）理论于 20 世纪 70 年代在西方学界兴起，大概在 2000 年左右引入国内并运用到社区建设、社会治理等领域中。② 肯尼斯·纽顿（K. Newton）认为，社会资本至少可作三方面的理解："首先，社会资本主要是由公民的信任、互惠和合作有关的一系列态度和价值观构成的，其关键是使人们倾向于相互合作、去信任、去理解、去同情主观世界观所具有的特征；其次，社会资本的主要特征体现在那些将朋友、家庭、社区、工作以及公私生活联系起来的人格网络；最后，社会资本是社会结构和社会关系的一种特性，它有助于推动社会行动和搞定事情。"③不难看出，良好的社区情感，对于个人而言，能够建构起个人的非正式社会支持网络，提升其应对风险的能力；对于社区而言，能够营造出信任理解、合作友爱的社区氛围，

---

① 费孝通.当前城市社区建设一些思考[J].群言,2000(8):13-15.
② 吴莹.社区社会资本与民族地区的基层治理效能研究[J].中央民族大学学报(哲学社会科学版),2022(2):88-96.
③ 李惠斌.什么是社会资本[M]//李惠斌,杨雪冬.社会资本与社会发展.北京:社会科学文献出版社,2000:11-12.

推动社区建设。

建构社区资本,社会工作者可以从两个方面入手。其一,为老年人、残疾人和困难户等边缘群体和弱势群体链接正式社会资源,同时动员社区居民为他们提供非正式的支持。事实上,社会工作者在为服务对象提供服务的时候往往不会孤立地审视其所面临的困境,而是以"人在情境中"为重要原则,分析在其微观、中观和宏观上资源的分布,通过链接资源的方式提供支持。这种资源不仅仅停留在物质和政策层面,也会涉及居民的情感体验。出于这一原则,社会工作不仅可以在社区内发动筹款、募捐等活动,在一定程度上改善这类群体的物质生活水平,还可以动员社区居民参与到这类群体的生活帮扶之中,如组织社区青年儿童利用周末等课余时间去给孤寡老人和残疾人打扫房间、节假日组织边缘群体参与聚餐等,为社会关系网络功能较弱的居民个体建构个人社会资本。其二,社会工作者可以尝试搭建社区志愿服务平台,建立诸如"时间银行""志愿时长超市"等制度,通过志愿服务换服务、志愿服务换物资等模式,鼓励居民参与到社区的服务中。在志愿平台中,社区居民能够充分发挥自身所长和个人兴趣(如可以组建维修队,定期为居民提供简单维修),在为他人提供帮助的同时,实现自身价值,还能够营造出守望相助的和谐邻里关系,加快社区内的情感流动,建构社区社会资本。

## 五、结　语

情感问题不仅仅是个人的问题,更是社会治理的重要议题。党的十九大报告首次对加强和创新社会治理进行了深刻阐述,并明确提出要"打造共建共治共享的社会治理格局"。党的十九届五中全会进一步指出,"十四五"期间要努力实现"社会治理特别是基层治理水平明显提高"的目标。而在"陌生人社会"的语境下,社区居民"不参与"和"弱参与"成为基层治理的首要难题。社会工作者作为协同治理的多元主体之一,在情感治理上有着独到的优势,能够利用活动组织的这一特长,依托社区活动、志愿服务项目等,为社区居民提供面对面沟通交流、情感链接和社会资本建构的机会。

我们需要认识到的是,在情感治理的实践中,以上方式仅仅是从社会工作者的角度出发,依托专业优势,以情感治理为路径,建构城市社区情感网络进而提升社区认同感,培养社区的内生力。而社区问题的解决,需要多方主体合力参与,需要从更多的领域进行治理。正如何雪松所说,社会工作具有个人和社会的双重聚焦,若与其他专业人士一起合作,对于回应个体情绪、预防和减少极端个案具有积极的意义。<sup>①</sup> 此外,情感治理的回归并不是对法治和制度的挑战,更不是以"情治"取代"法治",而是基于法治框架下利用情感的柔性力量激发社区居民对社区的认同感和参与社区建设的动力,重新建构社区情感联结和社会资本,从而达到丰富基层治理体系和增强基层治理能力的目标。

---

① 何雪松.情感治理:新媒体时代的重要治理维度[J].探索与争鸣,2016(11):40-42.

综合治理

# 公共卫生危机的法治化应对路径

## ——基于立法、执法和社会共治协同视角

李海峰*

**摘　要：**在全面依法治国的时代背景下，公共卫生危机应当通过法治化的路径予以应对。公共卫生危机的处理应当坚持依法行政、科学立法、信息公开、协同治理的法治原则。立法完善路径上，应制定《紧急状态法》，统一信息发布主体的级别规定，完善突发事件预警制度，统一突发事件的划分标准，明确"分级负责"的权责范围；行政执法路径上，应构建统一领导的决策指挥与协调应对机制，完善信息报告制度，提升各级疾控中心的法律地位，严禁越权行政或违法行政；社会协同路径上，应充分发挥网格化社会治理机制的功能，鼓励社会组织积极协同参与，发挥社会组织的自我治理效果，夯实法治的社会基础，做好公共沟通工作，规范民众的应对措施。

**关键词：**公共卫生危机；立法完善路径；行政执法路径；社会协同路径

新冠疫情成了我国自 2003 年"非典"（SARS）疫情以来影响最大的一次公共卫生事件。"非典"不仅促成了《中华人民共和国传染病防治法》（以下简称《传染病防治法》）的首次修订，也间接催生了《中华人民共和国突发事件应对法》（以下简称《突发事件应对法》）的出台。但两部法律的部分条款皆存在合理性和可操作性问题，且两者间也存有内容冲突，加之部分执法主体存在越权现象，导致我国在应对新冠疫情的过程中出现了诸多不规范甚至极端的做法，既侵害了部分民众的利益，也浪费了抗疫资源，影响了抗疫效果。为保证依法防控，在法治轨道上统筹推进各项防控工作，需要明确公共卫生危机事件的法治应对路径。

---

* 作者简介：李海峰，江苏南通人，江苏师范大学法学院讲师，法学博士，江苏省法学会比较法学研究会副秘书长，主要研究方向：行政法学，比较法学。

基金项目：2021 年国家社科基金青年项目"刑事合规视野下智能技术单位的刑事责任研究"，项目编号：21CFX024。

# 一、应对公共卫生危机的法治原则

基于法治理论所内蕴的规训权力、促进法律实施以及协同治理的实践指向，如下原则应成为我国应对公共卫生危机时必须遵循的基本原则。

一是依法行政原则。在现代行政法理念中，行政应急是应对突发事件的首要方式，这亦是现代社会的普遍共识。因为在各项国家公权力之中，行政权力最为庞大且高效，以行政权力处理突发事件具备天然的理论合理性与实践必要性。为保证这一手段的规范性，执法机关必须严格遵循依法行政的原则，这是"落实依法治国、建设社会主义法治国家基本方略的重要步骤"①。在应对公共卫生危机的过程中，执法机关应当充分遵守现有相关法律条款的规定，避免以"应急"为名侵犯公民的权利。同时，广义上的依法行政原则还意味着地方政府应制定具体的实施细则，规范执法人员以外的基层协助者的应对措施，避免出现极端行为。

二是科学立法原则。上述依法行政原则反过来也意味着立法机关应当完善相关法律文件，让其更加具备可操作性，从而为执法机关的依法行政提供切实的规范依据。科学立法以促进法律的可操作性及科学性为必然追求。美国新自然法学派代表人物富勒提出了法律的一般性、公开性、可预见性、明确性、前后一致性、易被遵守、稳定性以及政府守法应当是法律的"内在道德"②；新分析法学派代表人物拉兹也将法治的基本原则概括为包括可操作性在内的八项原则③。可以看到，上述法学家都不约而同地强调法律的可操作性这一"工具属性"，这是因为，任何宏大的法治目标都必须借助于具体、可行的法律特质予以实现。同时，具有可操作性的法律"可以公正、有效地引导、约束国家和政府的行为……若无明文的、确定的法律标准的引导和约束……政府和司法就可能偏离其法定的正当目的"④。当下，《传染病防治法》与《突发事件应对法》之间存在的条款冲突就不符合上述原则，立法机关应尽快修正。

三是信息公开原则。作为世界公认的应急法治基本原则，信息公开原则要求将涉及公共问题的信息归为公共资源，其是公众了解公共事务和政府工作状况的必要

---

① 马怀德.法治政府建设：挑战与任务[M]//应松年.法治政府.北京：社会科学文献出版社,2016:3.

② Lon L. Fuller. The Morality of Law[M]. New Haven：Yale University Press, 1969:46-94.

③ Joseph Raz. The Authority of Law：Essays on Law and Morality[M]. Oxford：Clarendon Press, 1979:214-218.

④ 王人博,程燎原.法治论[M].桂林：广西师范大学出版社,2014:171.

信息。①在公共卫生危机发生后，作为普通的民众应当享有获取与自身生活密切相关的防控信息，并且从理论上而言，也享有获知危机处理方案、程序、效果和状态的权利，而这必须是在信息充分公开的基础上才能够保障的。2003年"非典"疫情以及新冠疫情事件都表明，突发事件发生后，信息的公开即真相本身并不会造成社会的恐慌与动荡，相反，信息的及时有效公开会促使社会大众积极提升安全防范意识，进而有效地防止事件恶化。

四是协同治理原则。充分发挥社会主体的力量，实现政府与社会的协同运作，既是现代法治的应有面貌，也是新时期国家治理现代化的鲜明实践。现代法治理论强调发挥社会主体参与社会治理的功用，在这一实践场域中，治理不再是"政府权力自上而下的管制过程，而是国家与社会，以及其他主体上下互动的治理过程，它主要通过合作、协商的方式，实现对公共事务的管理"②。其内在机理在于，相较于公权力部门，社会成员对社会的环境与构造有着更为直观感性的认知，他们完全可以依照法律及各类社会章程实现社会事务的自治运行，这便是法治的"社会之维"。而在传统的政府推进型法治实践理路中，国家治理呈现出了"社群缺位"现象，政府对社会问题的处理采取"一肩挑"的模式。这一模式显然亟须改变。在应对公共卫生危机的过程中，政府应积极"鼓励和支持社会各方面参与，实现政府治理和社会自我调节、居民自治良性互动"③，进而增强社会大众对于公共问题的参与度。

## 二、应对公共卫生危机的立法完善路径

当下我国应对公共卫生危机的主要法律依据是《传染病防治法》和《突发事件应对法》，此外亦有部分相关的规范性法律文件，如《中华人民共和国传染病防治法实施办法》《国家自然灾害救助应急预案》以及县级以上地方各级人民政府的应急预案等。整体上讲，我国应对公共卫生危机的法律体系尚不健全，紧急状态及其配套运

---

① 如《中华人民共和国政府信息公开条例》第六条第一款规定，行政机关应当及时、准确地公开政府信息。《突发事件应对法》第四十四条第二项亦规定，宣布进入预警期后，县级以上地方各级人民政府应当根据即将发生的突发事件的特点和可能造成的危害，责令有关部门、专业机构、监测网点和负有特定职责的人员及时收集、报告有关信息，向社会公布反映突发事件信息的渠道，加强对突发事件发生、发展情况的监测、预报和预警工作。

② 唐爱军.推进国家治理现代化的几个着力点[N].新华日报，2019-11-05(15).

③ 中共中央关于全面深化改革若干重大问题的决定[M].北京：人民出版社，2013：49.

行机制在当下缺乏具体和切实可行的法律依据,我国应当制定《紧急状态法》,解决《传染病防治法》与《突发事件应对法》中没有详细规定的问题,增加公共卫生危机预防与管控的整体可操作性。《紧急状态法》的制定能够填补法律漏洞,促使相关法律条款更为精细化,为公共卫生危机的应对设定统一标准,消弭既有的法律冲突。

新冠疫情是我国面临的一次重大公共卫生危机。面对这种危急状态,国际上的通行做法是根据法律的规定授予政府在特殊时期行使具有较大自由裁量度的权力,政府在这一时期甚至可以依法对私人主体的权益进行限制,这种状态即为紧急状态。但是,正因为紧急状态下的政府权力得以大幅扩张,并可以有选择地限制私人权益,因此,紧急状态下政府的行为必须严格依循紧急状态相关法律规范的规定,否则,扩张的公权力不但会不当地侵蚀私权利,而且这本身也有违法治的本意。目前,我国关于紧急状态的少量规定仅散见于《中华人民共和国宪法》(以下简称《宪法》)中①,而宪法规范是一种原则性、抽象性的规范,宪法规范的直接适用性并不强,需要由与之相匹配的下位法对宪法的原则性规范予以细化。而我国至今尚未制定出台专门的《紧急状态法》,这使得《宪法》关于紧急状态的规定难以获得规范效益上的实施。立法机关应当尽快制定专门的《紧急状态法》,详细列举紧急状态下公权力机关可以获取的特殊权力,以及可以暂时性限制的公民权利,从而避免无法可依状态下公权力的"异化",促使公权力机关依法行使特殊职责。除了《紧急状态法》的制定以外,应当继续在立法上完善公共卫生危机治理的法治化路径,包括但不限于:

第一,统一信息发布主体的级别。公共卫生危机发生后,关于地方政府是否具备信息发布的权力,实践中存在着"无授权不披露"的争论。对此,《传染病防治法》与《突发事件应对法》的规定存在冲突,《传染病防治法》第三十八条②规定了传染病疫情信息发布制度,明确了相关主体的责任,根据该条文可推导出如下结论,一是疫情信息的合法发布主体只有国务院和省级政府的卫生行政部门;二是所谓"无授权不披露"并非省级卫生行政部门发布疫情信息的必然准则,只有当疫情从地方"暴发、流行"至全国时,省级卫生行政部门才需国务院授权;三是市级以及市级以下卫

---

① 《宪法》第六十七条第二十一项规定,全国人民代表大会常务委员会有权"决定全国或者个别省、自治区、直辖市进入紧急状态",第八十九条第十六项规定,国务院有权"依照法律规定决定省、自治区、直辖市的范围内部分地区进入紧急状态"。

② 《传染病防治法》第三十八条规定,"国家建立传染病疫情信息公布制度。国务院卫生行政部门定期公布全国传染病疫情信息。省、自治区、直辖市人民政府卫生行政部门定期公布本行政区域的传染病疫情信息。传染病暴发、流行时,国务院卫生行政部门负责向社会公布传染病疫情信息,并可以授权省、自治区、直辖市人民政府卫生行政部门向社会公布本行政区域的传染病疫情信息。公布传染病疫情信息应当及时、准确"。

生行政部门并不具备疫情信息的发布权。从《突发事件应对法》的规定①来看,县级以上(包含县级)人民政府是具备信息发布权的。此前,我国针对突发事件采取的是"分类管理"立法模式,即针对专门领域制定专门的应对法规,如《传染病防治法》《防震减灾法》《防洪法》《公共卫生事件条例》等,突发事件的应对以各级主管部门自上而下的管控为主,《突发事件应对法》则确立了"属地管理"的原则,将突发事件的主要管理职责明确在了属地政府身上,即以属地政府的综合协调为主,主管部门的专业应对为辅,"块"重于"条"。由于《突发事件应对法》第七条、第八条明确了县级政府是最基本的责任主体,因此,县级以及县级以上地方各级人民政府都可以是合法的信息发布主体。

由上可见,《传染病防治法》与《突发事件应对法》尽管法律位阶相同,但关于突发事件信息发布主体的级别规定存有冲突。加之两部法律在学理上还存在特别法与一般法、新法与旧法的争论,显然不利于指导实践中包括公共卫生危机在内的突发事件的高效应对。根据《中华人民共和国立法法》,全国人民代表大会常务委员会应当对上述争议作出裁决,并统一信息发布主体的级别规定。笔者认为,为避免因上报流程烦冗而出现的信息公开延迟现象,县级及县级以上人民政府都应当具备信息发布的权力。同时,为确保法律的可操作性,突发事件发生后,几日内发布信息、公布频率和载体为何,立法机关都须予以明晰。

第二,完善突发事件预警制度。除信息发布权以外,《突发事件应对法》第四十二至四十七条还确立了突发事件预警制度。② 在公共卫生危机信息正式发布前,县级以上(包含县级)人民政府可根据监测结果进行预警。从这些规定来看,能够做出如下分析:在应对公共卫生危机过程中,即便《传染病防治法》并未赋予地级市人民政府、县级人民政府信息发布权,但政府应该也有条件根据《突发事件应对法》第四十三条之规定发布相应级别的警报,决定并宣布进入预警期。

然而,关于预警制度的具体实施,相关部门并未制定细则。笔者认为,结合2003年"非典"疫情和新冠疫情的应对情况,立法机关应着重从以下两方面完善突发事件

---

① 《突发事件应对法》第四条规定,"国家建立统一领导、综合协调、分类管理、分级负责、属地管理为主的应急管理体制"。相应地,突发事件的信息发布权自然也就属于属地政府了。第五十三条还规定,"履行统一领导职责或者组织处置突发事件的人民政府,应当按照有关规定统一、准确、及时发布有关突发事件事态发展和应急处置工作的信息"。

② 如《突发事件应对法》第四十三条规定,"可以预警的自然灾害、事故灾难或者公共卫生事件即将发生或者发生的可能性增大时,县级以上地方各级人民政府应当根据有关法律、行政法规和国务院规定的权限和程序,发布相应级别的警报,决定并宣布有关地区进入预警期,同时向上一级人民政府报告,必要时可以越级上报,并向当地驻军和可能受到危害的毗邻或者相关地区的人民政府通报"。

预警制度:一方面,明确预警发布的程序和形式(如通告、决定或其他形式),提升预警发布的规范性,确保人们可以迅速精确地领会政府的指示;另一方面,更重要的是,具体到公共卫生危机方面,立法机关应当赋予临场医务工作人员以预警权,且政府面对医务工作人员的误判应报以最大限度的宽容,令其敢于及时果断地发出预警,提升预警效率,避免因其畏惧追责、未予预警而贻误了应对公共卫生危机的最佳时机。

第三,统一突发事件的划分标准。根据《突发事件应对法》,信息发布制度与预警制度中的"突发事件"都有着级别规定。①但是,目前国务院尚未就突发事件的分级做出统一规定,这使得信息发布制度与预警制度对突发事件的分级缺乏统一的标准。实践中,我国应急管理长期以来坚持的是分类、条状管理,不同类型的突发事件有着各自不同的分级标准,甚至,部分地方性法规还会授权各地政府部门制定本地区的应急响应级别分级标准。这就导致了不仅不同领域的突发事件分级标准是不同的,即便是同一领域内,不同级别政府部门制定的突发事件分级标准亦是不同的。这种不良现象带来的后果是:其一,当突发事件发生后,不同责任主体之间会相互推诿对事件定性的职责,拖延了处理时间;其二,事件定性后,不同级别政府部门的不同标准又会再次降低突发事件的处理效率;其三,突发事件分级标准的杂乱无章让民众无所适从,从而降低了信息发布或预警的实际意义。

第四,明确"分级负责"的权责范围。尽管《突发事件应对法》第四条对分级负责的应急管理体制进行了明确,但并没有明确划分各级政府之间的权责范围。② 该法第七条明确要求在属地政府(县级政府)无力管控突发事件时应当及时向上级政府报告,接受上级政府的统一领导③,但是第八条又赋予了上级人民政府主管部门对下

---

① 《突发事件应对法》第三条第二款、第三款规定,"按照社会危害程度、影响范围等因素,自然灾害、事故灾难、公共卫生事件分为特别重大、重大、较大和一般四级。法律、行政法规或者国务院另有规定的,从其规定。突发事件的分级标准由国务院或者国务院确定的部门制定"。第四十二条规定,"国家建立健全突发事件预警制度。可以预警的自然灾害、事故灾难和公共卫生事件的预警级别,按照突发事件发生的紧急程度、发展势态和可能造成的危害程度分为一级、二级、三级和四级,分别用红色、橙色、黄色和蓝色标示,一级为最高级别。预警级别的划分标准由国务院或者国务院确定的部门制定"。

② 《突发事件应对法》第四条规定,"国家建立统一领导、综合协调、分类管理、分级负责、属地管理为主的应急管理体制"。

③ 《突发事件应对法》第七条第三款规定,突发事件发生地县级人民政府不能消除或者不能有效控制突发事件引起的严重社会危害的,应当及时向上级人民政府报告。上级人民政府应当及时采取措施,统一领导应急处置工作。

级人民政府在突发事件应对中的指导权和协调权①。换言之，上级政府的统一领导并未取代下级政府的应对工作，甚至"指导、协助"还意味着突发事件的处理仍以属地管理为主。因此，一旦因上报而引发"分级管理"时，属地政府面临的最大困境就是指挥权的确定问题，即属地政府与上级政府分别负责哪些职权，具体指挥的职权应当交由哪一级政府，立法对此应当进行明确规定，避免出现相互推诿抑或是相互争权的现象。

# 三、应对公共卫生危机的行政执法路径

应对公共卫生危机的行政执法路径分为完善行政体制与规范执法措施两个面向：其一，完善应对公共卫生危机的行政体制，确保公共卫生危机信息得以顺利传达给相关部门，并形成统一指挥、协调有序的综合应对机制，从而防止各自为政与邻避效应；其二，规范执法措施，提高行政执法能力，践行依法行政的法治原则。尤其是新冠疫情应对过程中出现的种种行政越权现象，更凸显了规范行政权力的必要性。依法处理公共卫生危机，尊重保障公民的基本人权，这是坚持法治中国建设不可突破的底线。

第一，构建统一领导的决策指挥与协调应对机制。公共卫生危机事件由国务院组织指挥部进行统一指挥，其优势在于形成合力，破除地方防疫工作中的各自为政的现象，实现应对工作整体上的统筹兼顾。② 在此基础上，公共卫生危机的应对通常包括防疫救援、封路停市、运送医疗与生活物资、保障救护人员的工作环境、应对企业资金链断裂等一系列工作，这涉及政府的诸多部门。因此，国务院应进一步构建逐级责任领导制度，协调地方各级有关部门的应对工作，在应急处理指挥部统一领导下，将各级政府的公安、农林、卫生、交通、工商、出入境检疫、财政等部门均纳入公共卫生危机的应对工作中，制定综合预案。各级政府逐级向上负责，防止欺上瞒下、防控不协调等现象发生。

第二，完善信息报告制度。烦冗的公共卫生危机信息报告程序容易贻误最佳的

---

应对时机,对此,国务院应简化信息报告程序,甚至可以建立疫区政府直接报告中央主管部门的制度,提升信息获取的效率。尤其需要指出的是,根据新冠疫情的应对经验,这种可以直达中央的信息报告程序对于应对未知传染性疾病尤为重要。2003年"非典"疫情过后,国家卫健委下属的中国疾病预防控制中心(Chinese Center for Disease Control and Prevention,CCDC)斥巨资建立了信息直报系统,据称"疫情信息送达平均只需4小时"①,但是,这套系统在新冠疫情应对过程中却并未发挥预期的效果,以至于在一定程度上贻误了最佳应对时机。从法律层面上来看,目前传染病应对的相关法律以及机制对不明原因的传染性疾病的重视程度是严重不足的,如果突发传染病不属于已知的甲类或乙类传染病,则医院无法直接上报,而是需要等待上级确认后再申报。公共卫生危机应对机制设立的初衷是及时迅速地应对疫情危机事件,但实践中上述制度性缺陷导致未知传染病的上报极为被动,层层上报与层层审核往往带来了层层淡化的不良后果,并最终影响了中央的决策。这需要决策部门逐步探索设立直接上报的良性机制,避免因信息逐级上报而贻误了处理时机。

第三,提升各级疾控中心的法律地位。各级疾病预防控制中心(以下简称"疾控中心")是我国实施国家级疾病预防控制与公共卫生技术管理和服务的重要单位,中国疾控中心及下属各级疾控中心在应对公共卫生危机中发挥着重要的发现问题、分析问题的专业性作用。然而,如此重要的部门却并非政府机关,而仅仅属于公益性事业单位。更重要的是,各级疾控中心并不具备发布疫情信息的权力,这并不符合我国公共部门的一般运行逻辑,我国疾控中心的地位太低,与其承担的公共卫生防控职责不相匹配。② 因此,为充分发挥各级疾控中心的专业性作用,国务院可将疾控中心系统纳入政府部门体系,赋予其公权力机关的身份。同时,改变现在疾控中心逐级上报疫情的制度,赋予其特定情况下直接向中央有关部门报告疫情的权力,甚至直接向社会发布信息的权力,从而尽早增强公众应对疫情的意识,并于第一时间实施应对措施,避免疫情的扩大,杜绝瞒报现象。③

第四,严禁越权行政或违法行政。部分地方政府在公共卫生危机的应对过程中容易发生越权行政或者违法行政的现象,从而走向了法治的对立面。例如在抗疫过

---

① 疾控中心.中国疫情网络直报系统规模全球第一[EB/OL].(2014-04-04)[2020-02-29]. http://www.chinanews.com/gn/2014/04-04/6029787.shtml.

② 钟南山.CDC地位应该提高,要有行政权[EB/OL].(2020-02-27)[2020-02-27]. https://www.sohu.com/a/376206786_114988.

③ 包刚升.抗疫要尊重市场秩序与权利秩序[EB/OL].(2020-02-21)[2020-02-27]. https://tech.sina.com.cn/roll/2020-02-21/doc-iimxxstf3241740.shtml.

程中,部分乡镇政府任意隔断村庄之间的道路,甚至将乡镇的主干道予以封锁;又如,部分地方政府针对辖区内所有居民一律采取物理封闭的措施,禁止人员的进出。上述政府行为的出发点固然是防止人员感染,但是,这些行为客观上并不符合法律的规定,乡镇政府采取隔离的措施是行政越权,只有县级及县级以上政府才有这一权力。① 即便是根据《突发事件应对法》采取隔离措施,也必须按照比例原则的要求,尽量采取隔离部分疑似患者而非隔离全体民众的做法,避免因矫枉过正而人为地造成次生灾难。②

# 四、应对公共卫生危机的社会共治路径

开展及时的公共沟通工作,形成政府—民众平等沟通的机制,是践行信息公开原则的有效方式。良好的信息沟通机制既有利于增强公众的防护意识,维系社会稳定,也有助于加强疫情风险管理,抵御公共卫生危机,提升政府的公信力。因此,在对抗公共卫生危机的过程中,政府应积极通过网络、电视、报纸等媒体及时发布关于疫情进展与治理的相关信息,加强信息交流,保障公众的知情权,促使公众掌握应对疫情的方法,指导群众通过多方途径及时向政府反馈有关信息。

现代法治强调法治的"社会之维",追求社会与政府共治,传统公权力部门对社会事务大包大揽的模式已然不是现代法治的实践理路。法治"社会之维"的必然性在于:其一,社会利益总是多元而复杂的,但"代议制立法的目的性决定了立法产品的有限性"③,即现代国家普遍采用的代议制立法机制无法充分表达社会利益;而社会则为社会上碎片化、原子化的利益诉求提供了整合与表达机制,弥补了国家立法的缺陷。其二,政府等公权力部门的力量与智识终究是有限的,其无法事必躬亲地解决所有社会问题;而作为与社会直接接触的社会成员,他们与社会的变化更加利益攸关,社会成员在数量以及地域分布方面的优势,既可以为政府的治理工作提供

---

① 《突发事件应对法》第四十一条第一款规定,对已经发生甲类传染病病例的场所或者该场所内的特定区域的人员,所在地的县级以上地方人民政府可以实施隔离措施,并同时向上一级人民政府报告;接到报告的上级人民政府应当即时作出是否批准的决定。上级人民政府作出不予批准决定的,实施隔离措施的人民政府应当立即解除隔离措施。

② 《突发事件应对法》第十一条第一款规定,"有关人民政府及其部门采取的应对突发事件的措施,应当与突发事件可能造成的社会危害的性质、程度和范围相适应;有多种措施可供选择的,应当选择有利于最大程度地保护公民、法人和其他组织权益的措施"。

③ 庞正.代议制立法的有限性及其补正——兼论第三部门的立法参与功能[J].社会科学,2008(2):113.

源源不断的社会支持,也可以促使其在政府难以调节的领域展开自我管理。

法治"社会之维"的主体就是各类肩负着促使社会关系组织化、秩序化使命的社群组织,如基层自治组织(居委会、村委会)、人民团体、行业性同业公会以及具有专门目标的基金会等组织。在应对公共卫生危机的社会共治路径探索上,应当从以下几方面展开努力。

第一,促进网格化社会治理机制的协同参与。网格化社会治理理念产生自党的十八届三中全会,它是指将基层"治理空间划分为若干网格单元,并利用现代信息技术建立资源和信息共享平台"[①],从而确保网格内人、物、事、情等信息可以被有关部门及时掌握,实现社会矛盾的迅速解决。这是基层治理现代化的重要创新举措。网格化社会治理的实践优势在于:一是网格化社会治理在传统"县(市、区)—街道—社区"三级治理架构下,新增"网格"这一全新的治理层级,促使基层治理单元更为细致与精准。二是网格化社会治理能够将政府各个部门的资源都"下沉"到网格中,并通过网格信息系统平台,实现各部门的资源共享,改变了过去层层上报的低效局面。[②]三是网格化社会治理的参与主体是多元化的,包括由基层党政干部担任的网格长,由领导干部、社区负责人、社区一般工作人员、教师、医生、警察等人员组成的社区网格员,更容纳了小区物业、小区业主委员会、居民等多方社会力量。其中,社区网格员的动态巡查可以迅速掌握基层治理情况,实现基层与政府的实时沟通。

实践中,网格员负责固定的服务区域,翔实掌握区域内的居民流动情况以及外地居民数量等信息,在疫情通知、防疫宣传、执行道路封闭命令、协助分发生活物资、落实联防联控工作、人员筛查、居家观察、防护劝导、社区管控和应急处置等方面,他们比政府工作人员更为便利。例如,在抗疫过程中,大量居家人员往往需要填写多个表格,诸多乡镇政府在主要干道设置填表格、测体温的观察点,这些措施都远不如由社区网格员及其他社区管理人员开展的社区追踪、日访有效。一旦发现有疑似感染的症状,社区网格员可以立即联系政府展开应对措施。再如,时下部分老年群体或特殊群体无法通过网络及时获取信息,社区网格员可以在第一时间对其展开走访、通知,并分发抗疫物资,为其提供基本的生活保障。

另外,公共卫生危机在造成社会物质损失的同时,还会引发心理问题。尤其是

① 唐皇凤,吴昌杰.构建网络化治理模式:新时代我国基本公共服务供给机制的优化路径[J].河南社会科学,2018(9):7.
② 陈柏峰,吕健俊.城市基层的网格化管理及其制度逻辑[J].山东大学学报(哲学社会科学版),2018(4):50.

在当下网络媒体的影响下,各类信息传播的速度不断加快,广度不断拓展,处理不当难免会引发社会孤立、社会抑郁、社会恐慌等不良心理现象。这种扎根于广大基层民众中的心理问题显然不能仅仅依靠公权力的力量来治愈,广大的社区网格员可以协同社区内的楼栋长、人民调解员、平安志愿者甚至离退休老干部,对社会大众展开相应的心理抚慰工作,为疫情过后社会秩序的恢复夯实心理基础。

第二,鼓励社会组织的充分协同参与。社会组织与网格化社会治理内含不同的功能底蕴,网格化社会治理以组织化与秩序化为功能指向,作为市场与国家的中间地带发挥着自下而上的结构性回应机能;而社会组织则以公益性和互易性为功能指向,整合社会主体的利益,自上而下地促使着私人社会的自治与自足,其更具专业性、行业性与灵活性。党的十八届四中全会的报告即指出,要"支持各类社会主体自我约束、自我管理",这即意味着在公共卫生危机的应对过程中,政府应深入挖掘社会潜力,引入社会组织,凝聚全社会应对公共卫生危机的向心力。一方面,以志愿组织为代表的各类社会组织与社会自身直接关联,休戚与共,它们能够有效协助政府处理公共卫生危机的应急工作,甚至在特定领域弥补政府的不足。"任何法治建设的规划也不可能穷尽关于一个社会中法律活动的全部信息或知识,无法有效地对社会中变动不居的现象做出有效的反应。"①因此,在政府力有不逮的情况下,社会组织完全可以通过自发的形式,发动社会力量处理政府因人力或物力资源有限而难以独自解决的应急事务,如捐资捐物、运送物资、发放药品、排查人员、维系社会秩序等。另一方面,各类社会组织所形成的社会"第三部门"通过媒体(报纸、电视、广播)监督、舆论监督等形式,及时曝光各类公权力不良行为,形成了针对公权力的强大约束网络,促使政府在应对公共卫生危机过程中严格依法行政,保障群众利益。② 在抗疫过程中,依靠部分媒体曝光恶性事件,能够迅速有效地遏制相关违法行为,这种监督的力量是现代国家极其可欲而又无法自我构建的规范性机制。

第三,充分尊重社会组织的依法自我治理方式。在现代国家,想要达至社会善治,通过政治国家的权力压制与管理渗透是很难实现的,必须借助于社会自身的管理自治,换言之,是一种"社会治社会"的结构状态。③ 在应对公共卫生危急状态时,社会的自我治理与政府对社会的管理应当保持适度的平衡,这样的平衡状态并不是两者均等,而应当是一种动态的平衡。社会自治与他治之间需要保持动态的平衡关

---

①　苏力.变法,法治建设及其本土资源[J].中外法学,1995(5):6.
②　陈伟斌.法治悖论及其消解[J].学术论坛,2015(5):130.
③　刘旭东,庞正."法治社会"命题的理论澄清[J].甘肃政法学院学报,2017(4):54-64.

系,才能有效动员社会各层面积极应对公共卫生危机。要理顺政府与社会组织在公共卫生危机治理中的不同作用,政府的治理是一种外在强制的秩序,而社会组织的治理是一种内发稳定的秩序,遭遇公共卫生危机时,既需要外在的强制秩序,更需要内在的稳定秩序,需要政府扶持引导社会组织在社会治理中充分发挥作用①,而自治组织则应当主动发挥其利益表达和利益协商功能,在维护社会稳定、平抑社会矛盾方面发挥积极作用②。

第四,完善公共沟通机制以规范民众的应对措施。在对抗公共卫生危机的过程中,政府应积极通过网络、电视、报纸等媒体及时发布关于疫情进展与治理的相关信息,加强信息交流,保障公众的知情权,促使公众掌握应对疫情的方法,并能通过多方途径及时向政府反馈有关信息。普通民众缺乏应对公共卫生危机的心理和行为经验,需要政府与民众进行及时有效的沟通,在完善公共沟通机制的基础上,对民众的过激(乃至不法)行为进行规范。

# 五、结　语

作为国家治理体系和治理能力现代化的重要组成部分,法治也在疫情中经受着考验。"这次疫情是对我国治理体系和能力的一次大考,我们一定要总结经验、吸取教训。"③我们应当抓住契机,科学完善立法,坚持依法行政、科学立法、信息公开、协同治理的法治原则。严格规范执法,构建统一领导的决策指挥与协调应对机制,完善信息报告制度,提升各级疾控中心的法律地位,严禁越权行政或违法行政。有意识地进行"功能让渡",充分发展以基层社会组织、社会志愿组织为代表的社会力量,夯实法治的社会基础,为实现我国治理体系和治理能力的现代化贡献法治力量。

① 胡晓利.法治政府和法治社会一体建设研究[J].理论月刊,2017(4):98-102.
② 刘国利,朱勇.法的主体性与公共性的分立与契合——对构建法治社会和谐利益秩序的一点思考[J].法制与社会发展,2006(3):117-124.
③ 习近平.在中央政治局常委会会议研究应对新型冠状病毒肺炎疫情工作时的讲话[EB/OL].(2020-02-15)[2020-02-17].https://baijiahao.baidu.com/s?id=1658600375237691089&wfr=spider&for=pc.

# RCEP 框架下的我国文化产权治理之管见

陈郑楚　　郑智武*

摘　要：RCEP 是当前世界上最大的区域经济贸易协定，也是以中国为最大经济体的贸易协定。文化产权制度是 RCEP 产权制度的重要组成部分。文化产权是文化权人对文化表达形式载体寄寓的利益所享有的权利族，其主体是文化权人、客体是文化表达形式、致因是"利用"、确权依据是强制性社会规范、内容体系复杂。文化产权治理属于文化治理范畴，文化产权是文化治理的重要媒介。RCEP 对文化产权设计集中在知识产权部分，内容主要包括文化产权的相关客体、保护基本原则、六大具体领域、权利的实现及救济。为高效释放我国文化产权治理的区域张力，应该立足我国去研究 RCEP 成员文化产权制度实践，多维度梳理新中国文化产权制度实践成果，基于 RCEP 框架从文化产权的规范类型、客体制度、产权实现制度三方面重点完善我国文化产权制度。

关键词：RCEP；文化产权；中国治理；对策

2022 年 1 月生效的《区域全面经济伙伴关系协定》（Regional Comprehensive Economic Partnership，RCEP），明确规定以"知识产权权利来深化经济一体化和合作"，这对我国文化产权制度建设来说是极大的机遇与挑战。从国内看，20 世纪 60 年代，以所有权为起点，所有权归为社会制度，80 年代，产权二元论中文化产权属于"政治权利"，90 年代，文化产权仍是我国产权制度中的新生事物，进入 21 世纪后文化产权成为热点话题，但至今没有形成 RCEP 框架下的中国文化产权制度的系统性理论成果。国际上，19 世纪产权制度就成为制度经济学主要议题，出现了一大批有影响力的学者和理论成果，国际上文化产权相关公约也不断被签署。RCEP 作为全球最大的区域经济贸易协定，它所提供的高水平规则运行，必将带来诸多新问题，因

---

　*　作者简介：陈郑楚，浙江杭州人，新疆大学本科生，主要研究方向：工业产权；郑智武，湖南永州人，硕士，浙江艺术职业学院教授，主要研究方向：文化（产业）政策法规。

　基金项目：2023 年度浙江省哲学社会科学规划课题"共同富裕视域下的浙江表演艺术产权制度研究"。

此,按照 RCEP 产权规则,探析 RCEP 成员文化产权规范,减少我国实施 RCEP 的风险,对释放我国文化产权制度的张力具有十分重要的现实意义。

# 一、文化产权治理的含义

## (一)文化产权的概念

"文化产权"这一术语首次出现在 1992 年联合国《21 世纪议程》第三部分"加强各主要群组的作用"的"确认和加强土著人民及其社区的作用"中,该文件罗列了成员国能采取的一些具体措施:"(a)考虑批准和实施与土著人民及其社区有关的现有的国际公约(如尚未这样做),并支持大会通过一项土著人权利宣言;(b)推行或加强适当的政策和(或)法律文书,以保护土著人民的知识和文化产权以及维护其习俗和行政制度和办法的权利。"该文件针对土著民文化提出了"文化产权",显然具有强烈的指导意义。2006 年 9 月 13 日发布的《国家"十一五"时期文化发展规划纲要》明确提出,要"规范文化产权交易,重点发展版权和其他无形文化资产交易市场"。从市场角度提出了"文化产权"这一术语,实际上承认了文化产权的客观存在。

尽管国内外政府高级别的规范文件实际承认了"文化产权"的客观性并正式采用了这一术语,但是对其却无统一定义。国内有实务界人士提出,文化产权这个概念离不开文化产业的界定,"文化产权"严格来说属于一个理论创新,囊括了文化物权、债权、股权、知识产权等各类文化产权。[①] 有学者认为,文化产权是指文化创意成果和相关产品的知识产权、文化企业产权(包括专利权转让)和以文化创意成果投资等形成的产权。文化产权是文化企业的核心竞争力,文化产权的交易流通有利于文化的传播和升值。文化产权的明晰使得文化产权交易成为可能。[②] 这种定义更多是对"文化产权"一种外延与价值的列举。也有学者提出,文化产权是指文化资源、文化产品及相关领域的产权,其持有者有权决定如何保护、处置、交易,并能够取得一定收入。[③] 从所有权四大权能出发对"文化产权"进行定义。2011 年,在文化部及上

---

① 龙夫.文化产权交易:撬动文化产业腾飞的杠杆——访上海文化产权交易所负责人张天[J].上海国资,2009(10):36-37.

② 何琦,高长春.我国文化产权交易市场的形成与功能研究[J].兰州学刊,2011(8):57-60.

③ 皇甫晓涛,赖章德.关于文化产权交易的理论思考[J].中国美术,2011(6):6-8.

海交通大学国家文化产业创新与发展研究基地举办的"第二届全国文化产业青年论坛"上,上海交通大学胡慧林教授提出了"文化产权"议题,但没有给出明确定义。这些研究从一些侧面反映出"文化产权"已经进入到学界与实务界的思考范畴,但无明确界定。

基于理论与实践,我们尝试将文化产权定义为:文化产权是文化权人通过利用文化资源等要素创造文化表达形式,依据强制性社会规范,对该文化表达形式进行创造性使用而产生的有形或无形的利益所享有的一族权利,包括物质性财产权和人格性精神权。文化产权是新型权利族,呈现物质性载体权利、非物质载体性权利和综合性权利等形态,是文化治理的重要媒介。"文化产权"这一术语,至少包含如下内涵。

第一,文化产权的主体是"文化权人"。文化权人是进行文化"创作"性行为或基于法律继受事实而对该文化表达形式的结果拥有利益的人,包括组织和个人。基于文化特性决定的文化权利可以被归入不同权利类型,如应有权利,即特定群体基于物质条件和文化传统而产生的权利;习惯权利,即人们在长期生活实践形成或从先前社会沿袭的权利;法规权利,即通过法规明确的权利;现实权利,即主体实际享有的权利。① 文化产权的多类型导致了文化产权主体的复杂性,后者大体可归结为四类。一是原始主体,包括文化表达形式的原始创作者,如文艺作品的作者;文化物质产品的原始生产者,如实用手工艺品首创者、影视制作者。二是继受主体,包括文化载体传播者,即原始表达形式创立者的受让者,如作品的出版发行者;非物质遗产的传承者。三是群体性主体,包括特定文化表达形式创立者后裔及族群,如地方民族文化的特定原居民;散落该文化表达形式原"生境"之外的文化后裔,如因为迁徙但保留该文化的"少数民族"。这类主体因为"惠益"分享机制而成为文化主体。四是政府或文化公益机构。政府是公共领域的文化表达形式载体的管理责任者,特别是民族文化的保护者,因而在特定情况下成为文化权人。《中华人民共和国著作权法》规定,法人或者非法人组织变更、终止后没有承受者的,其著作权由国家享有。《中华人民共和国文物保护法》规定了我国不可移动文物与移动文物的"国家所有权"客体,包括绝对所有和法定所有。文化公益机构主要是公共文化设施管理单位,如公共图书馆、公共博物馆、公共美术馆、公共文化管理机构或行业组织。这类主体不以营利为目的,是因为本身的职责赋予它们保护文化的社会责任而成为文化产权主体。

---

① 张文显.法学基本范畴研究[M].北京:中国政法大学出版社,1993:106-110.

第二,文化产权的客体是文化表达形式。文化表达形式之所以成为文化产权的客体,是因为它们始终与权利本身同时存在、变更和消灭,文化利益寄寓在这些表达形式之中,现实的合法利益的外化(客观化)就构成了主体权利的客体,客体主要包括物、人(人身)、知识产品、标识(符号)、行为结果。① 文化产权中客体的物,指承载外化内容的具体物品,自然外化资源载体如遗址、墓葬、建筑、寺庙等,可移动实物如道具、化妆品、灯光、纸张等。在某些文化表达形式中,特定的具体自然人(人身)是某些文化博大现实不可或缺的,如历史事件中的主要人物、艺术派别的代表性人物,所以在无形文化产品如非遗性表演艺术作品中,演员本身就是该文化表达形式的重要组成部分。知识产品非常丰富,仅文学、艺术和科学领域的作品就包括八大类加兜底"其他",即:文字与口述作品、表演艺术作品、美术与建筑作品、摄影作品、视听作品、图形和模型作品、计算机软件、其他作品,再加上其他知识产权的产品,可见知识产品种类非常宽泛。文化标识(符号)是表明文化特征的记号或事物,其外延十分宽泛,按照呈现的形态可以分为擎天柱标识、地牌式标识、屋顶式标识、屋檐式标识、电子信息标识、旗帜标识等;按照使用功能可分商标、徽标、企业标、社会活动标、服务性标等。根据国家统计局《文化及相关产业分类(2018)》,文化产业行为分成两大类,一类是以文化为核心内容,进行创作、制造、传播、展示等文化产品(包括货物和服务)的生产活动,如新闻信息服务、内容创作生产、创意设计服务、文化传播渠道、文化投资运营和文化娱乐休闲服务等;另一类是为实现文化产品的生产活动所需的文化辅助生产和中介服务、文化装备生产和文化消费终端生产(包括制造和销售)等活动,具体共有 9 个大类、43 个中类、146 个小类。

第三,文化产权致因是"利用"。文化权区别于其他权利,必须利用权利客体才能产生文化权利,这是因为文化具有传承性、时代性、区域性、精神性,静止状态的文化资源不可能产生权利,同样的处于静止状态的文化表达形式即无人利用的文化表达形式也不能产生权利。历史上,消失的古代文明如玛雅文明、两河流域文明、古印度文明,其许多文化载体只能构成无主财产而不可能成为文化权的客体,即使有广义的"国家"可以成为该消失文化载体的主体,但这又要以"国家"稳定为前提。词语"利用"在汉语中,最早出现在《老子·道德经》第十一章"故有之以为利,无之以为用"②,大意是实物带来义和,空无产生效用。在此仅指文化权人使用与文化相关的

---

① 王勇飞,张贵成.中国法理学研究综述与评价[M].北京:中国政法大学出版社,1992:540-545.
② 老子.道德经全集[M].苏州:古吴轩出版社,2013:40.

人、财、物、信息等以利于发挥文化表达形式之效用。利用文化载体的方式非常复杂，种类繁多，既有产生原始权利的利用方式，也有产生继受权利的利用方式。国际上，各国法律多规定产生原始权利的具体利用方式。俄罗斯联邦法列举了知识产权人利用知识产权物质客体的 11 种方式，包括复制、发行、放映、进口、表演、播放、转发、翻译、改编、发布等。《中华人民共和国著作权法》也列举了"15＋"种利用方式：发表、署名、修改、复制、发行、出租、展览、表演、放映、广播、网络传播、摄制、改编、翻译、汇编以及"其他"。国际对产生继受权利的具体利用方式多规定为许可和转让，当然它们也可以有不同类型，如独占许可、排他许可、一般许可，部分或全部转让等，但这显然没有原始权使用方式详尽。

无论哪种"利用"方式，都可以归属为文化表达形式载体的被占有、使用、消费、分配和处置行为方式。"一般认为，占有是一种事实。"[①] 占有指占有人对文化财产的实际控制与支配，是一种对物管控力，体现了人与文化物质载体的关系。作为文化权客体的物质载体如有形作品、演出的物质要素、音像制品、视听材料的原件或复制件等，都是以占有为前提的。使用一般是指文化表达形式载体拥有者将文化权客体以对自己有利的方式加以运用，具体方式有拥有者自己积极作为和许可他人作为，而消极作为的方式在文化表达方式的载体中不多见，主要在文物类的利用方面。消费是指用产品来满足人们需要。文化消费是指用文化载体来满足人们精神需求，即对文化表达形式的欣赏、享受和体验等；它是一个文化创造性生产过程，常常具有非排他性和自由性。分配是指社会的文化资源配置过程，在文化产业链或价值链中，文化要素进行合理分配是基础条件，这种分配表现为文化物质载体在不同主体之间分割，多体现在按文化生产要素分配中，如主体要素、客体要素、质量与数量要素。处置是文化表达形式载体的控制者按照一定目的和社会规则厘清该载体组成要素的关系，使各得其所，这是"利用"方式中最具效力的方式。也正因为这些对文化表达形式载体的利用，形成了文化产权的多样的具体权能内容体系。

第四，文化产权的确权依据是"强制性社会规范"。文化产权意义上的社会规范是指调整文化主体与社会之间文化社会关系的行为规范，包括法律规范、政策规范、村规民约、宗教规范、道德规范、社团章程、权威学说、权威机构的判例等以及文化行业内部的意思自治。参照法律规范的"人选性规范"和"强行性规范"的学理分类[②]，

---

① 王洪亮.占有法律制度重构[J].国家检察官学院学报，2017(4)：30.
② 阿列克谢耶夫.法的一般理论[M].黄良平，丁文琪，译.北京：法律出版社，1988：441.

所有社会规范按照其本身适用范围的调整效力可以分为任意性社会规范和强制性社会规范。由于文化产权是依据国家强制实施力保障权利主体而形成,因而文化产权的确权依据是强制性社会规范,主要包括法律规范、政策规范,以及国家认可的村规民约、宗教规范、道德规范、权威机构判例等非正式规范。文化产权在与人身相关的时候,权利人的行为除受限于社会正式规范外,也同时受到非正式规范的制约,因为这种权能"关系到个人(或以个人等同资格在社会关系中出现的团体及公司等)与个人之间的一定形式的社会关系"①;而"道德箴规的主要目的是诱使人们去做社会所称赞的行为"②。对于文化产权主体依据非强制性社会规范,自主确认文化产权内容和范围,在不违背公序良俗的前提下,国家不干预,即法律没有规定的,可以适用习惯,但是不得违背公序良俗。

第五,文化产权的内容体系。作为一种权利,文化产权也与其他权利一样,其内容体系非常复杂。一般地,"从权利所包含的客体内容上看,可以把权利分成这样一些种类:财产权(物权)、亲族权、债权、政治权、人身权、精神自由权、社会权、智能权"③。文化产权基于客体也可以分为物质性财产权和人格性精神权,而这些权利可以归属于物质、精神、综合性权三大类型。物权性权利是调整由文化物质载体的利用而引起的权利,体现文化产权是调整人与物(文化有形载体)之间的关系。文化产权主体的物质权包括录制权、重制权、发行权、公开传播权、信息网络传播权、合作权等。文化产品成为商品的前提条件是文化产品创作者与文化产品消费者的有机结合,如现场文艺演出需要观众共同完成,其复杂性使得文化产权要同时符合多个强制性社会规范要求,如一首歌的产业化要符合《中华人民共和国著作权法》《营业性演出管理条例》《中华人民共和国劳动法》《中华人民共和国安全法》以及文化政策、公序良俗、《中华人民共和国民法典》等法律规范要求,文化产权既要规范文化主体与文化物质载体的关系,也要体现不同文化创作者、传播者之间的关系,由此引申产生诸多精神性权利内容,如表明身份权、发表权、保护表达形式完整权、信用权。此外,文化本体、载体、生产、传播、消费的特殊性及复杂性,使得文化载体上所寄寓的权益很难完全分成物质权和精神权,实际中常常是混在一起的,如一首自编、自导、自演的文艺作品就是如此,因此文化产权还包含一类综合权。文化产权主体的综合性权是精神权与经济权融合且难以明确分开的一种新兴的权利,文化产权主体综合

① 川岛武宜.现代化与法[M].申政武,渠涛,等译.北京:中国政法大学出版社,2004:143.
② 博登海默.法理学[M].张智仁,译.上海:上海人民出版社,1992:337.
③ 孔庆明.马克思恩格斯论权利与法[J].文史哲,1992(1):8.

权包括机械表演权、酬权、提供已录制品权、租权、出租权、集体权、追索权。需要明确的是,文化产权的所有内容不是同时实现的,有所侧重,各种具体权利的数量及其强度因价值大小而变化,具有差异性,"如果我们考虑权利本身的不同结构,也就是它们涉及的人和行为的特殊类型,那么就可以区别出对人权和对世权、肯定权和否定权、主动权和被动权"①。故文化产权是对载体权益的选择权,而且是多个权利的集合即权利族。

## (二)文化治理的含义

"治理"本义是指根据水的特性,顺着事物本性趋势进行正向性的疏导,从而引导事物顺应客观规律发展,引申为管理、统治。在西方,"治理"术语常用在公共管理领域,最早于1989年出现在世界银行的报告中,20世纪90年代以后被广泛使用。美国学者认为,"治理是通行于规制空隙之间的那些制度安排,或许更重要的是当两个或更多规制出现重叠、冲突时,或者在相互竞争的利益之间需要调解时才发挥作用的原则、规范、规则和决策程序"②。法国学者认为,"治理"是在众多不同利益共同发挥作用的领域建立一致或取得认同,以便实施某项计划。③ 英国学者指出,"治理的本质在于,它所偏重的统治机制并不依靠政府的权威或制裁"④。我国早就有"治理"一词,《荀子·君道》提出,"明分职,序事业,材技官能,莫不治理,则公道达而私门塞矣,公义明而私事息矣"。《孔子家语·贤君》说:"吾欲使官府治理,为之奈何?"《汉书·赵广汉传》提到,"壹切治理,威名远闻。"《诸葛武侯文集》云:"圣人之治理也,安其居,乐其业,至老不相攻伐。"《隋书》说:"拯兹涂炭,安息苍生,天下大同,归于治理。"可见,"治理"一词具有分工尽职、选贤任能、使国家万事安定有序的含义。到了现代,20世纪80年代提出"治理"经济秩序,用法制"治理"国家,党的十五大提出依法治国是治理国家的基本方略;党的十八大以来,提出国家治理体系和治理能力现代化。⑤ 治理是整治调理,指政府通过特定途径用以调节政府行为的机制。联合国全球治理委员会指出,治理是或公或私的个人和机构经营管理相同事务的诸多

---

① 范伯格.自由、权利和社会正义:现代社会哲学[M].王守昌,戴栩,译.贵阳:贵州人民出版社出版,1998:83-84.

② 罗西瑙.没有政府的治理:世界政治中的秩序与变革[M].张胜军,刘小林,等译.南昌:江西人民出版社,2001:9.

③ 阿尔坎塔拉.治理概念的运用与滥[M]//俞可平.治理与善治.北京:社会科学文献出版社,2000:16.

④ 斯托克.作为理论的治理:五个论[M]//俞可平.治理与善治.北京:社会科学文献出版社,2000:32.

⑤ 步超.不断深化对"治理"的认识[N].人民日报,2019-11-27(9).

方式的总和。它是使相互冲突或不同的利益得以调和并且采取联合行动的持续的过程。它包括有权迫使人们服从的正式机构和规章制度,以及种种非正式安排。同时,联合国全球治理委员会还指出治理的特征,认为"它有四个特征:治理不是一套规则条例,也不是一种活动,而是一个过程;治理的建立不以支配为基础,而以调和为基础;治理同时涉及公、私部门;治理并不意味着一种正式制度,但确实有赖于持续的相互作用"①。

由此,"治理"可以这样定义:所谓"治理"是指施政主体为实现特定目标,运用权威引导、控制和规范施政对象的活动,协调联合行动,最大限度地增进私人和公共利益。治理应该包括四个基本维度,即法律政策制度供给科学、社会活力持续激发、社会服务充足有效、外部约束适当高效。

文化产权治理属于文化治理范畴,对文化治理内涵,我国学者提出不同观点。如文化治理"就是优化国家治理的精神结构和民族心理"②;是"国家治理体系的一个子系统,其核心是保护公民的文化自由权","要用市场化的思维来塑造文化治理体系"③;是"国家通过采取一系列政策措施和制度安排,利用和借助文化的功能用以克服、解决问题的工具化,对象是政治、经济、社会和文化,主体是'政府＋社会',政府发挥主导作用,社会参与共治"④。2002 年,欧洲文化政策和艺术比较研究所在《创造性欧洲》报告中提出,"文化治理指的是为文化发展确定方向的公共部门、私营企业、非营利团体组成的复杂网络。其中包括来自公共部门、私营企业、非营利团体等各种性质的机构和个人,涵盖文化、经济、社会等各个政策领域,涉及跨国、民族国家、地区、地方等不同地理和行政运作层面"⑤。欧洲学者认为文化治理是"为文化发展确定方向的公共部门、私营企业、非营利团体组成的复杂网络",包括来自公共部门、私营企业、非营利团体等各种性质的机构和个人。⑥ 可见,文化治理是国家治理体系的一个子系统,是文化治理体系的一个环节,是指国家或特定区域为实现文化发展目标,通过文化制度体系推动文化生产系统、文化要素系统、文化产品系统、文化传播系统、文化规范系统、文化消费系统的有机协调,实现高效益的文化存量增加

---

① The Commissionon Global Governance, Our Global Neighborhood:The Report of the Commission on Global Governance[M]. New York: Oxford University Press,1995:2.

② 胡惠林,等.文化政策与治理[M].上海:上海人民出版社,2015:12.

③ 苏丹丹.从文化管理走向文化治理[N].中国文化报,2014-04-09(6).

④ 方鸿琴.实现国家文化治理能力现代化——访上海交通大学教授胡惠林[N].中国社会科学报,2014-01-09(B02).

⑤ 苏丹丹.从文化管理走向文化治理[N].中国文化报,2014-04-09(6).

⑥ 李洁馨.实现我国文化治理能力现代化的路径探索[J].管理观察,2015(18):21.

的过程。因此,"发展文化产业的目的是完善国家治理,是以市场经济的方式实现文化的政治、经济、社会的价值性转换,进而改变和重塑国家治理模式"。由此,文化治理使文化产业价值回归"人—社会—国家的治理,从而实现了文化产业发展的工具理性和价值理性的有机统一"①。

## 二、RCEP 对文化产权设定的基本框架

RCEP 于 2012 年由东盟发起,成员包括中国、日本、韩国、澳大利亚、新西兰和东盟十国,15 个成员国于 2020 年 11 月 15 日共同正式签署 RCEP,覆盖世界近一半人口和近三分之一贸易量,成为当前世界上人口最多、经贸规模最大、发展最具活力的协议②。RCEP 于 2022 年 1 月 1 日正式生效,中国在 2021 年 4 月 15 日正式完成 RCEP 核准程序,2022 年 4 月广交会合作伙伴实现 RCEP 成员国全覆盖。RCEP 共有 20 章,其中与文化产权最为密切的制度设计是第十一章"知识产权"。该章为区域知识产权提供了高水平的保护方案,内容涵盖著作权、商标、地理标志、专利、外观设计、遗传资源、传统知识和民间文艺、反不正当竞争、知识产权执法、合作、透明度、技术援助等方面。其他有关内容主要涉及第二章"货物贸易"的贸易自由化、第三章"原产地规则"的认定规则、第六章"标准、技术法规和合格评定程序"、第八章"服务贸易"消减限制措施、第十三章"竞争"的政策和法律合作、第十四章"中小企业"的供应链的主体地位等。RCEP 在序言中明确目标包括"深化本地区经济一体化""寻求建立清晰且互利的规则";对产权制度目标更明确为"通过有效和充分的创造、运用、保护和实施知识产权权利来深化经济一体化和合作",通过产权制度传播信息、知识、内容、文化和艺术,维持知识产权权利持有人与使用者的合法权益,为权利持有人和使用者提供信心。

RCEP 关于文化产权方面的制度内容主要包括如下几方面:①文化产权的相关客体,包括著作权和相关权利,商标、地理标志、工业设计和专利、拓扑图、未披露信息,以及成员国参加的文化相关公约的保护范围,如《与贸易有关的知识产权协定》

---

① 方鸿琴.实现国家文化治理能力现代化——访上海交通大学教授胡惠林[N].中国社会科学报,2014-01-09(B02).

② 高歌,杨牧.15 国签署 RCEP 全球规模最大自贸协定达成[EB/OL].(2020-11-15)[2022-08-22].http://world.people.com.cn/n1/2020/1115/c1002-31931470.html.

《保护工业产权巴黎公约》《保护文学艺术作品伯尔尼公约》《专利合作条约》《商标国际注册马德里协定有关议定书》《世界知识产权组织著作权条约》《世界知识产权组织表演和录音制品条约》《关于为盲人、视力障碍者或其他印刷品阅读障碍者获得已出版作品提供便利的马拉喀什条约》《国际承认用于专利程序的微生物保存布达佩斯条约》《国际植物新品种保护公约(1991 年文本)》《工业品外观设计国际注册海牙协定(日内瓦文本)》《保护表演者、音像制品制作者和广播组织罗马公约》《商标法新加坡条约》。②文化产权保护基本要求,包括公共利益与竞争需要均衡原则、最低保护与产权权利用尽制度、国民待遇、透明原则。③文化产权涵盖七大具体领域。一是著作权和相关权利,涉及作者、表演者和录音制品制作者的专有权、广播报酬权;广播组织和载有加密节目的卫星信号;政府使用软件;技术措施、权利管理电子信息,救济的限制和例外;集体管理组织。二是商标,如保护证明商标和集体商标,建立商标分类制度,商标的注册和申请、地理标志的商标与驰名商标的保护、商标权例外、恶意商标。三是地理标志,包括地理标志、国内行政程序以及异议和注销的理由、复合用语、地理标志的保护日期、国际协定保护或承认地理标志。四是专利,包括引入国际专利分类制度、可授予专利的客体、授予的权利及其例外、专利电子申请制度、专利的实验性使用、审查与注册、专利宽限期、快速审查。五是工业设计,涉及国际工业设计分类制度、工业设计确认、工业设计的注册或授权及申请。六是遗传资源、传统知识和民间文学艺术。七是不正当竞争,涉及不正当竞争防范、域名、未披露信息、国名。④文化产权权利的实现及权利救济制度,如当事人义务、民事与刑事救济、边境措施和技术援助、合作与磋商、数字环境下的执法等。

由此可见,RCEP 中有关文化产权制度,涵盖文化表达形式范畴、文化产品生产主体、文化载体传播机构、卫星信号及权利电子信息、技术措施、政府使用、集体管理组织、限制和例外等方面,这一框架是 RCEP 成员相应文化产权制度的"公约数"。其中,地理标志、文化产权权利救济的具体制度内容,对我国现有产权制度而言还有不少完善的空间。

## 三、RCEP 框架下完善我国文化产权治理的基本路径

RCEP 关于文化产权方面的制度安排,对促进文化产品开放、自由和以规则为基础的多边贸易体制方面产生了深刻影响,这对我国文化产权制度建设来说是极大的

机遇与挑战。一方面,RCEP 作为全球最大的区域经济贸易协定,它所提供的高水平规则运行,必将带来诸多新问题而需要有理论支撑的对策,而我国在文化产权的治理体系、规范体系、运行机制、效能保障等方面的对策研究上滞后于现实需求。另一方面,完善文化产权治理将助力我国文化产权制度对接 RCEP 效能。探究 RCEP 的文化产权规则,通过对接强制性文化产权规范,有效利用 RCEP 授权性文化产权规范,以完善国内文化产权保护体系,减少实施 RCEP 的风险,释放我国文化产权制度的张力。

首先,立足我国现有文化产权制度,以 RCEP 视野研究 RCEP 成员文化产权制度实践。文化产权是一种新型的产权,非限于知识产权、经济权,国家、族群是有限主体,RCEP 是统一规则,而其成员不同的文化产权制度实践模式,是其制度生态的必然结果。宏观上,RCEP 文化产权制度的框架可以分成产品生产与传播主体、文化产权的权能内容及限制、公共与私有领域的技术措施、文化产权救济和例外等方面。中观上,除我国外的 14 个 RCEP 成员国可以根据文化产权生态因素紧密程度分为五个区域,即:日本和韩国,澳大利亚和新西兰,柬埔寨、文莱、泰国和马来西亚,菲律宾、印度尼西亚、新加坡和缅甸,越南和老挝,以探寻其文化产权制度的共同规律。微观上,比较分析三块文化产权制度,即:中国、日本、韩国的,澳大利亚与新西兰的,以及东盟十国代表性成员的具体文化产权制度。

其次,从历史、现实、未来三个维度,梳理中华人民共和国成立 70 余年的文化产权制度实践成果。文化表达形式既有传统意义上的文化艺术作品,也包括新媒体及虚拟文化艺术样式,由此形成虚拟与实体文化艺术载体交集的产权问题,可见,文化产权是一种综合性权利,中国现有文化产权制度无疑体现了这些特性。文化产权是文化市场繁荣的直接动力,RCEP 有关文化产权制度对我国及其他成员国的文化产权同时具有吸引力和排斥力,分类分析我国文化产权制度规范、权利产生、权利主体、权利内容、权利实现机制、权利保障与救济制度,探究我国与 RCEP 文化产权的共性与差异,提升文化产权本体要素禀赋,增强我国文化产权制度在 RCEP 成员间的实然效力,实现与 RCEP 框架下的文化产权制度的融通,是我国在本区域内提升文化市场核心竞争力的重要标志。

最后,基于 RCEP 框架,突出我国文化产权制度的完善重点。一是在规范类型上,分类施策,建立制度,对我国有优势的文化产权载体,利用 RCEP 授权规范给予更广泛的保护,相反,处于竞争力弱势的文化产品则建立我国特有的产权权利用尽制度,利用好限制和例外条款。二是针对具体文化产权客体,完善相应的法律制度。

在文化作品法律方面,界定相应术语,如录音制品制作者、获得广播报酬权、许可使用费、权利管理电子信息;完善一些权利内容,如广播组织卫星节目专有权、集体管理组织的鼓励权、权利电子信息管理权;增设公共权利,如政府使用软件权。完善保护商标制度,将"图形元素"纳入申报范围,允许以图片展示的方式描述商标,在商标取得程序中将"行政决定"外延拓展至"准司法决定",确立商标保护先于地理标志的原则;确定驰名商标认定时间,拓展驰名商标保护至对其的复制、摹仿或者翻译。加强对地理标志的保护,建立满意的证据、程序手续合理、通用名称相差异、确认国际标准用语与复合用语、使用优先权日等制度。专利的客体确认标准的完善,包括创造性步骤和可供工业应用;明确权利用尽与例外原则、实验豁免原则;建立专利电子申请制度。在工业设计方面,考量部分互联网在先技术信息与行政实质性审查规定。在遗传资源、传统知识和民间文学艺术方面,充分拓展适当措施范围,系统化相关的法律、法规,保护族群的权益。界定不正当竞争行为,加强对域名与未披露信息的保护。三是在文化产权实现方面,明确基于誓词或具有证据价值的文件的证据效力,在民事救济中赋予维护权利的联合会和协会权利持有人地位;救济措施并用,将市场价格衡量作为确定赔偿金额依据,根据义务来推定利润;诉讼费用和律师费通过单独程序裁定,赋予司法机关对违法材料和工具绝对裁量权;边境措施申请的备案效力、依职权中止放行与采取行动的依据确立等。此外,RCEP 还确立了文化产权刑事救济制度、数字环境下的执法与合作与磋商机制等。

# 四、结　语

文化兴则国运兴,文化强则民族强,党的十九大报告提出"建设社会主义文化强国"。在新时代,文化产权治理是中华文化影响力进一步提升的客观需要。当前世界正经历百年未有之大变局,文化产权治理既是民族文化发展的内在要求,也是用好 RCEP 文化产权制度框架的重要维度。新形势下,我国现有文化产权治理体系建设还面临一些挑战,如文化产权规范更多是行政规范,但我国还没有形成完善的文化产权法律体系;面对 RCEP 要求,文化产权治理的理论研究,学界远未达成共识,急需理论及时回应社会实践的具体问题,日本、韩国等发达国家的经验具有启示意义。为此,需要坚持走中国化文化产权治理之路,利用好 RCEP 文化产权制度框架,推动中华民族文化发展。

# 利益相关者理论视域下现代产业学院治理风险问题研究

郭人菡　金劲彪*

**摘　要**:现代产业学院建设,不仅要关注其正向意义,也要关注其治理风险问题。当前现代产业学院建设一般依据利益相关者理论采取利益共同体模式,但相关研究在治理风险方面存在一些盲点。从利益衡量与利益相关者交叠的视域看,各利益主体的利益衡量是不均衡的,利益共同体建设模式潜藏着治理风险,需要政府、高校、企业等从多方面进行防范与化解。

**关键词**:现代产业学院;治理风险;利益相关者;利益衡量

## 一、引　言

深化产教融合,培养适应和引领现代产业发展的高素质应用型、复合型、创新型人才,是高等教育支撑经济高质量发展的必然要求,是推动高校分类发展、特色发展的重要举措。为此,近年来党中央、国务院及下属的教育部、工业和信息化部等相继出台政策举措,强化现代产业学院建设。"产业学院"(Industry College)一词最早可以追溯到英国所倡导的,并于 2000 年正式运营的产业大学,即"由公共部门和私人部门共同创造的,通过现代化的网络和通信技术,向社会提供高质量的学习产品及服务的开放式远程学习组织,是学习者和学习产品之间的中介机构"①。从 2010 年开始,我国借鉴英国经验,也开始探索创建产业学院,并于 2020 年开展现代产业学院建

---

　　*　作者简介:郭人菡,四川仁寿人,法学博士,浙江树人学院教授、高级经济师,主要研究方向:治理法学;金劲彪,浙江义乌人,法学硕士,浙江树人学院教授、科研处处长,主要研究方向:教育法学。
　　基金项目:浙江省高校重大人文社科攻关计划项目"应用型高校治理现代化评价体系的构建研究",项目编号:2021GH040;浙江省自然科学基金资助,项目编号:LGF20G030008;浙江树人大学省属高校基本科研业务费专项资金项目资助,项目编号:2021XZ014。
　　①　洪明.英国终身学习的新变革——"产业大学"的理念与实践[J].比较教育研究[J],2001(4):18-19.

设试点。但我国的"产业学院"即"现代产业学院"与英国的"产业学院"具有不同的内涵,英国的更类似网络学习平台①,而我国的产业学院更接近传统行业学院的转型升级形态,我国现代产业学院与行业学院的主要区别在于政府在扶持现代产业学院方面介入程度更深。② 我国的"现代产业学院"与传统"产业学院"内涵也不尽一致,"现代产业学院"是近年兴起的产业学院新形态,两者既有联系又有区别。当然,究竟何谓"现代产业学院",现代产业学院是否为职业学校所独有,学界并未达成统一认识。③ 而在实务界,现有现代产业学院建设一般以"共赢"法则为纽带将各利益方整合在一起,"共建共享"现代产业学院建设红利,其理论基础是利益相关者理论。④但利益相关者理论在现代产业学院建设中运用,也容易出现一些值得警醒的风险。

# 二、相关研究及其盲点

从 CNKI 数据看,截至 2021 年 7 月 20 日,以"产业学院"为题名关键词的论文搜索结果共有 301 条,以"现代产业学院"为题名关键词的论文搜索结果共有 16 条。最早的一篇文献是《海峡科技与产业》2003 年第 5 期"近期动向"栏目"机构·人物"中

---

① 金劲彪,侯嘉淳,李继芳.现代产业学院建设的法律风险与防范——基于江浙现代产业学院建设的实证分析[J].教育发展研究,2021(5):20-27.

② 高校通常可以自行设定行业学院,而根据《教育部高等教育司关于开展首批现代产业学院申报与建设工作的通知》(教高司函〔2020〕20 号)和教育部办公厅、工业和信息化部办公厅《现代产业学院建设指南》(试行)(教高厅函〔2020〕16 号)的规定,现代产业学院是由教育部、工业和信息化部联合审批的。

③ 张艳芳,雷世平.论混合所有制现代产业学院的内涵、地位及属性[J].中国职业技术教育,2018(34):50-55.

④ 传统的组织秉持股东至上的原则,认为不断提升企业控股人的收益,增加其财富才是组织管理的重心。就此种观点来看,企业的行为和决策往往为了获取经济利益,牺牲了诸如社会最优利益等其他方面的利益。而利益相关者理论则打破了这种传统观点的束缚,其核心观点在于,组织应当综合平衡各个利益相关者的利益要求,而不仅专注于股东财富的积累。企业不能一味强调自身的财务业绩,还应该关注其本身的社会效益。企业管理者应当了解并尊重所有与组织行为和结果密切相关的个体,尽量满足他们的需求。根据利益相关者理论,将各利益相关者纳入组织决策,既是一种伦理要求,也是一种战略资源,而这两点都有助于提升组织的竞争优势。利益相关者理论的核心思想在于,一部分由股东掌握的企业决策权力和利益应该移交到利益相关者的手中。利益相关者理论是 20 世纪 60 年代左右在西方国家逐步发展起来的,20 世纪 80 年代以后其影响范围迅速扩大,并开始影响美英等国的公司治理模式的选择,并促进了企业管理方式的转变。之所以会出现利益相关者理论,是有其深刻的理论背景和实践背景的。利益相关者理论立足的关键之处在于:它认为随着时代的发展,物质资本所有者在公司中地位呈逐渐弱化的趋势。所谓弱化物质所有者的地位,指利益相关者理论强烈地质疑"公司是由持有该公司普通股的个人和机构所有"的传统核心概念。国内学者综合了上述的几种观点,认为"利益相关者是指那些在企业的生产活动中进行了一定的专用性投资,并承担了一定风险的个体和群体,其活动能够影响或者改变企业的目标,或者受到企业实现其目标过程的影响"。

关于产业学院人事任命的一则通讯,题名为"徐章任工研院产业学院主任"。[①] 这里的"产业学院"实际上是"产业教育学院",并不是现代意义上的现代产业学院。真正以具有现代意义的"产业学院"为研究对象的期刊公开论文为 2006 年 8 月刊出的《云南文化产业发展中的人才培养初探——兼论云南文化产业学院的创办》。[②] 截至目前,"产业学院"和"现代产业学院"相关的研究内容可归纳为四大类型。

第一类:介绍型。介绍型研究主要是对产业学院相关方面进行中性阐释。在现代产业学院功能定位上,多数研究将产业学院定位为实现校企双方利益共建共享的合作平台或新兴办学机构[③][④],也有研究提出其是以学校二级学院为运行主体的办学机构[⑤]。在核心要素上,多数研究认同产业学院的核心要素包括核心竞争力、产权、交易成本、治理结构、人才培养模式等内容。[⑥] 还有研究总结介绍了现有现代产业学院的一些样本。[⑦]

第二类:肯定型。这方面的研究主要是阐释设立或创新产业学院的重大意义。[⑧] 有学者认为,产业学院是职业院校深化产教融合、服务产业转型发展的有效路径[⑨];产业学院有助于推动高职教育资源配置的市场化运作,构建校企合作命运共同体,实现教育链与产业链、创新链的有机衔接等[⑩];提升企业竞争力以及个体的就业创业能力[⑪]。

第三类:问题型。产业学院与高校常规二级学院相比,在办学和治理主体、资源配置、运作机制及人才培养目标等方面存在本质上的差异。[⑫] 但在现行运行机理下,产业学院依然按二级学院定性,发展面临诸多共性现实困境,主要表现为:缺乏独立性的法律地位,尚未建立现代化的治理结构和治理方式,运行成本高且办学效益低

---

① 港澳台 机构·人物[J].海峡科技与产业,2003(5):46.
② 袁嘉刚.云南文化产业发展中的人才培养初探——兼论云南文化现代产业学院的创办[J].云南社会主义学院学报,2006(3):50-53.
③ 朱为鸿,彭云飞.新工科背景下地方本科院校现代产业学院建设研究[J].高校教育管理,2018(2):30-37.
④ 黄彬,姚宇华.新工科现代产业学院:逻辑与路径[J].高等工程教育研究,2019(6):37-43.
⑤ 张艳芳,雷世平.论混合所有制现代产业学院的内涵、地位及属性[J].中国职业技术教育,2018(34):50-55.
⑥ 吕江毅,宋建桐.高职院校现代产业学院核心竞争力研究[J].成人教育,2019(10):63-68.
⑦ 产业学院典型案例[J].教育与职业,2021(2):3.
⑧ 陆勇,方海林.现代产业学院对传统工科的改造升级[J].高教发展与评估,2020(6):15-20,117.
⑨ 蒋新革.产教融合视域下现代产业学院治理体系建设研究[J].职业技术教育,2020(24):30-34.
⑩ 金炜.新时代高职现代产业学院的建设逻辑、现实困境与破解路径[J].教育与职业,2020(15):28-34.
⑪ 吕江毅,宋建桐.高职院校现代产业学院核心竞争力研究[J].成人教育,2019(10):63-68.
⑫ 周继良.现代产业学院的组织属性与制度创新[J].内蒙古社会科学,2021(3):197-204,213.

下,校企合作育人意识与能力不强等。[1] 现有的法律框架体系不承认二级学院的法人资格,产权界定困难。共建、共管、共享在实践上很难实现,如当由一个牵头企业主导时,该企业的兴衰直接决定了现代产业学院的兴衰,而企业的短生命周期给现代产业学院带来不稳定性和不连续性。在认识上将高职现代产业学院与高职二级学院混为一谈,现代产业学院的法人地位尚未得到法律的根本确立,现代产业学院的产权结构尚待厘清,产业学院的泛行政化问题亟待解决。[2] 创新校企合作体制机制,要提升现代产业学院异质性竞争活力;打破"引企入教"瓶颈,提升产业学院专业内涵;优化资源整合机制,提升产业学院发展价值。[3]

第四类:建议型。有的对考核机制提出了建议。[4] 一些学者尝试从体制创新、政府引导、机制优化等众多途径开展针对性研究,提出了解决问题的对策建议,然而问题产生的内因仍没有得到理论诠释。[5] 应当匡正思想,科学辨析高职产业学院与二级学院的差异;澄明身份,立法建制确立高职产业学院的法人属性;明确产权,科学划分资本产权结构,构建产权保护制度;优化治理,实行遵循教育和市场双重逻辑的治理范式。[6]

产业学院的研究从逻辑上也可以归纳为四种类型:①协同互促的"认识—实践"逻辑:基于政策驱动的追本溯源;②由内而外的"结构—属性—功能"逻辑:对组织运行机理的检视;③见仁见智的"现象—本质"逻辑:理论嫁接与方法匹配的创新应用;④灵活辩证的"特殊—普遍"逻辑:从模式选择到矛盾化解的路径生成。[7]

目前研究范畴的深化不足,研究方法的使用频率失衡。[8] 其中,研究视角局限性集中体现在两个方面:一是研究与实践的脱节,现代产业学院建设多是基于利益相关者理论进行的,但是,利益相关者理论视角的研究却比较罕见;二是对于现代产业学院,正向阐释的研究较多,从风险路径去反向探视的研究较少,缺乏利益衡量与利益相关者理论交叠视角的研究;三是泛泛而谈产业学院的文献较多,精准研究现代产业学院的文献偏少。而从利益相关者理论尤其是其与利益衡量理论交叠的视角聚焦风险的研究,方能深刻剖析多元利益的交织与共振对治理机制的深刻影响,触

① 万伟平.现行机理下现代产业学院的运行困境及其突破[J].教育学术月刊,2020(3):82-87.
② 金炜.新时代高职现代产业学院的建设逻辑、现实困境与破解路径[J].教育与职业,2020(15):28-34.
③ 吕江毅,宋建桐.高职院校现代产业学院核心竞争力研究[J].成人教育,2019(10):63-68.
④ 吴新燕,席海涛,顾正刚.高职现代产业学院绩效考核体系的构建[J].教育与职业,2020(3):27-33.
⑤ 徐伟,蔡瑞林.交易成本:校企共同体现代产业学院治理的关键[J].中国职业技术教育,2018(9):43-47.
⑥ 金炜.新时代高职现代产业学院的建设逻辑、现实困境与破解路径[J].教育与职业,2020(15):28-34.
⑦ 赵哲,邓丰.高职院校现代产业学院研究的逻辑解构与突破向度[J].现代教育管理,2020(7):101-107.
⑧ 赵哲,邓丰.高职院校现代产业学院研究的逻辑解构与突破向度[J].现代教育管理,2020(7):101-107.

及利益分享的均衡性与公正性,资源配置的竞争性、激励性和效率性,以及机会提供的公平性,克服此类研究内卷化和同质化的学科局限。

## 三、现代产业学院治理的利益相关者及相互利益冲突风险

风险意味着损失的不确定性。[①] 现代产业学院治理的风险问题,本质上是这种不确定性损失在各方分摊的公平性、合理性问题。因此,我们首先需要界定现代产业学院多元主体的范围和利益层次。对多元主体范围的界定难点在于对利益相关者的界定,学界发现不同类型的利益相关者对目标的影响是不同的,而分类方法则有多种。[②] 从治理的视角,我们可以把现代产业学院利益主体划分为核心层、联盟层、外围层和负面层四层次,其中,核心层、联盟层、外围层为利益相关者。核心层主要是指对现代产业学院进行注资的"股东"级利益攸关者(目前法律并未认同非学校投资人的股东地位,本文为简化论证,称之为股东)。在产权清晰的企业,股东权的核心是剩余收益的分配权。但是,在现代产业学院里,由于现行法律并不承认现代产业学院的独立法人地位,资产在理论上均属于现代产业学院所属的学校(以下称"学校股东"),其他注资"股东"(以下称"院外股东")最多可约定拥有有形资产(设备、软件等),无权成为无形资产的所有者。因此,现代产业学院核心层主体利益衡量有其特殊之处。利益诉求的差异,在现代产业学院蓬勃发展过程中通常不会凸显。但是,当现代产业学院发展遇到一个瓶颈,或者参与者自身情况发生重大变化时,这种利益诉求的差异结合现代产业学院固有的制度缺陷等,就会上升成为矛盾。

### (一)核心层主体之间存在着根本性利益冲突

不同于企业股东尤其是控股股东在企业发展的根本利益上是一致的(盈余越多分红越多)[③],现代产业学院学校股东与院外股东在现代产业学院发展上有着不同的利益根基。现代产业学院越发展,学校股东越获益,这与企业股东是相同的。但是,现代产业学院越发展,院外股东并不一定能获益,其获益分配权实际掌握在学校股

---

① 范如国."全球风险社会"治理:复杂性范式与中国参与[J].中国社会科学,2017(2):65-83,206.
② 贾生华,陈宏辉.利益相关者的界定方法述评[J].外国经济与管理,2002(5):13-18.
③ 刘媛媛,徐沛钰,薛凯文.企业社会责任负面事件的股东财富减损效应研究[J].财经问题研究,2018(10):89-96.

东手中,有可能其收益是递减的,这与企业股东是不同的,这里面存在很大风险。

**1.产权不确定导致治理权不明晰**

院外股东往往是现代产业学院发展最重要的支撑力,没有院外股东,现代产业学院就不可能真正存在。但是,我国现行法律制度对于现代产业学院的法律地位并不明确,还未承认其真正的股东地位,甚至没有认可更宽泛的投资人地位,这就带来很大的不确定性。[①] 这就导致院外股东的治理权没有法律保障。在此情况下,院外股东参与治理,更多地依赖于与学校股东之间的共建合作协议或现代产业学院章程。但是,无论是共建合作协议还是现代产业学院章程,一般都是战略性条文,很少具有可诉性条款,没有法律救济渠道。如此说来,院外股东参与治理,归根结底取决于其与学校股东之间的"关系"。换句话说,现代产业学院的治理,多数都是"人治"型,而非法治型。在这种"人治"型治理结构里,院外股东承担着输送物质资源、接受学生就业等重任,而其对于现代产业学院的治理、知识产权的享有等却没有主导权。权责的失衡,很容易导致矛盾的产生。

**2.公益性达到临界点导致院外股东退出**

企业的本质是牟利性。[②] 传统的企业理论认为,企业的唯一目标就是"实现经济利润最大化"。利益相关者理论的出现,分散了企业的经营目标,除了经济上的目标以外,企业也必须承担社会上的、政治上的责任。这很可能会导致企业陷入"企业办社会"的僵局。一旦利益相关者理论被大众所接受,企业的行为势必受到框架限制,企业无形中被套上公益色彩,结果很可能会导致企业经济利润上的损失,更有可能让企业陷入一种顾此失彼的境地。比如,企业实现了经济利润的最大化,却又照顾不到社会责任;若过多地考虑到社会责任,又会让对手有可乘之机,丧失了经济上的优势。弗里曼曾审慎地指出,任何与决策权相关的类似理论,都有可能被非股东滥用,因为权力正从掌握财富较多的股东流向掌握财富较少的利益相关者手中。这种财富的再分配很可能会损害从企业盈利中获益的企业股东的权益。当投入与产出完全失衡时,往往就是院外股东决定撤资的临界点。为了不达到这个临界点,就应该赋予院外股东从现代产业学院中获益的权利。[③] 但目前现代产业学院的运作却是

---

① 李潭.产业学院:校企合作新型路径[J].教育评论,2017(11):27-30.

② 高振,江若尘.企业的本质:市场失灵、组织失灵与组织演化视角[J].兰州学刊,2017(9):156-166.

③ 当然,这并不意味着笔者认同应该赋予现代产业学院法人地位的观点。恰恰相反,笔者反对赋予现代产业学院法人地位,因为其弊远大于利,笔者只赞同赋予院外股东投资收益权。但这个论点与本文无关,另文再议。弗里曼.战略管理:利益相关者方法[M].王彦华,梁豪,译.上海:上海译文出版社,2006.

按照教育法的公益性来运作的。换句话说,现代产业学院赚钱了,院外股东也不能根据出资来分配盈余,或者非盈余性收益分配又不区分院外股东与联盟层成员等。不仅如此,由于现代产业学院的公益性,各方合作的其他项目也通常不会根据市场化原则来进行"成本—收益"核算,这会使企业投资现代产业学院成为公益性"捐赠"。① 如果学校股东不考虑这一点,一味向院外股东索取,或者公益性项目过多,就会严重挫伤院外股东参与现代产业学院建设的积极性,当达到心理临界点时,院外股东就很可能基于维护自身核心利益的考虑,做出退出决定。

3.共享走向权利均分也会导致院外股东退出

在现代产业学院的建设中,有一些很有影响力的口号,比如"共建共享"。"共建共享"作为一种流行的共赢思维或民主思维,与利益相关者理论相吻合,在政治或社会领域没有太大问题。但是,在经济领域尤其是资本领域,却不能简单地套用这个口号。资本的本性其实是逐利性,而逐利天生具有垄断性和排他性。如果资本不能从"共建共享"中获得与其投入相匹配的收益,资本将对此产生排异。现代产业学院的运作模式往往是不区分层次的协商式,无论是核心成员还是非核心成员,都可以对现代产业学院治理建言献策(囿于种种非市场经济因素,注资股东还很难排除影响),甚至获得同等的"亮相权""品牌资源使用权"等,这与资本的按资分配天性是背离的。当共享完全走向权利均分(在非学校股东之间)时,院外股东即注资股东,很可能选择退出。

4.股东进出机制固化

现代产业学院对于龙头企业的依赖度往往很高,这就给现代产业学院发展带来很大风险。如果院外股东里的龙头企业发展势头很好,现代产业学院就会在招生宣传、课程设置、人才塑形甚至学院命名等方面倾向于龙头企业。但是,多数企业兴衰的周期远远短于高校兴衰,当龙头企业发展遭遇致命危机时,以龙头企业命名的现代产业学院就将处于尴尬地位,按照龙头企业要求塑形的人才就会面临就业困境。这种风险原本可以通过股东更替予以化解,但是,现代产业学院的股东尤其是龙头企业,往往是不变化的。这种固化的股东机制,加大了现代产业学院治理风险。

(二)核心层主体与联盟层主体之间存在着利益冲突

联盟层主要是指现代产业学院的紧密利益相关者,主要包括联盟学校、联盟企

---

① 励效杰.产业学院的制度逻辑及其政策意义[J].职业技术教育,2015(31):49-52.

业、科研机构、其他联盟组织,以及教师、学生和实务导师等,不含院外股东。联盟层对扩展现代产业学院影响力有一定助力,而其利益主要在于"搭便车",在"车况"不尽如人意时,可以甩开"便车"另行前进,而核心层很难做到这一点。一方面,联盟层主体虽然也可能会向现代产业学院投入一定的资源和感情,但不会向现代产业学院注资(如果注资,则转化为院外股东)。另一方面,联盟层主体往往又会参与现代产业学院的日常活动、运作乃至决策,如成为理事会成员、双向挂职、组织学生会等,这实际上是对核心层的分权。

### 1. 核心层主体与联盟单位之间的合作风险

从利益相关者理论的视角看,目标要成功,离不开所有利益相关者的支持。联盟单位与现代产业学院关系密切,有的本有意愿成为院外股东,但因名额限制等因素而未进入,也不排除个别自身意愿不强,被"拉郎配"的。这种错综复杂的主观意愿,使联盟层的利益分化比其他层次都要严重。核心层主体与联盟单位之间的合作风险主要就源自这种利益分化性。利益多元分化,使得核心层主体整合联盟单位的难度加大。

### 2. 核心层主体与教师权益保护之间的冲突风险

学校教师属于学校股东的成员,实务导师属于院外股东的成员,他们与核心层主体之间却并不一定就是利益共同体的关系。在现行高校工作量考核机制设计里,多数都还没有将学校教师对现代产业学院建设的贡献纳入重点内容。尤其是在职称评审中,多数学校的处理方式是以下两种:要么将学校教师对现代产业学院建设的贡献作为评聘职称的必要条件,本质上加重了学校教师工作强度;要么无视学校教师对现代产业学院建设的贡献,使得参与现代产业学院建设的老师利益严重受损。不仅如此,如果教师在挂职企业时取得的知识产权,其产权归属与利益分配的法律规定也并不完善。实务导师有着类似的困境。

### 3. 核心层主体与学生权益保护之间的冲突风险

在现代产业学院培养模式下,学生是按照"理论+实践"的设计培养的,比如一年理论、二年实习等方案。这种培养计划虽然在形式上能够培养实践能力强的学生,但是由于现行法律制度的不健全,也给学生权益带来很大风险。首先是薪资待遇不可得风险。由于学生没有员工身份,无法按照劳动合同法享受正常工资待遇。有的企业将现代产业学院学生作为"廉价劳动力""免费劳动力"使用,甚至反向向学生收取培训费等费用,侵害了宪法第四十二条赋予学生的"劳动报酬和福利待遇"获得权。其次是人身伤害风险。由于学生不被认可为劳动者,因此无法参加工伤保险,在遭遇生产事故等时,无法获得工伤保险救济。虽然有的企业或学校会为学生参保人身意外保险,但是,这远远不能弥补学生无法获得工伤保险的损失。

### (三)核心层主体与外围层主体之间存在利益冲突

外围层主要包括政府部门、媒体、非联盟业内学校和企业等。外围层与核心层之间是松散的利益关系。如政府监管部门与核心层之间,前者既可能对后者发挥支持作用,也可能对后者发挥制约作用,在后者违规谋求利益时予以规制;媒体既可能助推核心层利益最大化,也可能通过曝光等手段加速核心层利益削减乃至灭失;等等。最关键的是,核心层主体与外围层主体之间没有荣辱与共、休戚相关的关系。

#### 1. 核心层利益驱动与政府监管之间的矛盾冲突

现代产业学院是在政府的支持下建设的,但这并不意味着现代产业学院与政府的利益诉求始终是一致的。政府不仅负有扶持现代产业学院发展的使命,也有确保现代产业学院建设事业健康、可持续发展的责任。核心层主体有强烈的利益驱动性,致力于将现代产业学院做大做强,但做大做强并不一定都符合政府的监管要求。首先,政府对每一所高校都有其清晰定位,如果某一所高校的现代产业学院强大到可以形成行业垄断,政府就会出手干预,确保教育行业的竞争平衡态势。其次,现代产业学院做大做强还可能影响高校主业定位。如果是研究型大学,致力于现代产业学院建设,导致其影响力远远超过基础研究、国家重大基础工程研究方面的实力,就有可能被主管部门认为走偏了办学方向,会予以纠正。最后,做大做强的路径不能有非法性。如果核心层主体为了壮大现代产业学院,采用违反现行法律的方式进行"创新突破",就很可能被政府部门认定为违法行为,予以查处。

#### 2. 核心层与其他外围层主体之间的矛盾冲突

核心层主体与媒体、非联盟业内学校和企业等其他外围层主体之间,是松散的利益关系,同样缺乏根本利益一致的纽带链接。譬如核心层主体与媒体之间,核心层主体致力于实现现代产业学院建设利益最大化,认为并不是所有的事情都适合被报道,而媒体追求新闻的真实性与公开性。这里至少会发生两种冲突:一是核心层的建设思路如果被曝光,将很可能引发竞争者的模仿,导致自身在现代产业学院建设中的被动处境;二是核心层的一些负面行为可能并不适合过度公开,但媒体尤其自媒体为追求真实性和轰动效应,可能会做全面、彻底的调查和公开,从而令核心层的公关努力毁于一旦。

### （四）核心层主体与负面层之间存在根本性利益冲突

负面层主要指竞争者和侵权者。竞争者和侵权者既可以是从核心层整体角度而言的，也可以是从学校股东或院外股东角度而言的。如恶意制造和传播现代产业学院不实谣言，会对现代产业学院健康发展构成伤害。

1. 核心层主体与竞争者之间的矛盾冲突

现代产业学院建设虽然属于政府强力引导的事业，但是，并不意味着在这一领域不存在同质化竞争。[①] 首先，学校与学校之间（包括公办与民办高校、普通本科与职业学校之间等）可能具有特长同质性，双方在现代产业学院建设上是此消彼长的竞争关系。其次，此行业学院的院外股东与彼行业学院的院外股东之间在主业领域也可能是同业竞争关系，在现代产业学院建设上也是此消彼长的竞争关系。

2. 核心层主体与负面层之间的矛盾冲突

现代产业学院在建设过程中，也会面临各种非良性的外来压力。首先，竞争对手在合法竞争行为之外，如果采取恶性竞争手段，就有可能转化为负面层主体，侵害现代产业学院良性竞争者的合法权益。其次，一些非竞争者为了自己利益的最大化，也可能在知识产权、教师权益、学生权益等方面扮演侵权者的角色，迫使现代产业学院建设主体不得不进行维权。

## 四、风险防范与化解建议

正如前述，传统现代产业学院多是基于利益相关者理论建设或按利益相关者理论践行的。这虽有利于整合最广泛的资源，但由于在运行机制设计上缺少利益衡量的视角，重建设而轻利益博弈的风险防范，因此隐患较多，持久性健康发展存在问题。为此，我们在进行现代产业学院的现代化设计时，既需要考虑利益相关者视角，也考虑利益衡量视角，做好风险的防范和化解。

---

① 李媛.高职院校混合所有制产业学院建设的多重制度逻辑[J].教育学术月刊,2021(6):33-38.

### （一）创新立法思路

首先，将现代产业学院产权划分为"所有权"与"运营权"两类，解决身份"异质性"[①]难题。根据民法典，可供行业学院选择的身份有法人和非法人组织两类。非法人组织的财产不足以清偿债务的，其出资人或者设立人需承担无限责任，将给学校股东带来重大风险，因此，现代行业学院并不适合选择该身份。而法人身份又可分为营利法人、非营利法人和特别法人。其中，营利法人以取得利润并分配给股东等出资人为成立目的，将严重影响学生等的权益以及其他主体参与的积极性，因此，现代产业学院也不适合选择该身份。而非营利法人为公益目的或者其他非营利目的成立，不向出资人、设立人或者会员分配所取得利润，也并不利于深化产教融合，不是产业学院身份的最佳选择。剩下可选择的为特别法人。但由于现行民法典并不是以列举式界定的特别法人，而是"清单式"规定机关法人、农村集体经济组织法人、城镇农村的合作经济组织法人、基层群众性自治组织法人可以成为特别法人，其中农村集体经济组织法人可向内部成员"分红"，但现代产业学院未被列入清单范围。这就迫使现有现代产业学院均按高校内部二级学院性质在定性和运作，从而带来诸多问题，阻碍了现代产业学院做大做强。可行的思路是立法参照农村土地"所有权""承包权""经营权"分置改革的思路，进行现代产业学院产权改革，设定"所有权"和"经营权"。其中，"所有权"依然属于学校，"经营权"实行共同共有，即校方与出资人共同共有。实行现代产业学院确权登记制度，对校方与出资人的"经营权"予以确权登记。经登记的"经营权"出资人部分，经校方同意，可以依法流转。

其次，完善知识产权保护制度，建立跨主体的信息、人才、技术与物质资源共享机制。现代产业学院的科研导向是应用型的，在成果转化中必然产生发明、专利、实用新型或著作权等。这些权利构成的客体也是非常复杂的，可能是技术，可能是商业秘密，可能是数据，也可能是案例，还可能是人才。[②] 创造这些客体的，可能是教师，可能是员工，也可能是高校或企业，或者是几方的共同结晶。那么，这些客体所构成的知识产权，该归属谁？这就需要我们以激励创新为思维导向，设计知识产权保护制度。对于职务发明等知识产权，专利权人可以通过给予发明人或设计人较高提成等奖励来激励发明人或设计人积极创造。对于合作过程中产生的数据权、商业

---

① 宣葵葵，王洪才.高校产业学院核心竞争力的基本要素与提升路径[J].江苏高教，2018(9)：21-25.

② 关于人才，有学者提出"培养产权"问题。参见蔡瑞林，徐伟.培养产权：校企共同体产业学院建设的关键[J].现代教育管理，2018(2)：89-93.

秘密等,宜通过专业的合同设计,事先约定好权利归属和侵权责任。

最后,制定完善现代产业学院行政法规相关制度,赋予现代产业学院在企业实训的学生"类劳动者"法律地位。"类劳动者"实际就是立法规定相关人员可以比照劳动者适用相关法条。在现代产业学院领域,有两种权利是实训学生迫切需要的。第一种是与实习期员工一样的同工同酬权利、劳动环境保护权利。实训学生虽然还不具备熟练的实操技能,但如果与实习员工一样胜任了相关工作,就应获得同等待遇。当然,由于实训生与实习员工一样,都不是企业的正式员工,其待遇可以低于正式员工,但应与实习员工相同。有一种反对理由或许是,企业招收实习员工是为其转为正式员工服务的,对实习员工的待遇具有"红利"性质;实训生还是在校生,其毕业后是否会选择实训企业具有远超实习员工的不确定性。对此,既可以通过财政补贴或学校补贴企业的方式,激励企业招收实训生,也可以通过市场竞争进行双向选择,让愿意提供相关待遇的企业志愿加入招收实训生的行列。第二种是创设类似工伤保险的实训生专用人身意外保险。实训生在企业或"上下班"路上,与企业员工一样,有同样概率甚至更大概率遭受意外伤亡,对此,现行法律几乎无能为力。因此,有必要修改立法,赋予企业必须强制为实训生购买类似工伤保险的实训生专用人身意外保险,从而切实保障实训生合法权益,免除其后顾之忧。

（二）积极发挥政府作用

首先,明确现代产业学院建设标准。建设现代产业学院是教育部为贯彻国家有关战略要求,主动适应和引领新一轮科技革命和产业变革,扎实推进新工科建设再深化而谋划的一项重大举措。教育部与工业和信息化部为此配套出台了《现代产业学院建设指南》(试行),从指导思想、建设目标、建设原则、建设任务、建设立项等五大方面明确了现代产业学院建设标准。但是,该标准的一大不足是没有与国家和区域发展整体规划无缝衔接,其后果之一就是各地申报建设现代产业学院呈自由发展、各自为政、重复建设的特点。优化路径就是将现代产业学院划分为国家级、省级和自设现代产业学院建设项目三级。其中,国家级现代产业学院建设项目由中央层面(通过教育部、工业和信息化厅)主导,集中资源打造能解决"卡脖子"问题的现代产业学院;省级现代产业学院建设项目由各省、自治区、直辖市(通过教育厅、工业和信息化厅)主导,集中资源打造符合区域发展整体规划的现代产业学院[①];自设现代

---

① 李海东,黄文伟.粤港澳大湾区视阈下区域产业学院发展的若干思考[J].高教探索,2020(3):23-28.

产业学院由各校与企业自主联合设立,打造具有学科特色的现代产业学院。

其次,给予现代产业学院必要的财政支持。建设现代产业学院作为国家推进产教政研用融合的重要举措,可以发挥财政补贴的引领作用。国家级现代产业学院建设项目可由中央财政按一定额度予以精准资助。省级现代产业学院建设项目可由地方财政根据自身实际给予相应资助。自设现代产业学院允许通过市场化方式筹集建设资金。

最后,优化和强化现代产业学院的政府监管。现代产业学院的监管,既不同于一般高校二级学院的监管要求,也不同于一般社会机构或市场组织的监管要求,如何精准监管,考验着政府部门的智慧。总的监管思路应是注重风险事前化解机制的建构,利用大数据等现代技术实现动态精准监管。

### (三)完善高校建设机制

首先,完善成员进出机制。高校在现代产业学院建设过程中发挥着枢纽作用,其对成员进出的把关作用无可替代。高校在选择建设现代产业学院时,一是要择优选择优势学科,在此基础上整合相关学科,并对接相关合作方;二是设定成员加入标准,通过专家研讨和评审等设置科学标准;三是设定成员退出标准,写入合作协议中,一旦满足标准,即应启动退出流程,优胜劣汰。不同层级成员的标准应有所区分。

其次,完善创新企业兼职教师与高校教师到企业挂职的评聘机制和考核机制。高校要着力解决企业员工作为高校实务导师的职称评聘、办公场所、学生配比等问题。[1] 高校还需解决教师到企业挂职的职称评聘业绩认定、工作量计算、评优评奖、兼职报酬、知识产权分享等问题,解决挂职教师的后顾之忧。

最后,完善人才培养机制。创新人才培养方案,允许实训学时折抵学分。创新课程体系,与企业合作设计相关课程。[2] 创新教学方法,采用实地教学、仿真教学等新教学方法培育学生。

### (四)增强企业参与活力

第一,企业要提高产教政研用融合发展的意识。当今中国的竞争正逐渐远离传统的价格竞争、低端产品竞争等旧模式,核心竞争要素日益体现为人才的竞争和高

① 陈春晓,王金剑.应用型本科高校产业学院发展现状、困境与对策[J].高等工程教育研究,2020(4):131-136.
② 黄彬,姚宇华.新工科现代产业学院:逻辑与路径[J].高等工程教育研究,2019(6):37-43.

科技的竞争。培养能够为本企业带来创新人才的最高效办法，就是在大学阶段由企业介入其中。因此，企业要增强融合发展意识，积极和及早介入现代产业学院建设。

第二，企业要做好成本预算和风险防范。企业的核心使命是生存和创造价值。因此，企业参与现代产业学院建设，不仅要量力而行，还要做好风险评估，准备好风险化解预案。[①] 在合作协议和章程中进行规范，切实和合理照顾各方利益。要确保协议的有效性，不要拟定与现行法律、法规、规章相冲突的协议。确保协议的约束性，不能止于战略意图的表达，要从化解日后矛盾冲突的角度拟定有可诉性（或者说可仲裁性）的条文内容。确保权责一致性、公平性，不能只有"共建共享"，没有"按劳分配"。订立契约后，在日常运作中治理行为的规范性也非常重要。在治理结构设计中，需对各层次主体权限进行差异化配置；在活动开展中，也要体现各层次主体的差异性。

# 五、结　语

现代产业学院是一个新生事物，我们不能只关注有利于其成长的因素，也要剖析制约其成长的因素，尤其是需要关注其治理风险。只有这样，才能使现代产业学院建设事业行稳致远。[②] 对于现代产业学院的治理风险问题，我们既需要从利益相关者理论视角进行正向解读，探究以利益相关者理论为基础进行治理对风险的分散和化解作用，也需要从利益衡量理论的视角进行反向阐释，重视践行利益相关者理论建设现代产业学院的风险积累效应，确保现代产业学院健康运行，为经济社会高质量发展贡献力量。

---

① 李宝银，汤凤莲，郑细鸣.产业学院的功能设计与运行模式[J].教育评论，2015(11):3-6.
② 张艳国，凌日飞.论新时代高校思想政治教育铸魂育人的理论意蕴与实践路径——学习习近平关于高校思想政治教育的重要论述[J].社会主义研究，2019(4):17-24.

# 后　记

社会治理法学是一门新兴学科。该学科是以法学为理论基础，涵盖法学、政治学、公共管理学、社会学、经济学、管理学、哲学、历史学、伦理学、统计学等学科，以社会治理法和社会治理法律现象及其发展规律为主要研究对象的一门多学科交叉融合与实践应用理论体系和知识体系的新兴学科。

根据第五届法治社会·长江（国际）论坛"社会治理法学 50 人谈"会议综述，与会学者对社会治理法学的学科体系、学术体系、话语体系进行了深入的研究。这里重点引用学者们从学科体系角度对社会治理法学的论证。张文显提出需要对传统学科进行转型升级，发展新兴学科，创建立法学、法律监督学、法治评估学，支持交叉学科社会治理法学、网络社会治理法学等实施体系的创新。徐汉明提出，社会治理法学是以马克思主义社会管理职能、实施机制、管理途径、法对社会作用等基本原理以及中国特色社会主义治理理论和实践为指导所创建发展的，有着自身独特的研究对象。"社会治理""社会治理法治""社会治理现代化""社会治理社会化法治化智能化专业化""以基层社会治理为重心""自治德治法治相结合""市域治理现代化""打造共建共治共享社会治理格局""社会治理法学"等都是根植于社会主义治理的丰富实践，是在对数千年治理文化进行创新性挖掘，对域外治理文明成果进行创新性转化的过程中所形成的最具原创性、标识性的范畴体系。温世扬、高利红、徐汉明认为，回答"时代之问"是催生和发展"社会治理法学"的根本动因，回答"科学之问"是催生和发展"社会治理法学"的内在动力，回答"人民之问"是催生和发展"社会治理法学"的目标要求，回答"价值之问"是催生和发展"社会治理法学"的价值体现。李龙认为，社会治理法学根植于中华民族五千年治理文明发展历史的土壤。王利民认为，社会治理法学作为一门新型交叉学科，要注重以习近平同志为核心的党中央提出的一系列社会治理新思想为引领，推进社会治理法治实践创新，为加快建设"法治中国"做出应有贡献。王玉梅认为，社会治理法学的兴起虽然与西方治理理论的引入、诠释有着密切的联系，但其经历了本土化的再造过程，形成了以张文显、汪永清等为代表的"法治治理"学派，以李林、朱景文、钱弘道等为代表的"实践治理"学派，以俞可平、江必新、王利明等为代表的"善治治理"学派，以罗豪才、姜明安等为代表的"软法治理"学派,以何增科、陈家刚等为代表的"协商治理"学派,以吴群刚、孙志祥等为代表的"合作治理"学派,以王杰、蔡拓等为代表的"参与全球治理"学派。秦前红认为,社会治理法学的基本概念已经形成,研究范围日趋明确,学科逻辑结构清晰,且遵循法学发展的基本规律,初步形成了一套专业化的话语结构。

当代法学核心范畴是建立在"权利—权力"二元法律结构基础之上的。这种二元法律结构在解释传统法律问题时具有很强的可适性。但是,随着人工智能等发展不断带来的新社会问题,"权利—权力"二元法律结构的解释力日渐薄弱,时代呼唤新法律结构的创新。社会治理法学学科的产生和发展,或许能成为打开法律世界的另一扇窗口。也许经过实践,证明社会治理法学也不过是"昙花一现",但是,它带给人们横切苹果的新视野,其探索价值依然存在。这就是我们致力于社会治理法学科学建设的初衷和初心。

编辑出版《社会治理法学(第1辑)》,是编辑出版"社会治理法学"丛书的第一步。期待这个努力,能为社会治理法学的建构和发展,尽到一点贡献。

正在本书付梓印刷之际,中共中央办公厅、国务院办公厅印发了《关于加强新时代法学教育和法学理论研究的意见》,提出"加快发展社会治理法学、科技法学、数字法学、气候法学、海洋法学等新兴学科",第一次以中央文件形式明确了社会治理法学学科定位,为我们的努力印证了正确方向。

《社会治理法学(第1辑)》的编辑出版得到了各界的大力支持。浙江省法理法史研究会、浙江省商法学研究会、浙江树人学院现代服务业研究院鼎力支持了第一届中国社会治理法治现代化论坛的征文和举办,为本书的出版奠定了坚实基础。全国各高校学者等贡献才智,不吝赐稿。龚廷泰教授等评定了论文获奖等次。浙江大学出版社吴伟伟、陈逸行、梅雪编辑等为本书出版付出了很大心血。在此一并致谢。

杨书通、赵敏、袁昕、楼梦婷、龚弋珊等参与了本书具体编辑校对工作。全书由郭人菡统稿和审定。由于本项工作是一项开创性工作,而限于时间与编者水平,或许存在疏漏之处,恳请作者与读者批评指正,提出完善意见与建议,以便后续编写改进。

满眼生机转化钧,天工人巧日争新。我们置身于这个法治建设蓬勃发展的新时代,定当不负韶华,以期共襄法治盛举、不辱法律人使命。

编　者

2023 年 2 月